辻政信の真実

失踪60年——伝説の作戦参謀の謎を追う

前田啓介
Maeda Keisuke

小学館新書

はじめに　「絶対悪」と「英雄」の狭間で

様々な酷評

「絶対悪」――と、辻政信を形容したのは、作家の半藤一利氏だった。

議員会館の一室ではじめて対面したとき、およそ現実の人の世には存在することはないとずっと考えていた「絶対悪」が、背広姿でふわふわとしたソファに坐っているのを眼前に見るの想いを抱いたものであった。(『ノモンハンの夏』)

「絶対悪」という仮借のない批判に、元陸軍参謀・辻政信のイメージは集約されると言っても良い。それほどのインパクトを持つ言葉だ。

文章はこの後、辻との出会いを境に、ノモンハン事件をまとめてみようと思ったと続き、「この凄惨な戦闘をとおして、日本人離れした『悪』が思うように支配した事実をきちんと書き残しておかねばならないと」と述べている。

辻を批判しているのは半藤氏だけではない。辻に対する辛辣な批評はもはや定型となっているとさえ言える。軍事史や外交史を専門とし、『失敗の本質』などの著作で知られる戸部良一氏は、私の取材に対しこう語った。

「辻は日本陸軍の悪しき伝統となった『独断専行』を体現していた」

歴史家、研究者の別なく、辻への評価となると軒並み容赦がない。

「狂気の参謀」（戸川猪佐武《いさむ》）

「地獄からの使者」（村上兵衛《ひょうえ》）

ほかにも「徹底したエゴイスト」「血にうえた作戦の神様」「前科六犯の凶状持ち」など切りがない。「傑出した演出家」「爆弾男」というのもある。近現代史に関する著作で辻を評する記述があると、表現の度合いに違いこそあれ、ほぼ批判めいた調子になる。

「神様」から「悪魔」へ

ここまで予断のない言葉で評しても憚《はばか》ることがない辻政信とは、どういう人物なのか。その経歴を改めてざっと見てみたい。

辻は、日清戦争と日露戦争の戦間期である1902年（明治35年）10月、石川県江沼《えぬま》郡東谷奥村今立《ひがしたにおくむらいまだち》、現在の加賀市山中温泉今立町で生まれた。

苦学の末、名古屋陸軍幼年学校に入ると、次いで陸軍士官学校に進み、第36期生を首席で卒業した。1932年（昭和7年）、初陣となった第1次上海事変では、歩兵第七連隊の第二中隊長として参加し、足に敵弾を受けながらも、華々しい武勲を挙げ、その勇猛さが讃えられた。後年、辻は「私の体には、世界5か国の弾丸が入っている」と好んで語るようになるが、最初に受けた弾丸はこの時のものだった。

1939年（昭和14年）、満州（現中国東北部）とモンゴル国境で勃発したノモンハン事件で、辻は関東軍の参謀として作戦を主導する。事件勃発の要因ともなった越境攻撃を認める要綱を作成し、さらに軍中央の反対を押し切る形で、国境線を越えての爆撃を強行する。辻は事件拡大の中心的役割を演じることとなった。これらの独断専行のやり方については、すでに厳しい批判に晒されている。

一方、その2年後の太平洋戦争緒戦のマレー作戦では、奇襲によりイギリス軍を撃破、堅牢シンガポールを陥落させたことで辻の作戦参謀としての名声は高まる。わずか70日での作戦成功に、軍も国民も沸き立った。作戦立案の中心的立場だった辻は、作戦成功後、メディアでももてはやされ、「作戦の神様」と称されるようになる。

しかし、戦史に刻まれる大戦果を残しても、辻の評価が固まることはなかった。シンガポール攻略直後には、華僑虐殺を指示したとして指弾されている。また、フィリピンでは捕虜の殺害に関与したとの批判もある。その残虐性が、まさに「悪魔」であると評される所以《ゆえん》となる。

「英雄」は失踪した

終戦後は一転、戦犯の追及を逃れて潜行することを決意し、タイ、ラオス、ベトナムから中国、そして日本へと移り、都合5年にわたる潜伏生活を送る。

1950年（昭和25年）、戦犯指定が解除され、再び世に姿を現すと、潜伏生活について綴《つづ》った『潜行三千里』を出版。かつて「作戦の神様」と呼ばれた男の冒険譚《たん》のようなスリリングな逃避行は、世間の耳目を集める。同書はベストセラーとなり、「潜行三千里」は辻の代名詞となった。戦争責任の一端を担うべき立場であったにもかかわらず、まるで「英雄」のような存在へとなっていった。

勢いに乗った辻は、1952年（昭和27年）、石川1区から衆議院選挙に勇躍出馬する。トップ当選を果たし、これ以降、4回連続で当選を重ねる。籍は自民党に置いていたものの、1959年、たびたび行っていた岸信介首相への批判が度を越したと見なされ、党を除名処分となる。すると今度は、衆議院議員を辞職し、参議院選挙全国区から出馬。岸首相の批判一本槍で選挙を戦うと、全国3位で当選を果たし、人気の高さと期待の大きさを証明してみせた。しかし、選挙に出れば常に高い得票率で当選した辻であったが、政党政治の中での立ち位置はいつまでたっても不安定だった。

辻が現職の参議院議員のまま、東南アジアに視察に出かけて消息を絶ったのは、今からちょうど60年前の1961年（昭和36年）4月のことだ。その後も行方不明のまま、法的に死亡宣告が出されたのは１９６９年夏だった。
突然の失踪は、いまだに解決できない多くの謎を残している。

描かれざる実像

辻については、すでに多くの評伝が刊行されている。代表作は、直木賞作家の杉森久英が１９６３年に出した『辻政信』（１９８２年刊行の文庫本では『参謀・辻政信』）だろう。辻と同郷の杉森が取材をした当時、まだ関係者の多くが存命中だったため、地元新聞記者の協力を得ながら、辻に関する事細かな証言を聞き取っている。

また、辻が東南アジアで姿を消して間もなく、その足取りを追って現地調査までしたのが、産経新聞記者の野田衛《まもる》だ。野田はその成果を新聞で連載し、『辻政信は生きている』（１９６７年）としても上梓している。

ほかにも、辻の士官学校時代の恩師である長岡弥一郎が『軍人　辻政信』（１９７６年）を、ともに辻の後輩軍人であるが、堀江芳孝《よしたか》は『辻政信』（１９８０年）を、高山信武《しのぶ》は『服部卓四郎と辻政信』（１９８０年）を書いている。また田々宮英太郎《たたみやえいたろう》『参謀辻政信・伝奇』（1986年）、生出寿《おいでひさし》『作戦参謀辻政信』（1987年）などがある。

さらに、フリーライターの橋本哲男は、軍人時代よりも潜行中の辻に焦点を当てた『辻政信と七人の僧』を1987年に出版している（文庫本は1994年、新装版は2009年刊行）。

辻についての主要な評伝が刊行されたのは1980年代までで、それからすでに30年以上の歳月がたっている。もはや辻政信は忘れられた存在なのかと言うと、決してそんなことはない。辻の名前は今もSNSなどでよく見かける。これまでもSNS上ではネガティブな意味で辻の名前は用いられていたが、特にコロナ禍でその機会は増えている。

また、最近になって、『潜行三千里』や『ノモンハン秘史』など辻の自著が復刊されている（いずれも毎日ワンズ刊）。辻の写真とともに、書店に平積みにされているのを見かける機会も多い。依然として、辻政信〝人気〟はあると見て良いだろう。

ただ、評伝に限れば、近年ほとんど刊行されていない。ノモンハン事件に関するNHKの番組を基にした田中雄一『ノモンハン　責任なき戦い』（2019年）や渡辺望『蔣介石の密使　辻政信』（2013年）といった作品もあるが、そこで検証されているのは辻の人物像の一面にとどまる。

『近現代日本人物史料情報辞典4』（辻の項目の執筆者は歴史家の原剛《はらたけし》）によれば、数多ある評伝の中で辻を極めて好意的に取り上げているのは、先に紹介した長岡による『軍人辻政信』くらいだという。もはや辻の人物像については1980年代までにあらかた語り尽くされ、その象徴として半藤氏の「絶対悪」という評価が定着しているように見える。

辻と直接交わった人々が残した人物評を、後世の人間が軽んじてはならないとも思う。

それでも、辻に関する記事を読んでいると、時おり看過できない記述にぶつかる。

たとえば杉森は、評伝執筆直後、雑誌『文藝春秋』で取材の内実を回想し、「私が金沢で会った人は、みんないい人ばかりだった」と書いている。さらに、「私を［辻の］崇拝者か、あるいは崇拝したがっている人物と思ったらしく、心置きなく辻について語ってくれた。それはまるで恋人について語るような調子だった」と綴る。

だが、辻への批判で貫かれた杉森本だけに、そこで話は終わらない。

陸士や陸大で辻と肩を並べ、成績をせり合ったくらいの人物や、関東軍や北支軍などの参謀部で同僚だった人たちの辻観は、なかなか辛辣だし、核心を衝いていた。［中略］それにくらべれば、金沢の人たちの辻を見る目は、友情と尊敬に曇っているとしか言えない。［中略］そして辻が元部下や下士官に人気がありすぎるのも、おかしいといえばおかしい話である。

辻を評価するのは、その人の目が「曇っている」からであり、そもそもそんな評価自体、間違っているのだという書きぶりだ。しかしこの見方では、辻に対して「友情」や「尊敬」を抱いた人の発言はすべて誤ったものとして退けることになり、その感情が芽生えた訳を見落とすことになってしまう。実際に辻に接した人たちがそう感じたとしたら、その感情自体は事実であり、本来はその訳こそが大切で、検証しなくてはいけないはずだ。結論を優先させて辻政信像を描こうとすると、映し出された姿はどうしても歪んでしまう。

証言者を求めて

もっとも、私自身も以前から辻政信については好意的な印象を持っていたとは言えなかった。一人の力で動くほど組織は単純ではないと思いつつも、辻は泥沼の戦争に突き進んでいった昭和陸軍の「負」の側面を体現している一人だと考えていた。

この得体の知れない辻という人物を私が調べるきっかけになったのは、2018年4月、読売新聞東京本社文化部から、石川県金沢市にある金沢支局に異動したことだった。

石川県は、多くの軍人を輩出した県である。植田謙吉（ノモンハン事件では、軍司令官として辻の上官であった）、国会審議中の「黙れ」事件で知られる佐藤賢了《けんりょう》、ニューギニア戦線の軍司令官・安達二十三《はたぞう》、昭和天皇最後の侍従武官長・蓮沼蕃《はすぬましげる》もこの県の出身だ。そのなかでも、辻の存在は異彩を放っている。

何より、その波瀾万丈な生き方に惹かれるものがあった。とりわけ強く関心を持ったのは、「絶対悪」とまで酷評されるような人物が、まだ戦争の気配が色濃く残っていた1952年という時代に、トップ当選で衆議院議員になったという事実だった。しかも、それまででも十分波瀾に富んだ人生を、突然の失踪という飛びきり謎めいたやり方で閉じる――そんな無茶苦茶な生き方に、好奇心はさらに刺激された。

奇しくも2019年は、辻に法的な死亡宣告が出されてから50年の節目であった。果たして辻について語れる人が今どれだけいるのか、すでに辻に関することは調べ尽くされているのではないかと訝《いぶか》しみながら、なかば見切り発車的に取材を始めたのだが、実際に関係者をまわってみると、これまでの評伝では読んだことのない証言を聞くことができ、珍しい資料の提供も受けた。その成果は、同年夏に石川県版で連載「参謀　辻政信の肖像」として展開したが、限られた紙面ではそのすべてを書ききることはできなかった。

取材・執筆の過程でしばしば感じたのは、周囲の人々が垣間見ていた辻の素顔についてどれほど理解されているのかということだった。これまでの「絶対悪」という人物像を、改めて問うべきなのではないか。しかも、数少なくなった関係者から話を聞き、現段階で辻についてはここまで分かっていると提示することは必要なのではないかと。

その思いを強くしたのは、辻の次男である毅《たけし》さんに会ったことがきっかけだった。

2019年春、都内の喫茶店で毅さんとはじめて会った。約束の時間の少し前、店の入口付近で待っていた私に、笑みを浮かべた初老の男性が声をかけてきた。「前田さんですか？　辻です。先にお待ちしておりました」。それが毅さんだった。

食事をしながら3時間ほど話を聞いた。取材後、最寄りの地下鉄の駅まで送ってくれると言うので、話をしつつ駅に向かった。もうすぐ地下鉄の入口という角を曲がったところで、毅さんがぽつりと言った。

「(半藤氏は)父に1回しか会ってない。しかも5分、10分ですよ。それで父の何が分かるというのでしょうか」

返すべき言葉が見つからなかった私は、「そうなんですか」と曖昧な相づちを打っただけで、そのまま駅の階段を下りた。そして改札の前でもう一度振り向き、軽く会釈すると、毅さんは深々とおじぎを返し、笑みを浮かべながら「では、また」と右手を上げた。

失踪から60年。今だからこそ見えてくる真実がある。できるだけ先入観を持たず、毀誉褒貶を離れて、この作戦参謀の実像に迫ってみたい。辻政信とは一体、何者であったのか。神なのか、悪魔なのか、あるいは――と。

２０２１年5月　前田啓介

辻政信の真実　目次

第5章 ● 転戦し続ける「神様」――1939年の辻政信――
163

第6章 ● 語られざる潜伏生活――1945年の辻政信――
253

第7章◉政界という名の戦場――1952年の辻政信――

第8章◉「失踪」の真実――再び1961年の辻政信――

本文中では基本的に敬称を略しています。

本書に掲載した引用文や史料は、読みやすさを考慮して、旧漢字・旧かな遣いは現行のものに、カタカナ文をひらがな文に、また一部の漢字をひらがなに改めました（ただし文脈上、原文を生かしたものもある）。難読字にはルビを振り、句読点についても、一部加除しています。また、明らかな誤字・脱字・誤植は訂正しています。引用者による注釈は［］で表し、原著にある（）や「」と区別できるようにしました。

引用文中には一部、差別的な表現が含まれていますが、発表された当時の社会状況や歴史的背景を踏まえた上で、文章を正確かつ客観的に伝えることを意図して、改変せずにそのまま残しました。差別を容認・助長する意図はありません。

引用文の版元・出版年および写真のクレジットは巻末にまとめて掲載しています。

辻政信「主な赴任地・潜伏地」地図

丸数字（①〜㉓）は主な赴任地の順。次ページ参照。白抜き丸数字（㉔〜㉚）は潜伏時の移動順。

主な赴任地・潜伏地（時系列）

①1902年（明治35年）10月	石川・今立	（出生）
②1917年（大正6年）9月	愛知・名古屋	陸軍幼年学校入学
③1922年（大正11年）10月	東京・市ヶ谷	陸軍士官学校入学
④1924年（大正13年）10月	石川・金沢	歩兵第七連隊見習士官
⑤1928年（昭和3年）12月	東京・青山	陸軍大学校入学
⑥1932年（昭和7年）2月	中国・上海	第1次上海事変に出征
⑦1932年（昭和7年）9月	東京・市ヶ谷	参謀本部附、士官学校中隊長
⑧1936年（昭和11年）4月	満州国・新京	関東軍参謀本部参謀
⑨1937年（昭和12年）8月	中国・北京	北支那方面軍参謀
⑩1939年（昭和14年）5月	満州国境	ノモンハン事件に参加
⑪1940年（昭和15年）2月	中国・南京	支那派遣軍総司令部附参謀
⑫1940年（昭和15年）11月	台湾（日本領）	台湾軍研究部員
⑬1941年（昭和16年）7月	東京・市ヶ谷	参謀本部作戦課兵站班長
⑭1941年（昭和16年）9月	仏印サイゴン	第二十五軍作戦主任参謀
⑮1941年（昭和16年）12月	英領マレー	マレー作戦に参加
⑯1942年（昭和17年）2月	シンガポール	攻略・占領
⑰1942年（昭和17年）3月	東京・市ヶ谷	参謀本部作戦課作戦班長
⑱1942年（昭和17年）4月	フィリピン	バターン半島を現地指導
⑲1942年（昭和17年）9月	ガダルカナル島	奪還作戦に参加
⑳1943年（昭和18年）2月	東京・青山	陸軍大学校兵学教官
㉑1943年（昭和18年）8月	中国・南京	支那派遣軍総司令部第三課長
㉒1944年（昭和19年）7月	ビルマ・メイミョウ	第三十三軍参謀
㉓1945年（昭和20年）5月	タイ・バンコク	第三十九軍作戦主任参謀
㉔1945年（昭和20年）11月	潜伏開始、バンコクから仏印ビエンチャンへ	
㉕1945年（昭和20年）11月	ビエンチャンから同ハノイへ	
㉖1946年（昭和21年）3月	ハノイから中国・昆明へ	
㉗1946年（昭和21年）3月	昆明から重慶へ	
㉘1946年（昭和21年）7月	重慶から南京へ	
㉙1948年（昭和23年）5月	長崎・佐世保	帰国後、兵庫・豊岡、静岡・天城、長野・軽井沢、東京・奥多摩などに潜伏
㉚1950年（昭和25年）1月	東京・世田谷	戦犯指定解除後、家族と再会

（巻末の略年譜を参照）

第1章 別れの予感

―1961年の辻政信―

タラップにて

1961年（昭和36年）4月4日の朝、羽田空港の滑走路で、午前9時30分発のサイゴン行、エールフランス航空の183便は、この物語の主人公を待っていた。

出発ロビーまで見送りに来た家族らに囲まれた参議院議員の辻政信は、1歳になったばかりの孫の光一郎《こういちろう》を抱きかかえながら、長女・英子《えいこ》に「丈夫に育てろよ」と優しく語りかけた。関係者の証言や記録などを勘案すると、この場に立ち会ったのは妻の千歳《ちとせ》、英子とその夫で後に通産大臣を務める堀内光雄《ほりうちみつお》、高校を卒業したばかりの次男・毅ら家族をはじめ、秘書の藤力《ふじつとむ》、元第三十八軍参謀の林秀澄《はやしひでずみ》たちだった。林は、終戦直前に辻と潜行計画を話し合ったという間柄であり、ここに集まったのはいわば辻の〝身内〟だった。

やがて出発の時間が迫ると、辻は機体に付けられたタラップに足をかけた。身長170センチ台半ばで、灰色の縞の夏用背広に縦縞のネクタイ、左手にボストンバッグと風呂敷包みを持った辻は、帽子を持った右手を頭上高く上げた。破顔して向けたその視線の先には、辻の姿を目に焼き付けようとした家族たちの姿があった。

タラップを登りきり、機内に消えた辻は、ボストンバッグを棚に置いて、ファーストクラスの席に座った。

しかし、ここで辻は不可解な行動に出る。

飛行機のタラップを急ぎ足で上がった辻は、家族や林、藤らにしきりに手を振って、ファースト・クラスの座席に着いた。しかし、それから五回もタラップの上に姿を現わして、そのたびに手を振った。
（生出寿『「政治家」辻政信の最後』）

タラップから手を振る辻。これが国内で最後に確認された姿になった

その様子を見ていた林は、藤に対して「おやじさん、今日はどうかしてるんじゃないか」と話しかけたという（田々宮英太郎『参謀辻政信・伝奇』）。

なぜかは分からない。しかし、辻の様子は明らかに普段とは違っていた。その場に居合わせた当事者たちは、その後、これを印象的な場面として、口々に語るようになる――。

辻政信が最後に日本を離れた日から60年がたった。辻を見送った人たちはもともと限られていたが、今ではそのほとんどが鬼籍に入ってしまった。家族も、千歳や英子、長男の徹《とおる》はすでに亡くなり、当時18歳だった末っ子の次男・毅でさえもう78歳になっている。

それでも、毅の記憶は鮮明だった。

「父はタラップに4回出てきたんです、機内に入ってから。あり得ないことです。それまで何回も見送っていますが、だいたい1回手を振っておしまいでした。それが、入って手を振って、また入って手を振って……4回も繰り返したので、いつもと違っておかしいなと思いました」

そのとき抱いた違和感は、消えることのないまま、今に至っている。

「ちょっと行ってくる」

辻はこの旅行について、家族への説明を最小限にとどめていた。妻の千歳には、旅の目的を「東南アジアで戦没した将兵の回向《えこう》、公務、視察」とだけ伝え、出発前夜に簡単な日程表だけを残していたという（『週刊読売』１９６３年2月10日特大号）。

サイゴン［ベトナム］―4、5、6、7
プノンペン［カンボジア］―8、9
バンコック［タイ］―10、11、12、13
ヴエンチャン［ラオス］―14―20

これについて補足すれば、辻は出発5日前の3月29日、参議院議長宛てに公用旅券発給申請書を提出している。それによると、4月4日に東京を発ち、ベトナム、カンボジア、タイ、ラオス、ビルマを経て、5月13日に帰国する予定だった。千歳は、ラオスまでの旅程しか知らされていなかったことになる。

毅には「雨季（東南アジアでは一般的に5月中旬から）になると、動きがとれなくなるから、いい加減で帰ってくるよ」と言い残し、長男の徹には「ちかごろ、ラオスが荒れているようだし、それに古戦場で部下の墓もあるから、墓参をかねて視察してくるよ」と旅の目的を語っている（『週刊公論』１９６１年８月14日号）。千歳に対してと同様、子供たちにも今度の旅については多くを語ってはいない。

出発の１週間ほど前には、英子の招待で、外苑前にある中華料理店に集まり、夕食を共にしている。その席で辻は「ちょっと行ってくるから、みんな仲よく待っていなさい」と事もなげに伝えた。それは、選挙活動などで家を空けることが多かった辻の、平素と変わらぬセリフだった。その場にいた三女の規子《のりこ》は、辻が旅立ってから１年８か月後、週刊誌で当日の様子を振り返っている。

特別な使命も目的も持っている人のようには見えませんでした。淡々とした顔をしておりました。出発前に、母に行く先を知らせるため、藁半紙にただ、タイ、バンコック……などありふれた地名を四つ五つ書いて渡しただけで、何も語らず、これも父のふつうのやり方でした。（『婦人倶楽部』１９６３年１月号）

辻家系図

（父）亀吉＝（母）もと

（義父）青木次郎

- （兄）弘
  - （甥）弘信＝しずゑ
    - （大姪）和子
- **辻政信**＝（妻）千歳
  - （長男）徹
  - （長女）英子＝堀内光雄
  - （次女）美登子
  - （三女）規子
  - （次男）毅
- （妹）春（子）
- （弟）理
- （妹）良子
- （弟）政良
  - （甥）政晴

（　）内は政信から見た続柄。写真上は母・もと、下は次男・毅

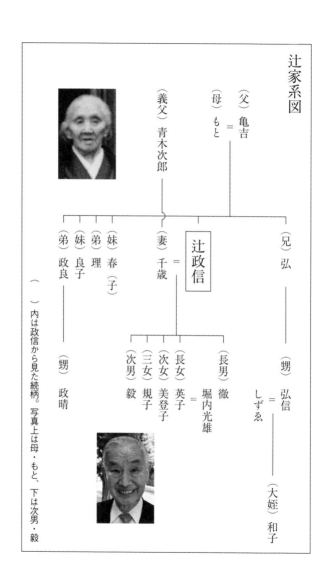

出発当日、世田谷区松原の自宅で朝5時ごろに目を覚ました辻は、家族に「今日が出発だ」と元気に声をかけた。旅行の荷物は、従来と同様に千歳が整えた。

私は縁起かつぎだものですから、主人には、いままでも旅行をしても無事ですんだ縁起のよい洋服を着ていただきました。タテ縞のグレイの夏背広を身にまとい、鉄色の無地の背広は、トランクの中にいれました。「こんどの旅行はこれでいいんだ」といって、ムリヤリにひっぱり出したしろものです。その中にはタイの友人にプレゼントするための、婦人用の装飾品などもしまい込まれておりました。（『週刊サンケイ』1961年12月25日号）

その後、日課に従い、2時間かけて丹念に新聞を読み、朝食を済ませた。後は、参議院からの車に乗り、羽田空港に向かうだけだった。

しかし、ここで歯車が狂う。千歳の証言が残っている。

ちょっとした手ちがいがございました。秘書の藤に頼んであった自動車が来なくて主人はイライラし、別の車を国会から呼びました。（同前）

千歳の証言にある「秘書の藤」とは、羽田空港で辻を見送った藤力のことだ。藤は参議院で手配された車に乗って辻の自宅まで迎えに行き、そこから羽田空港へ向かうはずだった。ところが、その迎えの車が予定していた時間から大幅に遅れてしまったのだった。

予定していたのとは別の車で羽田空港に向かった辻だったが、松原の自宅から羽田空港まではは車でおよそ1時間かかる。苛立つ辻の姿を千歳は目にしていた。

ようやく自動車が来て羽田に着いた時にはエールフランス機が出発する間ぎわでした。あわてて税関手続きをすませている間主人は「こんどのように落ち着きのない旅行は不愉快だ」と腹をたてていました。（同前）

出発前の異変

出発の日を決めたのは辻だった。ある日、帰宅した辻は唐突に、東南アジアへ出発する日を4月4日にしたと千歳に伝えた。千歳は強く反対した。

わたくしは縁起かつぎでしょう。これまで辻が旅行したりするときには、よい日を選んで出してやったのです。『日が悪い』といえば、それまでの辻は三日でも一週間でも待って、大安吉日などに行ったものでした。それが、あのときはどうでしょう。四月四日、死、死、死とつづくんですよ。［中略］わたくしは一生懸命止めたのに、どうしても行くって聞かないんです。一時間でも一分でも惜しい、早く行かなければ――という表情でした。（『週刊読売』1963年2月10日特大号）

4月4日を出発日とすることに反対したのは、千歳だけではなかった。英子の夫、堀内光雄は家族の中でも懸念があったと回想している。

出発した4月4日は、4の数字が並ぶので家族の間では忌み嫌うべき日だ、と話し合っていたんですがね。(『読売ウィークリー』2007年4月15日号)

8日後の4月12日には、東大に合格した毅の入学式も控えていた。子煩悩でもあった辻自身、楽しみにしていたはずの入学式に出席できないのは心残りだっただろうが、それでも「4月4日出発」を強行した。いつもなら、よほどのことがない限り千歳の提案を聞き入れていた。だが、その時は「ダメだ、約束だ」の一点張りだったという。

千歳はさらに、辻の異変について証言している。

主人は旅行をするときは、とても細かい心づかいをいたします。大旅行ともなると、家の経済のこと、万一の場合の財産の処分法とか、子どもたちのことなど、くわしく書いたものをのこしていくのが常でした。それがどうしたことでしょう。こんどの東南アジア旅行については、このようなことは一切いいのこしておりませんでした。

（『週刊サンケイ』1961年12月25日号）

当時の証言を読むと、辻の家族は皆、心の中に何やら得体の知れぬ不吉な影が忍び寄っていることを仄《ほの》かに感じていたようだ。だが、この時はまだ、誰一人としてその正体を分かっていなかった。むしろ、それを声に出すことを恐れていたかのようだった。

そうして辻は、羽田から香港経由でサイゴンへと旅立って行ったのだった。

辻からの便り

もともと筆まめで、旅先から便りを出すことが多かった辻は、今度の旅でも、東南アジアの各地から家族や親しい人に手紙を出していた。それらのはがきの内容や消印からは、辻がタイやラオス周辺を旅していることがうかがえる。

石川県小松市に住む弟・政良《まさよし》のもとにも辻からはがきが届いていた。4月19日にラオスで書かれたものだ。

仏像とともに東南アを巡礼。ラオスを見た。戦争とお祭りとが同時に同じ場所で行われている。理の墓は五月中にできるか。六月頃、参りたい。暑いが元気だ。松村さんによろしく。他には、こんどの旅行を知らせるな。心配は全く無用　母上をよろしく

「理」とあるのは、辻のすぐ下の弟で、戦死した理《ただし》のことだ。また、「松村さん」とは、同じ北陸地方、富山県選出の衆議院議員・松村謙三を指している。このはがきの「他には、こんどの旅行を知らせるな」という文言は何やら意味深ではあるが、それ以外は旅先からのありふれた文面にしか読めない。

まして、理の墓に6月頃には参拝したいという希望を伝えている。このはがきを読めば、辻が5月中にも帰ってくるつもりだったと理解するのが普通だろう。

秘書の藤の手元にも2枚の絵はがきが残っている。ともに、「東京都千代田区永田町参議院会館1―5」を宛先に、藤に宛てて送っている。

最初の4月14日付のものは、バンコクで書かれたもので、前述した林の名前を挙げ、

「林秀澄様　御見送り有難う」とあり、藤から林へ伝言してもらう意図だったことが分かる。藤に対しては「留守宅のこと、頼むよ」と書かれていた。
次に4月19日にラオスの首都ビエンチャンで書かれたものは、やや暗示的な内容だ。

林さんへ、二〇日、入る。最高潮なるも、何とかできる見込みです。幸にまだ誰にも判るまい。御安心乞《こ》う。雨が少々早いようです。（電話）留守宅の連絡を頼む。蘭を枯らさないように。池、伊藤さんによろしく。

「林」とあるのは、ここでも林秀澄のことだ。「二〇日、入る」とはなんのことだろうか。
実は辻は翌日、林本人にもはがきを送っている。「四月二十日、ビエンチャン」の消印があり、そこには「これから奥地にはいる。雨期が少し早くきたが、なんとかなるだろう。ご安心こう」とあり（生出寿『「政治家」辻政信の最後』）、内容は藤へのはがきとよく似ている。おそらくビエンチャン市内から奥地へなんらかの目的で移動しようということのようだが、藤へのはがきにある「幸にまだ誰にも判るまい」の意味も判然としない。

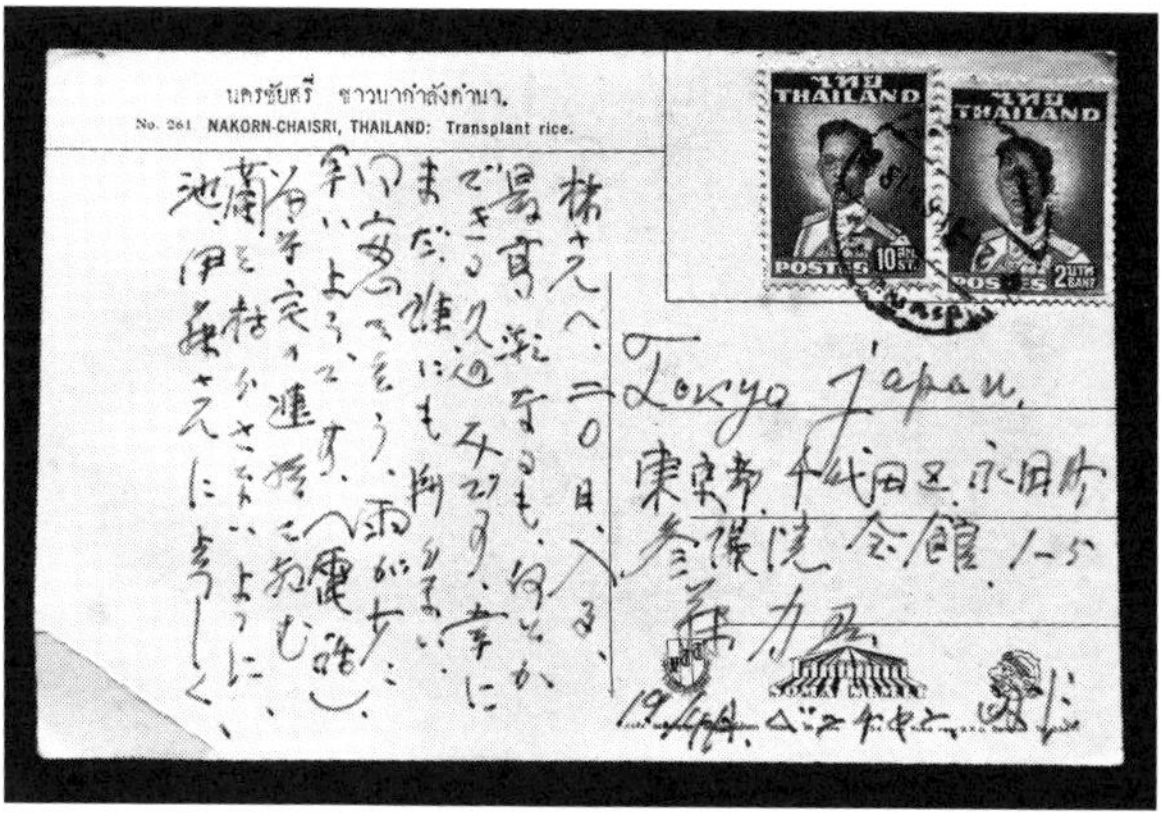

藤秘書あてにラオス・ビエンチャンから届いたはがき

家族に宛てた最後の手紙は、「4月21日、バンコク」の消印のある絵はがきだった。このはがきは、当時すでに紹介されている。

からだは快調、のんびり旅をしている。間もなく帰る予定（『週刊読売』1961年6月11日号）

暑さにも大分慣れてきた。黄色い衣の坊さんを見ていると、もう一度着てみたくなった。土産に一着持って帰ることにした。潜行の時に近所で買った。やっぱり仏の国は仏を大切にするものらしい。（『サンデー毎日』1961年10月29日号）

「黄色い衣」「潜行の時」というのは、終戦直後、僧侶の姿をしてタイに潜伏していた時のことを思い出したのだろう。

また、徹に宛てた4月21日のはがきには、こうある。

非常に暑い。東京の比ではない。しかし、幸いに、暑気あたりすることもなく元気だ。五月十日ごろには帰国する（『週刊公論』1961年8月14日号）

辻が日本の家族や関係者に送った何通ものはがきには、暗示的な内容が含まれてはいるものの、具体的な近況を伝える記述に目がいく。何よりも、おおよその帰国予定を繰り返し伝えていることから、帰国しないという最悪の事態が起こるとは考えにくかった。ところが、4月21日以降、そうした手紙もいっさい途絶えてしまう。

「潜行三千里」のやり直しか

参議院に出した休暇申請は、4月4日から40日間。5月13日までには帰国しなければならなかった。まさかこのまま帰ってこないとは誰も考えず、14日を過ぎても帰国しなかった辻について、取り上げるメディアもなかった。それはまるで、凪《なぎ》のような状態だった。

しかし、帰国予定日から10日ほど過ぎると、さすがに周囲も〝異変〟を感じ始めた。

「一週間ぐらいは遅れて帰ると思っていましたが、今度はあまりに遅すぎ」（『日本』1961年10月号）と感じた千歳は、5月25日、英子の義父で当時、自民党の衆議院議員だった堀内一雄を通して外務省に非公式の調査を依頼する。その頃すでに、辻が帰国していないという話は、一部の新聞記者の耳には入っていた。産経新聞と読売新聞の報道があったのは、千歳が外務省に調査を依頼した2日後のことだ。

読売新聞は「辻政信氏、消息断つ　四月東南アへ行ったまま」の見出しで大きく報じている。

全国区選出参議院議員辻政信（五八）（東京都世田谷区松原町三の一〇九四）は去る四月四日羽田空港を出発、東南アジア各国視察の旅にでかけたが、同二十七日《ママ》バンコク発自宅あての手紙を最後にその消息を断った。留守宅の妻千歳さん（五十）もこのほど外務省に非公式ながら調査を依頼、同省でもタイ国大使館を通じてその行方を捜しているが、かつて『潜行三千里』の逃避行をやってのけた辻氏のことだけに、こんどもはじめから計画した『潜行』ではないかと関係者はみている。（1961年5月27日付）

同日の産経新聞の見出しも、「辻政信氏　東南アで消息断つ」「ラオス動乱にまき込まる?」と大きな扱いとなっている。「一カ月たっても電報一本なく、また滞在費も国会議員の海外出張旅費規定いっぱいの約六十万円しかもっていないので心配した千歳夫人が外務省へ調査を依頼したもの」とあり、千歳が外務省に非公式に相談したという内容は読売新聞と同一だ。産経新聞ではさらに、千歳の戸惑った様子が伝わるコメントも載せている。

ふだんは筆マメなひとなのに、こんどに限ってあまり長いこと連絡がないので心配です。またどうしたわけか、いつも残していく日程表もないのです。現地には主人の知人もたくさんいるようですが、私も秘書も全く知らないのです。〝潜行三千里〟のやり直しをしているのでしょうといってくれる方もいます

辻の失踪を早々に記事にした産経新聞は、その後もこの問題に最も熱心に取り組んでいた。1961年8月から9月にかけて、同社記者の野田衛が、辻が歩いたと思われるコースを辿《たど》り、丹念に追跡調査をした。そしてその成果を「『潜行三千里』を追って」という企画にして連載している。

それらの新聞報道を機に、週刊誌も辻の失踪を取り上げるようになる。

1961年6月11日号の『週刊読売』では、「『潜行三千里』の再決行説」を唱え、「バンコクはまた、かつて終戦時、南方派遣軍の高級参謀だった辻氏が、イギリス軍の戦犯追及の手をのがれて、地下にもぐった『潜行三千里』の出発点という『ゆかりの地』でもあり、奇妙な符号の一致を示す」と書く。さらに参議院議員の千田正《ちだただし》を登場させ、「当時行動をともにしたメンバーとでも連絡をとり、独特のことをやっているのではないか」と臆測を語っている。

また、生死については「『消された』のかもしれない」と推測し、その根拠として「マラヤ［イギリス領マレー］、タイのあたりには、いまでも、辻氏にうらみをもつ連中が多い。なかでも、中国人らには、激しい憎しみのタネを植え付けているという」と述べている。

1961年6月18日号の『週刊現代』も辻のことを「『潜行三千里』を書いて有名になった人」とし、「それだけに、今度の失踪説も『またか！』と受け取る人は少なくないようだ」と書いている。

その上で、元陸軍中将の土居明夫《どいあきお》からコメントを引き出している。土居は参謀本部の作戦課長という要職を務め、終戦直後の一時期、蔣介石の顧問となった経歴を持つ。土居はこう悲観的に語っている。「ラオスあたりでスパイ容疑かなにかで逮捕監禁されていることも考えられる。ベトナム辺は、都会を離れるとまだまだ野蛮だ。ジャングルの中で小さな部隊にでも捕まりでもしたら、小隊長くらいに、日本の国会議員だなどと言ったたって通用しないだろう」。

最初に辻の失踪を報じた読売新聞や産経新聞も「潜行三千里」という言葉を用いたが、この時期に辻の問題を扱った雑誌で、「潜行三千里」に触れていないものはほとんどない。

かつて辻の代名詞であった「潜行三千里」は、皮肉なことにここでも辻を思い起こさせるのに最もふさわしい惹句として使用されることになる。

「中国入国」の可能性

辻の失踪が報じられてから3か月半後の1961年9月13日付読売新聞朝刊に「辻政信氏、六月まで健在」の見出しの記事が掲載された。前日の参議院外務委員会で取り上げられた、辻の消息についてのやり取りの模様を報じている（地名の表記は本書での表記に統一）。

自民党の杉原荒太《あらた》議員が政府の調査状況や対策を問いただしたのに対し、外務省の総務参事官は「辻議員は四月四日羽田を出発、同十一日バンコクへはいった。それから同地大使館の防衛駐在員を連れてラオスのビエンチャン［首都］へ向かった。別府［節弥《せつや》］ラオス駐在大使報告では『六月七日にラオスのバンビエン［ビエンチャン郊外の町］で一中国人が辻氏に会ったとき、辻氏は〝これからシエンクワン［ラオス北東部の県］に行ってプーマ首相に会いたい〟といっていた』といい、六月七日までは健在だったことは一応はっきりしている」と答弁している。ここで政府の見解として初めて、辻が6月の段階で、ラオスで生存していたことが明らかになった。

さらに、10月10日午前に開かれた参議院外務委員会で、小坂善太郎《こさかぜんたろう》外相が辻の消息について説明している。

十月三日ラオスのシエンクワン地区の某国際機関を通じ同地の最高権威筋が述べた情報によると同権威筋は辻氏と直接会ったことはないが六月にバンビエンに同氏がいたことは事実である。その後の消息は判明しないが情報によると辻氏はシエンクワンにきた後、北ベトナムのハノイを経て中国に向かったようだ。(『読売新聞』夕刊10月10日付/地名の表記は本書での表記に統一)

6月にラオスにいた辻が、今度は中国に向かった可能性があることを、ラオスの最高権威筋が日本側に明かしたという内容だった。

辻の中国入りの可能性が出てきたことを受け、外務省は12月2日、日本赤十字社を通じ、中国紅十字会に対し、辻の安否の照合を行う。それに対し、中国紅十字会は12月25日付の書簡で、「辻議員が中共に入国した可能性があるとの日本側の消息は全く根拠がなく、従って同議員の行方調査に協力する方法がない」と回答した（『読売新聞』1962年1月6日付夕刊）。

辻の入国自体を全否定する中国紅十字会の回答によって、見えかけた辻の足取りは再び消えてしまった。しかしその1か月半後、再び辻の中国滞在の可能性が報じられる。「香港・九竜工団連合総会秘書長」という肩書の人物が語っている。

二か月ほど前に友人の紹介で大陸から香港にのがれてきた中共［中国共産党］の中級機関の党員に会ったところ、辻氏が中国の琿春（吉林省）にいるという話を聞いた。

（『読売新聞』1962年2月11日付）

この件については、1962年（昭和37年）3月6日の参議院予算委員会で、小坂外相が「一国の議員の生死さえわからないのでは面目にかかわる。外務省の出先機関を督励し調査にあたる」と発言している（『読売新聞』１９６２年3月7日付）。結局、この情報は辻につながる手がかりとはならなかったが、辻の中国入国説は、確度の高い情報と思われたのか、その後も新しい情報が持ち上がるたびに、国会で取り上げられることになる。

「米軍による射殺」説も

4月12日の参議院外務委員会では、社会党の大和《やまと》与一議員が、「辻政信議員が国外に出てからまったく消息不明だが、政府はその対策をどうするか」と問いただした。これに対して、小坂外相はこう答弁している。

昨年十月確かな筋から得た情報によると辻議員はハノイから中国へはいったとのことなので日赤から中国紅十字会へ問い合わせたところ、紅十字会はこれを確認できないとの返事があった。また今年一月五日香港の新聞には中国でゲリラ部隊の指揮をとっているとの記事が出たが、これも確認できない（『読売新聞』１９６２年4月13日付）

大和議員の質問に対しては、参院の庶務部長も答弁している。

ことし中国を訪問した社会党議員団が中国政府に問い合わせたところ、中国側では同議員が日本を離れて以後十日間ほど中国にはいったことは事実だが、あたたかく迎えられなかったので、中国を去ったようだ。その後東南アジアの共産国に同議員が入国しようとしたところを米軍から射殺されたという流説もあるが、確認されたわけではない――とのことだった。（同前）

この新情報をもたらしたのは、社会党の参議院議員、千葉信《まこと》だった。『新週刊』1962年3月8日号に、情報入手の経緯が詳報されている。

千葉は同年1月初旬、社会党の訪中使節団の一員として北京に滞在中、中国側の要人に「日本には辻氏が中国にいるという情報がひろく伝わっている」とし、調査を依頼した。

1週間後の1月中旬、この要人から回答があった。「やはり中国にはいない」というものだったが、続けて「辻氏については、中国では〝目下紛争の起こっている地域〟で共産圏にまぎれこもうとしたのを、米軍が発見して射殺した、というのがひろくいわれている」という驚くべき情報を伝えてきた。目下紛争の起こっている地域とは、ラオスのことを指すと思われた。出所が国会議員である情報を、政府高官が国会で答弁している以上、単なる噂では済まされない。

大和議員の発言の後、同じく社会党の佐多忠隆が「たとえ流説であるとしても、中国側からそのような話があったことは重大だ。アメリカ政府に問い合わせ」するように要望する。それに対して、小坂外相も「アメリカ側に問い合わせてみる」と応じている。

この日から、わずか5日後の17日、アメリカのライシャワー大使が小坂外相との会談の席上、この問題に触れている。

先に参院外務委員会で問題になった参議院議員辻政信氏が米軍に射殺されたという情報について米政府の調査結果として「辻氏が米軍に射殺されたというような事実はまったくない」(『読売新聞』1962年4月18日付)

米軍による射殺説を強い調子で否定している。アメリカがきっぱり否定したことで、この米軍射殺説がその後、取り沙汰されることはなくなる。

外務省では、何とか新たな情報を得ようとするが、前年6月にラオスにいたことを確認した以外、辻の中国入りを含め、確かな情報を得ることができずにいた。誰もが確かな情報を得ることができないまま、臆測と期待による情報が錯綜していた。

残された家族の心労

辻失踪後の数か月間、乱れ飛ぶ情報に一喜一憂し、振り回されたのは残された家族だった。

参議院議員辻政信氏（五八）がゆくえ不明になっていらい、すでに五十余日、その間とんだ目にあったのが千歳夫人はじめ家族。なにしろ、同氏が旧日本軍きってのパリパリ参謀で『潜行三千里』の主。そこへもってきて、消えた場所が因縁の地バンコック……と、おぜん立てがそろっていただけに、マスコミはもちろん、各種の機関もさまざまにカンぐって、家族に集中攻撃をかけた。(『アサヒ芸能』1961年6月25日号)

同誌によれば、辻の自宅には1日50回近くも野次馬の電話がかかってきて、無署名の手紙も大量に届けられたという。しかも、「わざと姿を消しての売名戦術だろう」という内容が多かった。好奇の視線に晒される中、千歳は同誌にこうコメントしている。

辻はことしのはじめ手術して胃をとり、流動食しかとれないからだで、山歩きなどできるはずがありません。それに、主人はタイ語も英語もしゃべれないので、昔の参謀時代とちがい、潜行なんて……。引致されたか、病気してそのまま……

「在日の中国人で、中共系の情報マン」を名乗り、「お宅のご主人は、きのう、なくなりました」と、ガセ情報を電話で伝えた話を紹介した1961年8月14日号の『週刊公論』

は、「怪情報が乱れ飛ぶのにこれほど適した人物はいない」と茶化している。この電話も1日50回近くかかってきたという野次馬の電話の一つだったのだろう。

『週刊現代』1961年6月18日号には、毅が「私たちは、もうあきらめています。潜行三千里をくりかえしているのではないかと言われますが、あれは十五年も前の若かった時のことですし、今はもう年齢的にも無理でしょう。それに最近は、健康もあまりすぐれなかったし」と「暗い表情で語っている」という記事が掲載されている。門をいくら固く閉ざしても、外からの情報は入ってきた。また、辻の生存に関する情報を欲する家族の心境として情報を拒絶することはできなかった。そうやって、家族は疲弊していった。

この年の暮れ、雑誌に千歳の手記が掲載された。失踪からまだ日が浅く、生死が判別できない中での執筆ということもあり、悲痛な文章が綴られている。

ラオスは善良な人たちばかりで、まさか殺してしまうような残忍なことはできないと思います。(『週刊サンケイ』1961年12月25日号)

根拠があるわけではない。ただ、そうあって欲しいと祈るばかりだったのだろう。次の文章は家族の苦悩が夢にまで現れているという話だ。

五月末から六月はじめにかけて、家族全員が辻の夢をみました。息子はこんな夢をみたと申します。玄関を音もなく入ってきた父が「失敗した」と、ひとことつぶやいた。どこかで、むごい殺され方をした夢――。そして娘たちは、応接間の椅子にすわった父が「失敗した」といって、涙をこぼしていた夢をみた――といいます。良い知らせは少しもございません。私も易《えき》をみますし、また易をたてて、知らせて下さる方がございます。しかし、私はそういうものは当たらないと思っています。予感では、生きている可能性の方が少なくて、八対二で死んでいるのではないか、というような気がいたします。（同前）

夫の死を覚悟しつつも、わずかな生存の可能性にも期待する。手記全体に、ゆれる千歳の思いがそのまま現れている。

生きて帰って、夫に幸せなことが待っているならいい。だが、参議院の処罰問題があり、議員をやめねばならないかも知れない――。

辻は法律とお金のことについてはまったく無とん着でした。参議院の処罰にしても、法律の手続きのことは何一つ知らないのです。問題が起こったときに、打つ手を知りません。（同前）

参議院の処罰問題というのは、自民党議員の一部が懲罰動議を持ち出そうとしていた動きを受けてのことと思われる。実際、国会法124条には、「国会が召集されてから正当な理由なくして七日以内に出席しなければ懲罰にかけることができる」とある。だが、千歳は自分から処罰問題に触れつつも、夫の潔白を訴えずにはいられない。

辻にとって生きて帰るのが幸せかどうか、私にはわかりません。「お互い愛情がないから、こんな仕打ちをうけるのだ」という人たちもいます。軍人の夫とは〝滅私奉国〟――最初からそういう約束で結婚しました。戦争がなくなって、参議院議員となった辻でも、お国のためにつくしているということは本質的に変わりません。私は、辻を最後まで信じます。（同前）

神経をすり減らす家族にとって外務省の対応は不満が溜まる一方だったようで、千歳は「外務省はあまり動いてくれていない。ほとんどアテになりません。辻の友人などを通じていろいろ調査していますが……」とも語っている（『日本』1961年10月号）。外務省でも八方に手がかりを求める努力はしてはいたが、結果の出ない現実に、家族は苛立ちと焦りを募らせていた。

現地捜索に向かった徹

辻が旅立ってから1年後、長男の徹が、現地に手がかりを求めて出発することになった。それは精神的に追い詰められ、万策尽きた末のやむにやまれぬ行動だったのかもしれない。

1962年4月30日、徹と秘書の表《おもて》昭栄（藤力の前任者）は参議院内で会見を開き、東南アジアへ捜索に行くことをマスコミに発表した。

そして5月4日午前11時10分、徹は表とともに羽田空港からベトナム・サイゴン(現ホーチミン)に向けて旅立った。あえて雨季に入る時期を狙っての出発だった。当初は、辻と同じ4月4日に旅立つ予定だったが、旅費の工面が付かず、千歳が苦労して建てたアパートを売り払い、旅費を用意することができた(『サンデー毎日』1962年5月20日号)。

出発する日の徹を写した写真が雑誌に載っている。左手にはボストンバッグを持ち、タラップの途中で、右手を上げ笑顔で写真におさまっている。その姿は、1年前に同じ空港から出発した時の辻とよく似ている。また、同行者と思われる男性がカメラ目線なのに対し、徹はどこか別の方を向いている。その向いている方向までが父親と同じなのは、単なる偶然とも思えない。記事は、徹の決意を次のように表現している。


〝父をたずねて〟はじめて未知の土地へ旅立つ徹氏は、なみなみならぬ決意にもえているのだろうか、出発までいっさいの面会を謝絶し、雨雲のたれこめる羽田をあとにしていった。(同前)

確証があるわけではないが、行けば何か手がかりがあるかもしれない——徹の旅は、まさにその一念だったと推察される。

徹は、香港を経由し、サイゴン、プノンペン、バンコク、ビエンチャンを辿ったが、ラオスの情勢が緊迫化しており、最後に辻の生存が確認されていたバンビエンまで行くことはできず、調査を打ち切らざるを得なかった。調査は12日間に及び、5月16日午後、帰国した。帰国後、徹は雑誌の取材に答えてこう憤っている。

「父が泊まったホテルや大使館をたどり、在留邦人たちから話を聞いたりして、昨年四月二十一日朝、僧衣姿で現地人二人といっしょに奥地に出発したことまでは確認しました。北ベトナム政府の『辻は入国していない』という情報も確かめたかったのですが……。香港では、『吉林省で反共ゲリラを教育している』という情報を『香港情報』として流したという当人に会って聞きましたが、完全なデマでした。『北京滞在説』も某中国要人に確かめ、確証がないことがわかりました。無責任な情報が多いん

ですよ」(『週刊読売』1963年2月10日特大号)

何より家族としては国会での答弁にあった通り、生存の可能性があった6月の段階で現地捜索をしていれば……との思いが強かった。千歳の言葉にも悔しさがにじんでいる。

あのとき、すぐに捜してくだすったら、生きている辻を見つけ、その後の足どりもつかめたし、連れて帰ることもできましたでしょう。死んだのなら、遺骨を持ってくることも……(同前)

結局、残された家族の願いが通じることはなく、辻が家族のもとに戻ってくることはなかった。

1969年(昭和44年)7月14日、辻の法的な死が確定する。千歳が申し立てていた辻の「失踪宣告」について、東京家庭裁判所は6月28日に、確定審判を下し、7月14日付で官報に公示された。不在者の生死が7年にわたり不明の際は、家庭裁判所が利害関係者の請求によって失踪宣言をすることができ、宣告を受けた者は、不明になってから7年たった時に死亡したものとみなされるという民法の規定に基づき、「死亡日」は1968年7月20日となったのだった。

「蘭を枯らさないように」

次男の毅のほかにも、〝生前〟の辻を知る貴重な証言者がいる。秘書を務めていた藤力だ。藤が今も石川県内に健在と知り、2019年7月下旬に自宅を訪ねた。

手入れの行き届いた庭を通り、インターフォンを押すと、すぐに奥から声がして、皺《しわ》一つない半袖シャツ姿の小柄な男性が現れた。昭和10年生まれの藤はこの時すでに84歳だったが、白髪を丁寧になでつけ、矍鑠《かくしゃく》とした振る舞いが印象的だった。

美術関係の本が目立つ客間に招き入れられ、そこで見せてもらったのが、前述した辻からのはがきだった。太い万年筆で書かれた、独特の跳ね上がる癖のある辻の字を、実際に藤に声を出して読んでもらった。1961年4月19日付のビエンチャンで投函された最後のはがきの末尾まで読み上げたところで、藤が頷きながらつぶやいた。

「やっぱり帰国するつもりだったんだ」

藤が改めてそう感じたのは、「蘭を枯らさないように」という一言に目が行ったからだった。実はその5日前の4月14日付のはがきにも、「ランをよろしく」と書かれてあった。何らかの使命を持って訪れたはずの東南アジアにいる時でさえ、気になって仕方がなかった蘭とは何のことだろうか。藤に問いただすと、こう即答した。

「この蘭は、松村さんからいただいた蘭のことや」

1961年11月刊行の雑誌『世界と議会』に、「辻政信君と蘭の花」という題のエッセーが掲載されている。筆者は松村謙三――前述した辻の弟・政良宛てのはがきにもその名が登場した衆議院議員だ。

終戦直後の東久邇宮《ひがしくにのみや》内閣で厚生大臣兼文部大臣などを歴任した松村は、1959年（昭和34年）1月、岸首相の対抗馬として自由民主党の総裁選に出馬し、敗れていた。辻はもともと人の好みが激しく、岸首相批判で自民党を除名処分となったことは「はじめに」で触れたが、松村については、清廉で立派な政治家で「岸さんとは月とスッポンだ」と評していた（『ズバリ直言』）。松村は、辻が認めた数少ない人物の一人だった。

先のエッセーによると、その年の6月、辻は衆議院から参議院に鞍替えして当選した直後に松村を訪ね、「お前さんに是非ねだりたいものがある。是非承知してくれ」と言ってきた。物欲のない辻にしては珍しいことだった。お願いとは、蘭の所望であった。「俺は中国の蘭に興味をもっている。お前さんの家にはたくさんあるとの事だが、その内の最も良い品種を俺に譲ってくれ」というのだった。強引な要望だったにもかかわらず、辻を「長い同志」であると認めていた松村は快諾し、自身の育てている蘭の中から最も良い品種の一鉢を辻に贈った。辻はそれを喜び、「自分の家で一人で見ているのは惜しい」として、参議院の議員会館の自分の部屋に持って行き、飾っていたのだという。その蘭こそが、辻が藤へのはがきに書いていた蘭のことだった。

失踪から半年後に出されたエッセーでは、「4月中旬」に辻が電話をしてきて、「俺はちょっと又日本を留守にして外国へ行ってきたいと思う」と伝えたという（辻は4月4日に日本を離れているので、松村の記憶違いか誤植と思われる）。さらに辻は、蘭がまだ三分までしか咲いていないことを惜しみつつ、満開を見たいが、「それでも一輪の花でも咲きかけを見たから、それで向こうへ行ってこようと思う」と告げている。「一体どこへ行くんだ」と聞く松村に、辻は「いや、ラオスの方へ行こうと思っている。日本の政治家であそこの実体を目のあたりに見聞したものはいない。それで自分が一つその視察に行きたいと思う」と答えたとある。そして、松村からもらった蘭を気にかけつつ、「しばらく世話をする人がいないと思うから、家内に云いつけて時によったら君の所へ返しておくからどうか一つ俺の帰ってくるまで世話をしてくれろ」と話したという。

辻の依頼を快諾した松村であったが、ラオス行きについては「今またああいう危険地帯に入ることはよくない」と反対の言葉を伝えている。しかし、辻は「心配してくれるな。自分は潜行三千里の時にあそこを通りぬけた経験もあり自信もあるから、あのあたりを潜行していくならば決して心配はない。案じてくれるな、是非行ってくる。五月の中頃には帰ってくる積もりだ」と意気揚々と返答している。

藤は、当時の記憶を辿りながらこう言った。

「わざわざはがきで繰り返し蘭のことを書いている。その人が帰国しないつもりだったなんて考えられないんですよ」

千歳も手記の中で、次のように証言している。

もし計画的に、旅行を延ばす魂たんがあったのなら、当然それは誰かに打明けられているべきです。三十年連れそってきた妻の私としては、〝主人はたとえ、ラオスをのぞいてくるようなつもりでいても、五月末までには帰ってくるはずだった〟と信じています。公務をほおりっぱなしにするような、無責任なことをする人ではありません。（『週刊サンケイ』１９６１年12月25日号）

証言をつなぎ合わせると、やはり、少なくとも辻は5月中に帰国するつもりで出発したと思われる。たとえ、多少帰国の時期が遅くなったとしても、それほど日本を長く離れるつもりはなかったのではないだろうか。まして、戻らないつもりだったとは考えにくい。

だが、だとしたらなぜ――と冒頭のタラップでの場面に戻る。それはまるで本人の意思とは別に、何かに魅入られたように辻が死地に向かったとしか思えない。

「今度は祖国に戻れないかもしれない」。そんな予感が辻の脳裏に浮かんだのだろうか。果たして辻は、人生の最後に何をやり遂げようとしていたのか。

第2章

炭焼きの子に生まれて

―1902年の辻政信―

山深き故郷

辻政信の生家は、石川県有数の温泉地・山中温泉に近い、加賀市今立地区にある。金沢市から行くには、北陸自動車道を福井方面に進んで片山津インターチェンジで降り、内陸の山中温泉方面へと向かう。途中から県道153号線に入り、動橋川《いぶりばしがわ》沿いを遡《さかのぼ》るようにして、緩い勾配のついた山の中の一本道を進む。すると、少し開けた場所に今立の集落があり、町民会館を過ぎて100メートルほど行った右手奥に、木造2階建ての家が建っている。そこが辻の生家だった。

私が初めてこの家を訪ねたのは、2019年春のことだった。「生家」とは言うものの、家屋そのものは、約70年前の1948年（昭和23年）に建て替えられたものだという。背後の山に守られるようにして建ち、周囲を木々で囲まれている。家の中に人のいる気配はなく、声をかけてみたが反応はなかった。携帯電話の電波も、ここまでは届かない。ただ、近くの水路を流れる水の音だけが響いていた。

それでも、家の手前には「辻政信　生誕之地」と刻まれた石碑があり、家屋やその周辺

今立地区に残る辻の生家。手前には「生誕之地」と刻まれた石碑も建っている。右上写真は大姪の和子さん

はきちんと手入れされている形跡があった。近所の人に聞いてみると、ここから15キロほど離れた動橋という地区に辻の親戚の女性が住んでおり、週に何回かこの家に来て、維持しているということだった。それから2週間後、その女性——辻の甥にあたる弘《ひろ》信《のぶ》の長女・和子《かずこ》（現姓は平岡《ひらおか》）に会えることになった。

辻がこの山深い集落で生活したのは、生まれてから陸軍幼年学校に入学するまでの15年ほどだった。だが、その後もたびたび故郷に戻ってきた。この家を建ててからは、年老いた母親に会うために、政治活動の合間を縫って帰郷していたという。

和子に案内されて、家の中を見せてもらった。玄関を上がるとすぐ囲炉裏を切った空間があり、今は客間のように使っている。その奥は仏間で、隣にはやはり囲炉裏を切った板の間がある。ここがもともと一家が食事をしたりして過ごす場所だったという。

さらに2階へ上がると、窓を開け放った部屋の中を、山からの心地よい風が吹き抜けていった。

「おじさん（政信）はこの家に来ると、いつも2階で休憩していたんですよ」

かつて辻が眺めていただろう窓の外の風景を眺めながら、この山深い集落に生を享《う》け、この家を巣立った後に八面六臂の活躍をし、家族からも「突然変異」と驚かれた辻の生涯を振り返っていた。

「北国ノ寒村」に生まれて

ここが江沼郡東谷奥村今立と呼ばれていた1902年（明治35年）10月11日、晩秋にさしかかる山里で、辻は炭焼きを生業《なりわい》とする父亀吉と母もとの次男として生まれた。

辻の故郷への思いは強い。今回、和子から今立の生家に残されていたという幼年学校時代の作文集を見せてもらうことができた。そこには、故郷についてこう書かれている（句読点を補足）。

吾《わ》レ北国ノ寒村ニ呱々ノ声ヲ挙ゲシハ、明治三十五年十月十一日ナリ。四囲唯《ただ》峻《しゅん》山《ざん》畳《マ》々《マ》、随《したが》ツテ道路ノ坦々アタルナシ。里閈《りかん》ヲ出デントスルヤ、必ズ健脚ニ頼ラザルベカラズ。此ノ四囲遂《つい》ニ吾ガ気ヲシテ剛健ナラシメ、吾ガ身体ヲシテ頑丈ナラシメ、然《しか》シテ遂ニ軍人タルノ大抱負ヲ授ケタリ。

生硬な文語体の文章の中でも、際立って辻の強い自負を感じる「北国ノ寒村」とはどういう村か。

1925年（大正14年）に刊行された『石川県江沼郡志』は東谷奥村を「其《その》名の如く、同郡（江沼郡）東南の最奥大日山《だいにちざん》の麓に在り」と端的に記す。「山間に僻在《へきざい》して、本郡中尤《もっと》も交通不便の地なり」ともある。交通が不便な中でも「荒谷《あらたに》以奥は尤も甚《はなは》だし」とされたのが、今立であった。

辻が生まれ育った今立では、当時まだ電灯が点っておらず、村人は行燈《あんどん》やランプの明かりで生活をしていた。今立に電灯が点るようになったのは、辻が家を出た後の1922年(大正11年)頃のことだった。

辻には5人の兄弟姉妹がいた。順に、長男が弘《ひろし》、三男は理、四男が政良、長女は春《はる》(子《こ》)、次女は良子《よしこ》といった。弘の長男が弘信、その娘が和子という関係だ。

辻の12歳下である政良は後年、母親のもとから辻が幼い頃の様子を聞き取り、テープに録音した。政良はさらにそれをもとに、1991年(平成3年)に回想録『喜寿の戯言《ざれごと》』を記した。貴重な証言が収録された回顧録にもかかわらず、私家版で市販されていないため、これまで出された辻の評伝では用いられることがなかった。今回、政良の長男である政晴《まさはる》から借り受けることができたことは、辻の幼少期を知る上で、大きな手がかりとなった。同書には、もとの回想による辻の生まれた時の様子も綴られている。

政信は予定日どおりに産れたのであったが、長男の弘よりもはるかに大きく、良く肥っていたので難産であった。特に頭が大きく、私達が小学校に入校する頃、母はよくその話をして笑わしたものである。

当時としては珍しいことではなかったが、政信も自宅に招いた産婆の手で取り上げられている。医療体制が整っておらず、乳幼児の死亡率が非常に高かったこの村で、見るからに健康な状態で生まれてきた赤ん坊に、もとは心底安心した。

辻は、母乳をよく飲み熟睡する、手のかからない幼児だった。ましてもとは、年子である長男・弘を育てた経験もあり、育児には自信を持っていた。ところが、産後7日の床上げの頃、突然泣き出すようになった。

排便の調子も良く、熱があるわけでもないのに、母乳をふくませ、寝かしつけても、なかなか泣き止まない。もとには思い当たることがあった。自分の母乳の量が少ないのではないかということだった。

母もとの回想などをまとめた『喜寿の戯言』。市販されていない私家版

母はさっそく炊飯中の鍋から重湯をよそって若干うすめて砂糖を加えて飲ますと、飲むわ飲むわ一合余りの重湯をアッという間に飲み干してまだ飲み足りない様子であった。

現代のように粉ミルクなど代替手段があるわけではない。重湯を薄めて与える以外に適当な方法はなかった。近所に住む女性が、乳が張り、痛くて困っているという話を聞いたもとは、その女性に頼み込み、貰い乳をし、自分の母乳は夜中に不足分として与えることにした。政良は感慨深げに書く。

後に彼は軍人となり、各地の激戦地で、水もなく食もなく悪戦苦闘に遭遇しながらも、人一倍体力保持ができたのは恵まれた健康と、乳児の頃のあの大食漢が幸いしたためであろう。

軍人となった後の辻については、精神力だけではなく、強靱な肉体について語られることが多いが、その原点には母のわが子への献身があった。

炭焼きの息子

辻の父・亀吉は、炭焼きを生業としていた。炭焼きは、過酷な肉体労働だった。そして、その家族が置かれた環境もまた決して恵まれたものではなかった。

『旧村誌』によれば、昭和初期、炭焼き業は村全体の生産高の7割を占める村の主要産業となっていた。林業は「本村の生命とする処」だった。炭焼きが儲かるからというより、炭焼きしか収入を得る手段がなかったという理由が大きかった。

しかも、そうやっていくら炭を焼いても、辻家の暮らし向きは決して楽ではなかった。

水田は三反歩しかなかった。三反歩から取れる米は、四、五人の家族では年に三、四カ月の必要を満たすにたりない。[中略]政信が育った明治、大正のころは麦、稗《ひえ》を常食とし、白米は貴重品であった。(杉森久英『参謀・辻政信』)

辻家の貧しさは、戦後も続いた。1953年（昭和28年）生まれの和子がこう語る。

「ほんとにうちは貧しかったですよ。おやつといえば、タケノコの皮の中に梅干しを挟んで、それをしがんで吸う、というだけでしたから。近所の子たちと、家に帰って何かを食べてきて、それが何かを言い当てる、という残酷な遊びがあったんですよ。ガムとか飴とか……でも、わたしは毎回必ず当てられてしまうんです。だって、うちにはそれしかおやつがなかったから。ほとんど骨に皮が張り付いているだけでしたね。父（弘信）は、その頃の写真は絶対に見たくないと言います。あまりにもかわいそうで……膝の骨が見えるくらいというぐらい、ガリガリでしたから」

和子は1932年（昭和7年）生まれの母・しずゑが嫁いだ1950年代の辻家の様子を、しずゑ本人から聞いている。

「弘じいちゃんは普段、母が着ていた女学校時代のセーラー服を着ていたようですよ、着るものがなくて……。それも、生地がぼろぼろになっていた、と。また、（しずゑは）鏡台も使わせてもらえなかったらしいです。そういうところに意識を向けんでよろしい、ということで」

しずゑが嫁いだ頃は、弘が炭焼きで少しでも辻の選挙費用を捻出しようとしていた時期と重なっている。炭焼きで得たお金が、どれほど選挙費用の役に立ったかは定かではない。ただ、和子たち家族は、辻のために切り詰めながら、炭焼きで金を捻出したと信じている。

浄土真宗の道場として

辻家の由緒については、辻の神出鬼没な行動から「山伏《やまぶし》の子孫」との噂もあった。

辻の生家は山伏が祖先だという人がいる。「潜行三千里」のさなか、きびしい英軍や警察の追及をかわして神出鬼没、変幻自在の潜行ぶりはまさに山伏の末裔ともみえる。(『丸』1967年11月特別号)

荒唐無稽な話のようだが、実はまったく故《ゆえ》なきことではない。今立の隣の集落である荒谷には、かつて多くの修験者が訪れたという滝がある。山岳信仰が強い地域だった。また、修験道の山伏と関連づけられる天狗《てんぐ》伝説がいくつもこの地には残っている。

だが、実際に辻に影響を与えたのは修験道や神道ではなく、仏教だった。今立は、当時から仏教寺院がなく、辻家は浄土真宗の「道場」を務めていた。『真宗小事典』によれば、道場とは「仏教修業の場。日本ではのち寺院と区別し、一般民家のままで仏像を安置し、仏事をおこなう場所を道場といった。とくに真宗では、民家の一室に本尊をかけ、同信の人びとがあつまって念仏を行じる場所を道場と名づけた」とある。

明治政府は道場による僧侶行為を禁止したものの、この村のような山間の僻地《へきち》にあっては、僧侶の代わりに道場主が葬儀で読経することが続けられていた。

敷地に藁葺《わらぶ》きの平屋が辻家の自宅であり、道場であった。今立の中では広い方で、辻家では亀吉、その死後は長男の弘が道場主として毎朝仏前で読経していた。辻家の子供たちはもとの躾《しつけ》で、一歩家に入るとまず仏壇にお参りしなければならなかった。辻家は信心深い家だった。また当時としては珍しいことだが、母のもとが子供たちに手をあげたことはなかったといい、その理由を政良がもとの言葉としてこう伝えている（『喜寿の戯言』）。

お前たち子供はオッカの子供でないんじゃ。神仏から授けられた大事なあずかりものじゃ。もし殴ったりして怪我でもさせたら申し訳がないことじゃから。

後年、軍人となってからの辻は、数珠や仏像を肌身離さず持ち歩き、終戦後は僧侶に姿を変えて、行方をくらました。国内での潜伏生活でも廃寺で住職になりすまし、さらに、消息を絶つことになる東南アジアへの視察でも、最後に日本人に目撃された姿は、僧侶の格好だった。辻にとって、僧侶というのはなじみ深い存在であって、人の目を欺くための読経を自然とこなせたのは、この幼い頃の経験があったからだった。

荒谷小の二宮尊徳

辻は1909年（明治42年）、東谷奥村立荒谷小学校に入学するが、この頃から読書にのめり込むようになる。自分で読める本があれば、片時も離さず読んでいた。だが、この村では、好きな本を好きな時に好きなだけ読むということは極めてぜいたくなことだった。子供の教育に対して関心を持つ親は少なく、子供は貴重な労働力だった。小学校3、4年生くらいになると、山では薪拾い、秋には稲刈りなどに駆り出されるのが常だった。

もちろん、辻も例外ではなかった。背中に背負った薪を縛る縄が肩に食い込んでも、辻は山から往復数キロの道を黙々と運んだ。頑強な肉体は、この時期に育まれた。

こんなエピソードが伝えられている。

炭焼きのほかに杉の植林や農耕もしなければならないので家は一年中手不足がつづき、小さい子供たちの守りは学校に行く子供の受持になった。辻も一年生の時から毎日弟妹たちをおんぶして通学した。それをひやかすものがあると、彼は「なにをいうか、二宮尊徳を見ろ、薪をかついで勉強してえらくなったんだ、だからわしもねんね［幼児］をおんぶして勉強するんじゃ」とやりかえした。(『人物往来』1953年新年号)

教育にかける金は十分でなくとも、辻の両親は誠実に子供に向き合った。政良がもとから聞き取った話にはそれを物語るエピソードがある。

小学1年生になって間もない頃、学校から帰ってきた辻は、突然もとに話しかけた。

「かあさん、ちょっと聞いてください。僕、今日先生からこんなことを習ってきたから、かあさんにも忘れん先に話しておく」

もとは「この仕事が終わるまで待ちなさい。後でゆっくり聞くから」と制したが、何度も「聞いてくれ」と懇願する。根負けしたもとに、辻は一日の出来事を順を追って説明しだした。しっかりと順を追って話す辻の様子にもとは驚き、大いに感心した。それは、一歳上の弘にはなかったことだった。学校であったこと、勉強したことを家に帰って母に伝える。そのことが学んだことの復習になった。なにより農作業、家事、炊事と、今とは比べものにならないほど家庭内で女性の負担が大きかった時代、もとはそれに付き合った。

それ以後、一、二年生の兄弟が帰宅する時間帯には、必ず家で仕事を繰り合わせて待ち続ける努力を重ねた。つまり子供達の復習の時間には進んで母が立ち会ったそうである。（『喜寿の戯言』）

この母親の存在なくして辻はあり得ない。後のことになるが、辻が出征した時も、戦後に消息不明となって潜伏生活を続けていた時も、毎日もとは陰膳《かげぜん》をし、寒気が厳しい日には、辻の写真を囲炉裏端に置いて息子の無事を祈り続けたという。

一方、父の亀吉とはどういう人物であったのか。

政信の父は亀吉といって、気象のはげしい男であった。風貌を記憶している人のいうところによると、背は特別に高くなかったが、頭が大きく、骨太で、目の鋭い所は、成人した後の政信によく似ていたという。（杉森『参謀・辻政信』）

剛胆な性格を物語る逸話が残る。荒れ地の開墾作業を行っている時、鋭くとがった切り株を踏み、先端が足の甲を貫いてしまった。亀吉はそれを力任せに引き抜き、消毒のためとして、焼けた火箸を傷口に突っ込んで治療した。人の肉を焼くにおいがあたりに立ちこめ、人々は顔を背けたという。頑強な身体といい、周囲が驚くほどの剛毅さといい、辻の突出した性格の多くは父譲りであったようだ。単に剛胆というだけではなく、亀吉は村の中では言葉をよく知り、弁も立ったと伝えられている。

亀吉はあばら家に住み、炭焼きを業としていたけれど、学問のある男であった。彼は漢文をよく読み、立派な字を書いた。弁がよく立ち、村会に出て正論を吐いた。村役場へゆくと、よく彼が人をつかまえて議論しているところを見かけたものだという。

（同前）


政良の回想によると、亀吉の義弟から「にい、お前は良く勉強ができるそうじゃが、大きくなったら学校の校長先生か、もっと偉い郡長になれ」とはっぱをかけられた辻が、こう啖呵を切ったという。

「校長や郡長くらい何じゃ。わしゃ日本一になってやる」

高等科へ進学

現金収入の乏しい村にあって、多くの子供たちが小学校を終えれば、丁稚奉公や子守に出る中で、辻は異例ともいえる上級学校である小学校の高等科（2年）へと進学する。

口さがない村の人たちは訝《いぶか》しみ、誹《そし》りもした。本来進学するとすれば長男である弘であったはずで、まして辻のような頑強な身体は、働き手としてうってつけに見えた。

だが、辻の優秀さは、地元で語り草となっている。今立の隣の集落である荒谷で育った樫田《かしだ》義秀は辻の同級生だった母親から、辻のことを聞き及んでいる。辻を「政信」と呼んでいた母親は、辻が冬でも裸足で外を飛んで歩いていた子供らしい姿を懐かしむとともに、「とても勉強ができた」と繰り返し語っていたという。実際、辻の小学校の通信簿を見た杉森久英によると、辻の成績は小学校6年間を通じて10点と9点が大部分を占めていたというから、確かに優秀だった。

ただ、どれだけ優秀であっても、辻家は進学を直ちに許すことができる経済状況ではなかった。「炭焼きの子は炭焼きに」という考えも強かった。

優秀な辻が進学を断念せざるを得ないのを見かねて、小学校時代の1年生から6年生まで辻を教えた原せいという女の先生が、進学に反対する亀吉を熱心に説得したという逸話も残されている（橋本哲男『辻政信と七人の僧』）。

しかし、誰よりも亀吉ともとの両親が、辻に他の兄弟にはない何か特別なものを感じ取っていたようだ。もとは後年、亀吉が辻の高等科進学を認めた当時を振り返り、「もし父親が政信を進学させずに大都市にでも出て働くように勧めていたらウラ［私の意］は承知しなかっただろう。いや絶対に反対をして『私の働きででもきっと進学させる』と父に逆らったであろう」と語っている（『喜寿の戯言』）。

今から100年ほど前の山間の僻村で、子供一人を進学させるということは、これほどまでの覚悟を親に強いるものだった。

高等科のある山中町までは片道8キロあり、徒歩で1時間半ほどかかった。健脚だったとはいえ、まだ15歳にも満たない子供である。つらくないはずはない。だが辻は、晴れた日には袴をはき、風雨の日には袴を風呂敷に包み腰に巻き付け、2年間は1日も休まず、一言の文句も弱音も吐くことなく通学した。さらにはこんな逸話まで残している。

早朝、二俵の炭をかついだ辻少年は、だれよりも早足で山を越えた。学校近くの炭問屋に荷をとどけると学校に走りこみ、始業前に数十分、その日の授業の予習をした。そして夕刻、町の酒屋、荒物屋から醤油樽や灯油ガメを受けとると、ふたたび足ばやに山を越えた。往復の荷役を部落民や商人からひきうけ、学費をかせいだのである。
（『丸』１９６７年11月特別号）

辻は決して恵まれていたわけではない境遇を、並大抵ではない努力で乗り切ろうとした。親の期待とそれに応えようとする子供の思いは、現代では想像もつかないほど強烈なものだった。

山中町での2年間の学生生活の中で、後年、軍人となった辻を有名にした料亭嫌い、芸者嫌いの下地がつくられたと指摘する声は多い。山中町は、北陸随一の歓楽地・山中温泉を抱えている。京阪神地域から訪れた湯治客が惜しげもなく金を使い、消費を楽しむ様子を、炭焼きで生計を立てる寒村で育った貧しい家の少年である辻が憤然として見ていたというわけだ。

まずしく、厳しく育てられてきた辻少年にとって、うらやましいと思うよりも反感と嫌悪感をうえつけられるような状況であった。一般に農村育ちは共通して、きらびやかな都会風の生活文化に対してコンプレックスをいだく。［中略］この感情はのちに、世のはなやかな生活の面すべてに拡大されるまで育っていった。成人した辻が料亭やバーをもっとも嫌い、そうした場所に出入りする人をはげしく非難したのはこの現れであろう。（同前）

山中町での小学校高等科の生活は、良くも悪くも辻の人生に影響を与えたのだった。

陸軍地方幼年学校へ

1917年（大正6年）3月、高等科を卒業した辻の中で、さらなる向学心が芽生えていた。陸軍軍人を養成する幼年学校を受験したいと考えるようになっていた。ただ、一般に信じられているように、幼年学校は官費ではない。しかも、長男でさえ進学できなかった高等科にまで通わせてもらったが、その間、辻家の経済事情が好転したわけではない。これ以上の進学を亀吉にお願いするのは、辻でさえ勇気がいることだった。

3月終わりのある日、道場主の会合からの帰りで酒を飲み、上機嫌だった父親に、意を決して幼年学校への進学のことを切り出した。高等科への進学の際は、辻の勉強熱心さと成績の良さで進学を認めた亀吉であったが、今回ばかりはさすがに分不相応と思ったか、「馬鹿野郎！　お前みたいな者にそんな学校が受かるかい。ど阿呆」

と、罵倒した（『喜寿の戯言』）。しかし、それでも辻は諦めなかった。試験に合格しさえすれば入学を許してもらえると考えた辻は、ここから猛勉強を始める。その40年後、辻自身が高校受験を目指す学生に向けた雑誌で、当時の勉強ぶりを振り返っている。

　私は十四才のとき、高等小学校から陸軍の幼年学校を受験しました。家が貧乏で、受験に必要な参考書を買うこともできませんでした。［中略］一冊の参考書を手に入れたときの喜びは、五十七才になった今日まで忘れることはできません。夜、寝るときに、両足の親指をひもで縛って寝ました。夜半にその両足が痛くなって目をさますと、頭から水をかぶってねむけをさまし、朝まで勉強しました。そのように苦労して、幼年学校の試験に合格したときの喜びは、一生忘れることができません。（『中学コース』　1959年10月号）

当時の地方幼年学校は、仙台、東京、名古屋、大阪、広島、熊本の6か所に置かれていた。競争倍率は時代によって異なるが、概《おおむ》ね20倍前後で推移しており、地方の中学のトップクラスでもなかなか突破できない難関だった。名古屋陸軍幼年学校の受験会場は金沢で、石川、富山、福井の3県から受験生が集まり、試験科目は、国語、数学、地理、歴史、理科、そして作文の6科目だった。多くの受験生は中学2年の課程を終えており、身なりもほとんどの生徒が制服制帽だったのに対し、辻は和服姿で明らかに場違いな感じだったという。

だが、そんなことに気圧《けお》される辻ではない。前出の受験雑誌の文章には続きがある。

このからだを、死に神の胸もとにぶつけてやろうと、恐れずに前進すると、死に神がたじたじとして不思議に道は開けるものです。避けようとしたり、他人に頼もうとしたら、おそらく私は生きてはこられなかったでしょう。諸君にお勧めすることばは、「人よりもよけいに苦しみ、人よりもよけいに鍛えよ」ということです。

この企画ではほかに、大映の名物社長だった永田雅一《まさいち》や、巨人軍の看板選手であった長嶋茂雄がそれぞれ「苦難に屈せず『天下の子』たれ」「激しい練習の教え」と題して、学生に受験を突破するための心構えを説いているが、それらと並ぶ辻の文章のタイトルは「死線を越えて」だった。3者とも、苦しい中でこそがんばり抜くことの大切さついて説諭しているが、辻だけがタイトル通り、受験勉強を直接生死とつなげて考えている分、異様に見える。

幼年学校受験に際して辻の置かれた環境と勉強ぶりは確かに際立っていた。結局辻は、この時30倍といわれた倍率を突破して幼年学校に入学するが、圧倒的不利な状況から現状を打破するという、辻が終生貫いたスタイルの出発点はこのときの体験にあった。

官報で分かった辻の成績順位

辻の幼年学校入学に関しては、「補欠」とする文献がいくつかある。辻の評伝の中で最も引用される機会が多い杉森の『参謀・辻政信』も、補欠説を採っている。

合格者が発表になったが、辻政信の名はその中になく、補欠となっていた。幼年学校へ入れないとすると、彼の家計は、彼が一日も遊んでいることを許せる状態ではない。すでに高等科へ上っただけでも、分に過ぎた事である。彼は伝手を求めると、大阪へ出て、小さな回船問屋へ奉公することになった。しばらくすると、郷里の家から一通の電報が届いた。幼年学校から、欠員のため、補欠入学の許可が来たから、急いで帰るようにという知らせである。彼と同時に受験して、合格した一人が、身体検査ではねられたのであった。

一方、政良の回想録にある合格の場面はまったく異なる。合格発表の日について、亀吉や政信、弘ら男たちは、冬の間の積雪で被害を受けた杉の木の手当てを行うため山に行き、母のもとはヨモギをゆでて平らに押し、筵《むしろ》に並べて乾燥させていたという詳細な場面描写から入っている。政信の合格が分かった場面はさらに臨場感がある。

突然、道路の方から、「辻のかあさん、電報がきたぞ」の声。「辻の『にい』あんが幼年学校に合格されたちゅう電報じゃ。お目出度いことじゃ。他人の私までうれしゅうてうれしゅうて今立の名誉じゃぞの」と言って、役場の小使いさんが息をはずませながら電報を母に渡した。

その後、もとは山に入って作業をしていた亀吉や政信に合格を伝える。

「オーイ、みんな、合格したぞ、今電報が来たぞ」、女ながらも大声で、山の上にいる父と子に知らせた。「エッ、合格か……」三人は今までの作業を中止し下りてきた。

政良の回想録には、「補欠」の文字はない。その代わり、もし落ちた場合の手はずとして、大阪の会社に就職の申し入れをし、幼年学校の合否が判明するまで入社期日を延期してもらうという条件付きで、了承を得ていたという話は載っている。

結論から述べると、辻は補欠合格ではなかった。補欠説の正否を確かめるには、面倒でも官報を調べる必要がある。幼年学校合格者の名前は当時、官報で発表されていたからだ。古い官報を一つ一つめくっていくと、1917年（大正6年）7月28日の官報に、この年の各幼年学校の合格者の名前が記載されているのを見つけた。果たして、名古屋陸軍地方幼年学校の合格者一覧の中に辻の名前があった。50人の名前が書かれており、辻は24番目だが、五十音順にはなっていない。また、辻と同じ石川県出身者はほかに宮子《みやこ》實《みのる》ら5人いるが、隣同士でもない。それは、これが成績順となっているからで、つまり、辻は幼年学校に24位で入学したということになる。

定員は50人だから、入学時の順位は補欠どころか、真ん中より少し上ということになる。中学校2年生で受験する生徒が多いことを考えれば、小学校高等科卒の学歴でこの順位は、大健闘と言える。また、この官報によると、宮子の順位は29番目になっているが、実際、宮子は後年の手記の中で、「私の成績は入学時には、たしか五十人中二十九位だった」と記している（『宮子實遺稿集』）。

ちなみに、なぜ辻が軍人を目指したのかについて、基本的なことのようで、実はその答えを知ることは容易ではない。辻のことを知る手がかりとして非常に有益であり、ここまで何度も引用してきた政良の回想録『喜寿の戯言』にも、そのことは書かれていない。先に紹介した陸幼時代の作文集にも、「垂髪《すいはつ》［子供の髪型］ノ時ヨリ軍人タルノ希望ヲ抱カシメ」という一文があるだけだった。

杉本の『参謀・辻政信』には、高等科2年の秋、学校の行事で福井県の武生《たけふ》に行った際、そこの宿屋でたまたま青年将校と会い、「こうして、旅先ではじめて会った青年士官に、軍人へのあこがれを点火された辻少年は、家へ帰るとさっそく、父亀吉に幼年学校受験の希望を述べた」と続く。話としてはできすぎているような気もするが、真相を確かめる術はない。雄弁な辻も、不思議なことに、軍人となった理由については明確に語っていない。

炭焼きで学費を捻出した父

幼年学校は官費ではなく、時代によっても違いがあるが、毎月12円の学費納入金が必要だった。さらに、毎月2円50銭の小遣いの仕送りが認められており、その金は学校が管理し、日曜の外出の際などに1回50銭までが手渡されていた（藤井非三四『陸軍派閥』）。

『名幼校史』によると、1897年（明治30年）に1期生が入学した際は、自費生が被服料30円（初年度）、授業料（納金）毎月6円で、半特待生（佐官以下の軍人の子弟）は被服料が12円、授業料は毎月3円だった。辻は、自費生となる。

その後数回の改定を経て、1922年（大正11年）からは授業料は毎月20円となった。幼年学校に多くの合格者を輩出していた府立中学の学費が5円50銭だったことからすると、幼年学校の学費は、かなり高額であったとも言える。

『旧村誌』によれば、東奥谷村の1931年（昭和6年）頃の平均貯蓄額は807円だが、石川県全体ではその6倍近い4775円で、全国平均でも3412円だった。同じ県内でも、今とは比べようがないほど都市部と山間部との生活格差が大きかったことが分かる。ちなみに、この頃の給与所得者の年収は740円くらいで、大卒の初任給が70円ちょっとだった時代だ。これが、辻が幼年学校を過ごした1917年（大正6年）はほぼ半分となる。

まして、亀吉には先代からの莫大な借財があり、その返済に追われていたという話もある（杉森『参謀・辻政信』）。それらのことを踏まえれば、辻家にとって幼年学校の学費の支払いは、かなり大きな負担となっていたに違いない。

ただ、この時代、炭焼きを生業にする人たちにとっては、恵まれた期間だった。木炭は、明治以降家庭用燃料として広く普及したが、同時に重工業の発達に応じて、製鉄や鍛冶、汽船なども木炭やその加工品を燃料としていた。辻が幼年学校に入学した1917年頃となると、木炭の価格は暴騰し、炭焼き業に転向する人も出た（宇江敏勝『山びとの記』）。この追い風に乗って、亀吉は政信の学費を捻出することができたのかもしれない。

辻が名古屋地方幼年学校を卒業したのは1920年（大正9年）3月のことだ。亀吉はいつものように、日が落ちるまで山で仕事を終えた後、自宅で数少ない楽しみである晩酌をしていた。一仕事を終え、くつろいでいた亀吉に、もとが一通の手紙を手渡した。

そこには名古屋幼年学校からの卒業式の通知と、成績の序列を記載した紙が同封されていた。序列を記した紙に目を落とし、首席であることを知った亀吉は嗚咽《おえつ》し、黙り込んだという。もとや弘でさえ初めて見たという亀吉の涙だった（『喜寿の戯言』）。

しかし、幼年学校の学費を捻出するために費やした炭焼きでの過酷な日々は、亀吉の身体を蝕《むしば》んでいた。亀吉は辻が陸軍士官学校予科を終えた頃、流行性感冒にかかり47歳で亡くなる。死の間際、亀吉は辻を枕頭に呼んだ。

「ぼん、おらは今度はダメらしい。えらい者になれ……借金はもう、ない」といった。彼が息を引き取ったとき、財布の中に二十円あった。それで葬式をすませた。（杉森『参謀・辻政信』）

息を引き取るそのときまで、亀吉は辻のことを気にかけていた。

家族の期待を背負って

当時の貧しい家庭の優秀な子弟は、学費が少なくて済む師範学校へ入り小学校教員になるか、軍の学校へ入って軍人になるという選択肢しかほとんどなかった。

戦前の日本では、貧家の秀才に開かれた出世コースは陸士、海兵に進むか、師範学校を出て教師になるかが相場とされていた。官費で教育してもらえるからだが、陸士に入るには中学校か幼年学校を経由せねばならなかった。結果的に将校への道は、中程度の自作農か小地主以上の子弟でないと無理だった。辻の周囲では高等小学校に入るのも例外で、まして名古屋幼年学校に進んだのは、次男の才能に嘱望した父親が身分不相応を承知で奮起したからに他ならない。（『経済往来』１９８０年7月号）

碩学の現代史家・秦郁彦による辻の批評だが、亀吉が辻の才能に期待して「身分不相応を承知で奮起した」というのはその通りだろう。そうでなければ、なかば自分の命と引きかえるようにしてまで、金を稼ぐ必要はなかった。

亀吉が、当初から辻の進学を手放しで認めていたわけではないことはすでに述べた。だが、辻の家族はどこかで、辻にその全てを賭けることを決めたように思われる。辻自身も家族から大きな期待がかけられていたことはよく理解していたのだろう。その自覚は、悲壮感さえ帯びて、前出の受験勉強時のエピソードとなる。

名古屋陸軍地方幼年学校に入学し、村を離れてからも、辻は休暇が取れると帰省した。12歳下の政良が小学2年生の頃と記憶しているから、１９２０年（大正9年）の頃だ。辻はすでに陸軍士官学校の予科に入っていた。夏休みに、「久門《くもん》」と辻が呼ぶ友人を連れて故郷に帰ってきた。久門とは辻の陸軍士官学校の同期生で、参謀本部作戦課の航空班長を務め、大戦中、戦死した久門有文《ありふみ》大尉のことだ。家の奥の間に寝転がりながら、辻はこの友人に「貴様は頭がよいから陸軍大臣になれよ。俺は三本《さんぼん》村長になるから」と言ったという。参謀総長を「三本村長」と聞き間違えた政良が、かつて「郡長くらいがなんだ、日本一」になると家族の前で啖呵を切ったありし日の兄を思い出し、「今頃になって村長になるとはやはり、友だちの方が兄より勉強ができるんだろう」と思ったという(『喜寿の戯言』)。たわいもない笑い話のようだが、ここから辻の高い志、野心を感じ取ることもできる。政良は元新聞記者で現代史家だった田々宮英太郎の取材に対し、この逸話を紹介しつつ、こう答えている。

たがいに青雲の志に燃えていたそうです。これは母から聞いたことですが、立身出世の志が念頭から離れなかったようです。国会へ出てからも、〝国会議員は選挙区に橋を架けたり、道をつくるのに夢中になるもんじゃない、大所高所から国家をどうするかというところに使命がある。時には海外に出て日本を見つめるべきだ〟とよく言っていました。(『参謀辻政信・伝奇』)

田々宮がこの本で言うように、「辻政信の一面に触れた思い」がする話だ。「参謀総長」を目指すというこのエピソードは、陸士時代の辻が、政良の言葉にあるように「青雲の志」を持ち、組織内の立身出世を果たそうとしていたことを示すものとして、興味深い。能力さえあれば、出自に関係なく、立身出世を遂げることが必ずしも不可能ではなかった近代において、それを極端なまでに体現したのが辻という人物だった。

それは同時に家族の期待を一身に背負うということでもあった。辻にそう思わせる親の献身はすでに述べた通りだ。辻は終生、「北国ノ寒村」の持つ歴史や、そこに住む家族の期待を鎧《よろい》のように身に纏《まと》っていた。それが辻の心に沈殿し、辻の軍人としてさえも過剰と見なされる積極果敢さ、厳格な行動に結びついたのではないだろうか。

しかし、今、山間の集落である今立に立っても、ここから辻のような人物が生まれたことを想像するのは難しい。包み込むような静けさは、かの青雲の志もまるで幻のように感じられる。

第3章

「反骨」の萌芽

―1917年の辻政信―

白髪になった幼年学校時代

1917年（大正6年）9月に辻が入学した名古屋陸軍幼年学校（名幼）とはどういう学校だったのか。

軍事史研究家の藤井非三四によれば、名幼は土地柄、愛知県や静岡県の出身者が主体で温暖な気候もあり、温和な武窓というイメージだったが、「北陸三県の出身者が加わるから問題が生まれ、名古屋幼年には乱暴な一面があると語られていた」という（『陸軍派閥』）。さらに、藤井は「なにごとにかけても有名人の辻政信は、名古屋幼年二一期となるとあまり良いイメージではないが、人それぞれで常に冷静で知られた人もいる」とし、最後の陸軍大臣を務めた下村定《しもむらさだむ》や、石原莞爾《かんじ》の後を襲い参謀本部の戦争指導課長をつとめ日中戦争不拡大派として知られた河辺虎四郎《かわべとらしろう》の名前を挙げている（同前）。

異色なところでは、アナーキストの大杉栄（退校処分）が籍を置いたことがある。その大杉を関東大震災の直後に殺害したとされ、後に満州国で栄華を誇った甘粕《あまかす》正彦も同校の出身者であり、奇縁といえる。ほかにも、最後まで戦って潔く散るとの意味の「玉砕」という言葉が初めて用いられた１９４３年（昭和18年）のアッツ島の戦いで守備隊長を務めた山崎保代《やすよ》（戦死後、二階級特進で中将）や、劇作家の岸田國士《くにお》なども名を連ね、まさに多士済々といったところだ。

このような歴史ある名幼に辻は入学したわけだが、生徒のほとんどは中学2年の修了者であった。元陸軍軍人で作家の村上兵衛は、この事実に着目する。

彼［辻］の、この高小卒という特殊な履歴は、辻の人格形成にあたってかなり重要な因子であるように思われる。彼は好んで「明治維新は足軽の手によって成就した」とか「ヒットラアは伍長だったことを思うべきである」ということを今でも口にするのは、その早くから培われた復讐意識の現れに他ならない。［中略］幼年学校には中学一、二年生と高等小学校とに受験資格があったが、実際に高小から入って来る生徒は稀有の例に属した。（『中央公論』１９５６年5月号）

村上自身、広島陸軍幼年学校卒業であり、同期生の中に、小学校高等科から入学した者がいなかったため、辻の小学校高等科卒業という学歴が際立って見えたという背景はある。

その上でなお、この「復讐意識」という言葉にこだわれば、辻の次男・毅が、かつて幼年学校時代の辻についてこう慮《おもんぱか》っていた記述を見逃すわけにはいかない。

同期には秀才も多く、毛並みのよい子弟粒揃《つぶぞろ》いの中で、山村から何も知らぬ山育ちの少年が、辛うじてビリで入学したのであるから、一年間で頭髪が白髪になったというのも頷《うなず》ける。一挙一動嘲笑《ちょうしょう》の的《まと》となりながら、歯を食いしばって、孤独な気持ちで頑張ったであろう。（『逓信協会雑誌』1975年1月）

前章でも触れた通り、辻の名幼入学時の順位は、実際には半分より少し良いくらいで、「ビリ」ではなかった。だから、「高小卒」の学歴が異端だったとしても、決して劣等生ではなかったはずだ。また、辻が名幼に入った頃、文官教官から「お前はなかなかできるが、5番以内になるのはむずかしかろう」と言われたというエピソードは辻の評伝ではよく引かれており、そう言われた辻が持ち前の負けん気を発揮して勉強に打ち込んだ——という話になっている。

それでも、山育ちで高小卒の学歴しかない辻は、「毛並みのよい」同期生の間で「一挙一動嘲笑の的」となり、入学して一年で「白髪」になったという。また、村上が「早くから培われた復讐意識の現れ」として「明治維新は足軽の手によって成就した」「ヒットラアは伍長だったことを思うべきである」といった辻の口癖を挙げているのも、自らの身分や出自ゆえの言動を嘲笑されたことに対する抵抗であり、この時代の経験が、辻の「反骨」「不屈」を涵養《かんよう》したことを感じさせる。

堅物すぎる「鉄ちゃん」

辻にとって、戦う相手はほかの生徒だけではなく、自分自身でもあった。辻は自分を律することに妥協しなかった。

名幼出身者によって編纂された『名幼校史』には、当時の辻の姿を、同期生が回顧している場面がある。

辻の幼年学校時代のあだ名は「鉄ちゃん」だった。あだ名の由来は、鉄のような意志の持ち主であるということと、堅物との意味もあった。「鉄ちゃん」のあだ名が示すエピソードとしては、当時、幼年学校には各学年を担任する生徒監ら50人以上の学校職員がいたが、誰もが職員をあだ名で呼ぶ中、辻だけは決してあだ名で呼ぶことはなかったという。

さらに、この同期生は辻の「鉄ちゃん」ぶりを感嘆混じりに回想している。当時、生徒心得には、部屋にあった暖炉は室内を暖めるものであって、直接あたって暖まってはいけないと規定されていた。

三年生の或る冬の日の昼食時、食堂で、時の週番士官坂本生徒監より、「今まで暖炉にアタったことのない者は手を挙げよ」といわれて手を挙げたのは全校で彼ただ一人であった。鉄ちゃんの面目躍如たるものがあった。

ささやかな出来事ではあるが、まさに自分を律して周囲に流されることを嫌う辻らしい逸話となっている。しかも、このエピソードが決して辻を茶化した調子になっていないのは、どこか鬼気迫る辻の姿が、周りに茶々を入れる余地さえ与えなかったからだろう。

辻は同期生だけではなく、後輩からも注目される存在となっていた。2期下の堀場庫三《くらぞう》は、入校当時に目にした辻の印象をこう振り返っている。

辻さんは精神的にも体力的にも傑出しておられ、如何なることにも精力的な活動ぶりを発揮しておられ、また無類の努力家で、それこそ元気の固まりのような人であった。

続けて堀場は、辻が在校した期間、自身が見聞きした辻の逸話を紹介している。そこでもやはり、辻の肉体の強靱さが強調され、「毎朝洗面所で、冷水摩擦をやって身体を鍛えられ、胸部の筋骨隆々として、見るからに頑丈そうであった」と感嘆している。胸部など身体を鍛えた結果として、チフスの予防接種を受けた時、辻だけが一回で注射針が貫通することができなかったというエピソードも紹介している。

さらに、辻の逸話は続く。ある時、いざこざが起こり、三年生たちが一人の二年生の生徒を懲《こ》らしめるため、連帯責任で二年生全員を殴ることにした。辻以外の三年生全員が賛成したが、辻は「連帯責任の口実で、かかわりのない者までも含めて殴るのはいけない」と反対の論陣を張り、さらにこの話し合いの場となった教室の黒板に「自ら省《かえり》みて直《なお》くんば、千万人と雖《いえど》も吾往《われゆ》かん」と大書した。これは孟子の言葉で、「自分の心を振り返ってみた時に自分が正しければ、たとえ相手が千万人であっても私は敢然と進んでこれに当たろう」といった意味で、吉田松陰が好んで使ったとされる言葉でもあるが、この堀場の回想が正確であれば、このときの辻の強すぎる信念は、その後の辻の全人生の言動まで貫いていることになる。この出来事に関する堀場の感想が、それを端的に言い表している。

辻さんの正義感、信念の貫徹ぶりなどまことに見上げたもので、ほかの全員が反対しても、自ら信じて正しいと思ったことには、信念を堅守し、いたずらに他に追随するようなことはせられなかった。

もっとも、軍人を養成する学校で、辻の姿勢に批判される余地はなく、堀場は「辻さんは徹底した努力の人であった。二年くらいまでは中位の成績であったが、卒業の時には一番となられた。すべてこれ、根性と努力の賜《たまもの》で、一にも努力、二にも努力で勝ちとられた栄冠」と称賛し、自身の回想を締めくくっている。

この後、陸軍幼年学校を卒業した者たちは、次の士官学校を目指す。藤井非三四によれば、中学校出身者と幼年学校出身者との差は大きかった。

たとえば、陸軍の要職中の要職である作戦課長には、参謀本部が部課制になった1908年（明治41年）12月から1945年（昭和20年）の敗戦まで再任・兼務を除いて25人就任しているが、幼年学校出身者が18人に対し、中学出身者はわずか5人だった（『陸軍派閥』）。陸軍の中央官衙《かんが》の要職は幼年学校出身者に占められていた。辻は、小学校高等科卒業であったが、幼年学校を出たことで、陸軍という組織においては出世レースに参加するための極めて重要なチケットを手に入れることができたことになる。

語り継がれる陸士時代の逸話

1920年（大正9年）3月、辻は名古屋陸軍地方幼年学校を首席で卒業した。首席卒業という壮挙を、今立の家族が涙を流して喜んだことはすでに書いた。翌月には、東京・

市ヶ谷台（現在の防衛省所在地）にあった陸軍士官学校予科に入学する。1922年（大正11年）3月に卒業し、原隊となる金沢の歩兵第七連隊で半年間の隊付勤務をする。

6か月間の隊付を終えた辻は、同じ年の10月、名幼でも一緒だった同郷の宮子實、同じく同郷の田辺新之《しんじ》とともに、36期生として陸軍士官学校本科（陸士）へ入校した。同期生は331人。そのうち幼年学校出身者は220人だった。

36期の同期生の著名人には、「バロン西《にし》」こと西竹一《たけいち》をはじめ、ソ連通として知られた甲谷悦雄《こうたにえつお》や皇族軍人である閑院宮春仁王《かんいんのみやはるひとおう》がいる。二・二六事件の中心人物で、反乱の責任を取って自決した野中四郎もこの期だ。

辻が軍人として歩みを進めようとした時代は、軍人にとって決して生きやすい社会ではなかった。第1次世界大戦直後、アメリカが主導する民主主義と平和の時代の潮流が日本にも押し寄せてきた時期と重なる。いわゆる大正デモクラシーである。民主主義と平和の時代にあって、軍人は肩身が狭かった（井上寿一『第一次世界大戦と日本』）。それればかりか、世の中全体が騒然としており、1921年（大正10年）には、首相の原敬が東京駅で刺殺された。1923年（大正12年）には、関東大震災が起こっている。この騒乱の時代にあって、辻は候補生としてあくまで愚直に、軍人のあるべき姿を求道していた。

陸士の授業では、地形、兵器、築城、交通などを学ぶ諸学科があったが、その中でも戦術学は最重要課目であり、戦術学教官の多くは陸軍大学校の卒業生であった。辻がいつもきまじめに、姿勢を正して授業を受けていた姿を、士官学校で辻を教えた教官は記憶している。

基本となる作戦要務令の講義を終えると、応用戦術が始まった。応用戦術には、師団レベルでの図上戦術と現地戦術があった。

そのうち、現地戦術とは文字通り、野外で地形を使い戦術を立てることだ。１９２４年（大正13年）5月、辻ら候補生たちは、富士山麓での野営に出かけた。この野営は、兵士も参加して行われたが、辻と同期生で、同じ中隊にいた塚本誠は、このとき、兵士が「辻候補生とは斥候に行くな。死にそこなうぞ」と漏らしているのを聞いた。

辻の体力、特に気力は抜群であった。陣地攻防演習があった時、私は彼と二人で夜間陣地偵察の斥候に行ったことがある。敵陣地前にある鉄条網の杭を彼は一人で引き抜くのである。（塚本誠『ある情報将校の記録』）

兵士が辻と一緒に斥候に行きたがらないのも無理はないという塚本の書きぶりだ。塚本の筆による、辻の気力、体力の旺盛さを示すエピソードはさらに続く。

六月一日から帰路を利用して昼夜連続の演習があるが、その前日は休養日であった。私らは廠舎内で寝ころんで馬鹿話に日を送ったのだが、辻の姿が朝から見えない。夕方になって帰ってきた。行先を尋ねると、「炊事で弁当を作らせて富士山に登った。五合目まで行ったが、それ以上はまだ雪が深いので下りて来た」とケロリとしていた。（同前）

常軌を逸した逸話のようだが、ほかならぬ辻自身も、1958年（昭和33年）2月1日発行の雑誌『丸』が行った「陸軍士官学校の思い出」というアンケートに答える形で、この時のことを回想している。

五合目から新雪があり、登るにつれて深くなる。蓬莱山についたときは腰まで沈んだ。大股でそれをかき分けながら、汗びっしょりになって頂上に急いだが、胸突八丁にさしかかった頃から、烈しい風が吹雪に変った。ともすれば吹き倒されそうだ。［中略］どうにも動けなくなって、下山を決意したが、吹雪で視界は全く利かぬ。電線を伝って転ぶように下ったが、幸にして夕刻前に太郎坊に辿りついた。大福餅と二合瓶で空腹と寒さを防ぎながら板妻廠舎に帰りついたとき、外出門限に十分前であった。

あわや遭難という事態にもかかわらず、まるで冒険譚のように悪びれる様子もなく、書き記す。ほかにも、辻自身の言ではないが、夏休みに東京から石川県まで徒歩旅行をしたというような突飛な行動がいくつも伝えられている。真偽が怪しそうに見える逸話まで、事実であったかのように思える。とにかく、辻が書くもの、語るものだけではなく、辻についても書かれたもの、語られるもの全てが不思議と辻らしく見えてくるのが、辻の逸話の特徴だ。

1924年（大正13年）7月、辻は陸軍士官学校を首席で卒業する。小学校高等科卒業だった辻が、幼年学校、士官学校と首席で通したことになる。何より、これで軍人としての将来は約束されたのも同然だった。フリーライターの橋本哲男は『辻政信と七人の僧』の中でこう書いている。

日本の陸海軍の将校生徒採用には、一つの特徴がある。西欧の、たとえば、ドイツ、イギリスなどの古い士官学校では、貴族や富豪の子弟だけを採用する習慣があったが、日本では明治以来、公開試験制度をとっていた。つまり階級や財産にとらわれず、人材をひろく国民の間に求めたのだ。だから、貧しい炭焼きの子でも、試験に合格して優秀な成績をおさめれば、立派にエリート・コースにのれたのである。

五箴

その後、辻は見習士官として原隊である第七連隊に戻り、いよいよ本格的な青年将校としての一歩を踏み出すことになる。

まさにこの月、辻は軍人としての心構えとするための5か条をしたため、座右の銘とした。

五箴《ごしん》

一、自《みずか》ラ任《にん》シテ勅諭《ちょくゆ》ノ化身《けしん》タルヘシ。

一、偏狭《へんきょう》ヲ去リ清濁《せいだく》併《あわ》セ呑《の》ムヘシ。

一、毎日平均三時間以上ノ研究ヲ実行スヘシ。

一、暴飲ヲ戒《いまし》メ女色《にょしょく》ヲ断《た》ツヘシ。

一、感恩《かんおん》ノ念《ねん》ヲ倍蓰《ばいし》スヘシ。

右ノ条々堅ク相守リ決シテ違背《いはい》仕《つかまつ》ラサルモノナリ。

大正十三年七月十八日

辻政信

辻が「五箴」と記した紙は、今も毅の手元に残されている。毅によれば「独身時代の父が、この墨書を机の前の壁に貼りつけて、四角の顎を一層角ばらせ、唇を噛みしめつつ日夜修養に心がけたのは、青年期、母との結婚までの間であった」。さらに、この青年期というのが、「父が最も父らしい生き方をした時期であった」という（『逓信協会雑誌』1975年1月）。
辻が見習士官の少尉として任官した金沢第七連隊は、金沢城の本丸跡にあった。市内には花街をはじめ料亭が数多く軒を並べ、将校たちもこぞって街に繰り出していた。辻は自ら定めた「五箴」の通り、酒を飲んでも鯨飲することなく、芸者遊びをすることもなかった。

辻は料亭に出入りすることを嫌い、職業的女性の酌を受けなかったけれど、その態度は淡々として、彼女たちを憎んだり、見くだしたりする風はなかったし、それによって彼女たちの自尊心を傷つけたり、座を白けさせたりすることもなかった。（杉森久英『参謀・辻政信』）

辻の料亭や料理屋嫌いのエピソードは多い。上記の引用は穏当なものだが、ほかにも、口に含んだビールを芸者に吹きかけたなど、眉をひそめるような話もある。辻がそういう場所を嫌ったことは、小学校高等科を過ごした山中町に、北陸有数の歓楽地・山中温泉があることにその原点を求める言説が半ば定説化していることからも察することができる。

試験官に啖呵を切った陸大受験

士官学校を首席で卒業したエリートにとって次に目指すのは、陸軍大学校だった。ここを出ることは、その後陸軍という官僚組織で、軍人というよりむしろ軍事官僚として栄達を遂げるためには、大きな意味を持っていた。陸大卒業生は、当初天保銭《てんぽうせん》型の徽章が与えられていたため通称「天保銭組」と呼ばれ、陸大を出ない将校を「無天組」と呼び、中央三官衙《かんが》（陸軍省、参謀本部、教育総監部）の要職は、陸大出身者で占められていた。そもそも、トップクラスの陸大出身者は、この三官衙に入っている。さらに、例外がないわけではないが、天保銭組の将校が、陸士の期では上の無天組の将校を階級で追い抜いていくこともあった。

そのため、陸大の合格者は受験者の1割程度という難関であった。相当な準備が必要とされていたため、大学校を目指す将校たちの中には、試験準備のために隊務をおろそかにする者もいた。上官たちも、自分の連隊から陸大出身者を出すことは名誉であったため、繁多な初年兵教育に当たらせるのを避けるなど、エリートたちに配慮をしていた。

しかし辻は、その初年兵の教育という業務を進んで引き受けた。辻の士官学校時代の恩師、長岡弥一郎はこう書いている。

辻君は、兵士の実態に触れる必要があるとして、進んで初年兵教育を志望して、これに当たったのである。また二重革の靴を特別注文して、底には沢山の鋲を打たせて、兵の靴同様の重さのものをはいた。また、行軍のときは、将校の背嚢は、兵のそれよりも軽いから、わざと中に、煉瓦を入れて、兵の背嚢と同じ重さにして、兵と苦労を分かちあった。（『軍人　辻政信』）

辻の訓練は厳しいものだったが、弱い兵隊に対してはいたわりが深かった。行軍中に疲労して落伍しそうになる者がいると、その銃をかつぎ、決して無理を強いることはなかったという。

また、ある時の行軍では、兵隊たちが勢いで水筒の水を飲み尽してしまった。しかし、付近には飲用に適した水がなく、渇きに苦しんでいた。そのとき、辻の水筒には、まだ十分な水が残っていたが、それは兵士全員に行き渡るような量ではなかった。まだ元気な兵士に与えるべきか、あるいは、最も弱っている兵士の渇きを潤した方がよいのか――辻の選んだ選択は意外なものだった。辻は、その水をすべて地面に捨てたのだ。それは、兵隊と共に渇きに堪える覚悟を示す態度となった。

部下をいたわり、共に苦労を分かち合う上官が、兵隊たちの間で人気にならないわけはない。辻に批判的だった杉森久英でさえ、「兵士たちの辻に対する尊敬は、信仰にまで高まった」（『参謀・辻政信』）と認めている。真摯《しんし》に部下を思い、超人的な気力と体力で自身の研鑽も怠らなかった。そして、それに報いるように、部下に慕われたこの時代の辻を知れば、毅が「父が最も父らしい」と言いたくなるのも理解できる。

1928年（昭和3年）12月、辻は陸軍大学校に合格する。弟の政良は、陸軍士官学校を受けようとした際、辻から「俺は陸大受験一か月前からは一日の睡眠時間は二時間くらいだった。それも床に入らずに机にもたれ毛布をかむって仮眠した程度である」と自身の勉強ぶりを引き合いに激励されている（『喜寿の戯言』）。

しかし、辻の陸大受験も順調であったわけではない。

陸大の入学試験は、初審で戦術など9科目の筆記試験を受けた後、再審2日目からは2週間以上かけて各科目の口頭試験を受けるのだが、辻はその口頭試問で、試験官と衝突するという事件を起こしている。試験官である陸大教官から、初審の試験結果について「貴様の成績はあれはなっとらんじゃないか。陸幼・陸士を首席で通した者の解答ではない。あんな成績で陸大合格は問題外である」と激しくなじられた辻は、「あなた方のような試験官の試験は受けません」と啖呵を切って試験会場を立ち去ったという。辻の場合、たとえ相手が試験官であっても、納得できない理由で叱責されれば、おとなしく引き下がることはなかった。しかも、宿泊先で参考書などを焼き捨ててしまったらしい（『喜寿の戯言』）。

すぐに冷静になり、翌日の試験を受けたというが、「反骨」「不屈」という辻の性格を象徴するエピソードといえるだろう。

結婚

同年12月、陸大合格の吉報からまもなく、今立にいる家族あてに辻から「意中の女性がいる」という連絡が届いた。父・亀吉はすでに亡くなっており、兄の弘夫妻は辻が望む女性ならいいだろうという意見だったが、母のもとは反対した。理由は「学生の身分で嫁をとることは、本人の勉強の妨げになる」からで、結婚は卒業まで延期すべきということだった。弘は早速、もとの思いを辻に伝えたが、「本人や家庭関係のことなどで反対するのであれば一考するが、勉強の妨げになるかもしれないとのご心配なら無用である」という主旨の返信を送ってきた（同前）。

結局、もとの許可を得て辻が青木千歳と結婚するのは、翌1929年（昭和4年）9月のことだ。千歳との結婚のいきさつについては、千歳に直接インタビューした橋本哲男の『辻政信と七人の僧』が非常に詳しい。以下、同書をもとにその経緯を追っていきたい。

千歳の父・青木次郎は東京電信学校を卒業して海軍に入り、日露戦争では、連合艦隊の旗艦「三笠」に乗り込み、日本海戦での有名な電報「テキカンミユ」を打った無線士であったという。これは、辻の評伝では有名なエピソードだが、打電したのは信濃丸であり、三笠の乗組員の名前を記載した1926年（大正15年）刊行の『嗚呼《ああ》記念艦三笠』を確認したところ、青木次郎の名前は見つけられなかった。除隊後は、大阪天王寺郵便局などを経て、京都の舞鶴郵便局長に就任していた。当時、舞鶴は軍港であり、「日本海海戦の勇士なら、通信の機密が守れるだろう」という周囲の評価があったからだという。

辻が千歳を知ることとなる前提条件として、千歳が金沢第七連隊の副官・時沢直義《ときざわなおよし》少佐の妻の姪だったという事実は欠かせない。ある日、時沢宅に逗留していた千歳と、たまま時沢を訪ねてきた辻とが出会ったことで、辻は千歳に結婚を申し込むことになる。時沢が「貴様はいったい、あの千歳の、どこが気に入ったのか」と聞くと、辻はこう答えた。

「はじめてお宅を訪問して玄関で案内を乞うたとき、二階からドカ、ドカと勢いよく降りてこられたその降り方がまことに勇ましい。あんな勇ましい降り方をする女はさぞかし丈夫で元気なんだろうと、ひと目で惚れたのであります」

辻と千歳との結婚式は、今も金沢市にある老舗料亭「つば甚《じん》」で行われた。辻家からは、母もとと弘、叔父が出席した。

千歳は、式の際に花嫁は食べものを口にしてはいけないと言われたため、空腹と寒さとで「早く式が終わればよいのに」と考えていた。だが、その横で新郎の辻は、「自分は今夜すぐに陸大に帰らねばならぬ。悪いが、晩飯の代わりに食べさせてもらいますよ」と言うと、遠慮なくがつがつとご馳走を平らげていった。そして、式が終わるやいなや、今度は「これから、夜行列車で東京へ行く。新居を見つけたら手紙で知らせるから、それまで実家で待っていてくれ」と言い残し、去っていったという。その時の心境を千歳は「『なぜ置いていってしまうのだろう』と、泣き出したかった」と回想している。

一方で千歳は、すでに触れたが、辻の失踪後に出した手記で「軍人の夫とは〝滅私奉国〟――最初からそういう約束で結婚しました」（『週刊サンケイ』１９６１年12月25日号）と語っているように、千歳なりに軍人の妻となる覚悟をした上での結婚でもあった。

幼年学校、士官学校を首席で卒業し、陸大生となった辻は、当然のように将来を期待される存在であり、人を介して持ち込まれた縁談もいくつもあったという。ただ、それらをすべて断り、千歳との結婚を選んだ。恩師の長岡弥一郎は、結婚直後の辻に「君は大阪の財閥の娘と結婚したとのことだが、名を捨てて、実を取ったのか」と冗談交じりに聞いたことがあった。すると、辻は「飛んでも無い、私は、自分の信頼する、連隊副官の推挙する、大阪府、鴻池新田の三等郵便局長の、名も無き家の娘ですよ」と事もなげに答えたという。それを聞いた長岡は「閨閥によって云々と疑われるようなことは潔癖な辻君には、とても話にならないところである」と感心している（長岡弥一郎『軍人　辻政信』）。

副官とは上記の時沢のことであり、橋本によれば偶然の出会いのように書かれているが、その後改めて、2人が出会う場所が設定されたのかもしれない。千歳自身、別のところでは「十九歳のときお見合いで結婚」したと語っている（『週刊読売』1963年2月10日特大号）。

いずれにしても、やはりここでも権門に寄らず、自分のみを頼みに進もうとした反骨の士としての辻の姿を見ることができる。

陸大卒業

辻は陸大を1931年（昭和6年）11月、首席ではなく3位で卒業する。同年12月の官報には、51人の陸大卒業生の名前とともに、「成績優等」者として6人に「軍刀一振」が下賜されたことが記されている。優等者の中には、士官学校時代の夏休み、辻の故郷今立を訪れ、辻から「陸軍大臣になれ」とはっぱをかけられた久門有文の名もあった。

辻の陸大卒業の順位については、なぜ首席ではなかったのか、と話題にされることがある。優等者であったにもかかわらず、そんな疑問が出るのも、幼年学校、士官学校と首席で卒業したからだろう。その理由については、推測の域を出ないが、こんな逸話がある。

陸大の図書館には、日露戦争の時、奉天、遼陽など重要な戦闘について戦後研究し、どのように戦えば、より少ない犠牲で勝てたかということを、問題と解答の形にした問答集があった。辻はそれを暗記し、血肉としていた。ある日、教官の一人がその問答集を種本に授業を始めた。しかも、教官は自分の講義を始めると、その本を閲覧禁止にした。そして、その本から例題を選び、試験に出した。辻は、その答案用紙に何も書かずに提出した。

当然、教官は辻を呼び出し、「白紙を提出するとは、教官を侮辱するものだ」としかりつけた。

しかし、辻は平然とこう答えたという。

「教官殿の講義の内容は、すでに読んでおりますから、すべての答えも覚えております。それを読まざるが如くにして、答案を書き記すことは、良心が許しません」

そう言われた教官は、言うべき言葉をなくし、顔面蒼白になった。このやり取りは、前述の長岡が辻自身から聞いた話として書き残している（長岡『軍人　辻政信』）。

こうした教官との諍いが、首席ではなく、3位とされた要因となったとの指摘だ。ただ、この時首席だった天野正一《あまのまさかず》は、終戦時に参謀本部の作戦課長という要職中の要職を務めており、頭脳明晰な人間が集まる中で当然激しい競争はあり、優劣に応じて公平に順位は付いたと冷静に見るべきかもしれない。

それにしても、種本から出題したと分かっても、素直に回答しておけば穏便に済むところを、それを潔しとしない。それを傲岸と見るか、至誠と見るか――。辻の行動の核となるべきこうした性質の類いは、前半生の中にその萌芽が認められる。

そして、いよいよ、辻が歴史の表舞台に登場する時が来る。舞台は、１９３２年（昭和7年）の上海。同年1月、上海事変が勃発したのだ。

第4章

不死身の中隊長

―1932年の辻政信―

初陣

辻政信が陸軍大学校を卒業し、本格的に軍人として歩み始めたのは、長い戦争の幕が開けた時代でもあった。1928年(昭和3年)、満州を支配していた張作霖が、関東軍によって謀殺される(張作霖爆殺事件)。さらに関東軍は、満州を支配下に置くべく1931年(昭和6年)9月、南満州鉄道の線路を爆破する(柳条湖事件)。これを中国人の仕業だと発表した関東軍は、中国軍に対して軍事行動を展開し、満州を占領した。

日本軍の満州占領に対して、即座に反発したのが、上海の中国人だった。事件勃発直後から反日大会を開くなど活発な抗日運動を行う。上海湾の荷役労働者3万5000人以上がストライキを敢行し、郵便や水道、電気、紡績、皮革など幅広い業種の労働組合もストライキに入った。日本人の商店や会社は次々に取引を停止され、日本人の児童に対しても投石などが相次ぎ、学校は授業を短縮し、休校に追い込まれた。

日本人居留民も、日本政府に対して毅然とした対応を取るよう求める集会を開くなど、日中双方の住人が強く反目し合う状態が続き、上海の街は騒然とした様相を呈していた

（『ドキュメント昭和2』）。

そんな中、1932年（昭和7年）1月18日に日本人僧侶ら5人が中国人に襲われ、1人が死亡、2人が重傷を負うという事件が起こる。もともと緊張状態にあった上海市内は、一触即発の事態に陥った。その10日後の1月28日深夜、後に「第1次上海事変」と名付けられることになる日中両軍の武力衝突が勃発した。日本海軍の陸戦隊約1800人と中国軍第十九路軍約3万3500人が衝突。そこに日本陸軍も加わり、激戦が繰り広げられた。

上海事変当時の辻家の家族写真

第九師団第七連隊の辻政信中尉が、連隊長の林《はやし》大八《だいはち》大佐から部隊に応急動員令が出されたと聞かされたのは、事件勃発から間もない2月上旬のある日の正午のことだった。辻は、第二中隊長を命じられた。

すぐさま出動準備を終えた辻は、営内にある神社の前に中隊の部下116人全員を集め、「弾丸が来たら、中隊長の顔を見よ。

中隊長が逃げ隠れたら、お前たちも逃げ隠れてよい。中隊長が進んだら、お前たちも進め!」と訓示した。しかし、勇ましい訓示とは裏腹に、辻の心は落ち着かなかった。訓示が終わった後の腋の下には、冷汗が流れていたという(辻政信『亜細亜の共感』)。

戦術戦略は誰よりも学習していたものの、実戦は初めてであり、学んだ通り実行できるのかという不安が辻から離れなかった。陸大出の中隊長とはいえ、実戦経験が乏しいという意味では初年兵と同列である。辻が何よりも気がかりだったのは、中隊長として隊員たちに笑われないように行動することだった。当時の自身の心境を率直にこう回想している。

国家とか、民族とか、大きな事を考えるよりも、唯々《ただただ》「部下に笑われないように」と、だけ考えながら、旗の波に送られ、残雪を踏んで金沢を離れた。(同前)

辻たちは、2月10日に船で宇品を立ち、2月14日黄埔江《こうほこう》に入った。

上海に向かう船の中で、同室だった大尉から「天保銭(陸大出身者)が何だい。弾丸の下では威張らさんぞ」と啖呵を切られており、目に物を見せたいという持ち前の反骨心が頭をもたげていた。ただ、ここでも、まだ辻の心には弱気と強気が交互に押し寄せており、そのあたりの微妙な心理を、「何とかして人よりも一時間でも早く、敵弾の洗礼を受けたいものだ。それも、ただ一人で、誰にも見られないように、自分自身の勇怯を試験して見たい」とつづっている。そして、戦火の煙たなびく、上海上陸を前にして辻は突飛な行動に出る。

人眼を忍んで、唯一人こっそりと甲板上に顔を出した。黄埔江の岸にある敵陣地が、手に取るように見える。彼我の砲煙が戦場一帯を包んでいる中から敵の銃眼が魔物のように口を開けている。突然流弾が、一発、二発、不気味な呻りを立てて低く頭上を通った。ハッと思ったがさほど怖いものではない。「やれやれ、先ず安心だ。腰も抜かさなかった。身体も慄えない。人様より一足先に弾の下を潜った。これならやれそうだ。笑われなくてすむだろう。」(同前)

偶然、辻の頭上を通り抜けた流れ弾が、辻を覚醒させたと感じさせられる描写は印象的だ。この瞬間から、終戦の日まで13年間、辻は幾多の弾の下をくぐり抜けることになる。

呉淞鎮《ごしょうちん》に上陸した辻たちは、2月20日から翌3月3日まで、上海付近の戦闘に参加する。2月20日、江湾鎮《こうわんちん》東方300メートルの陣地に突入した時、敵の射撃を受けた。

手榴弾が飛び、小銃弾が飛ぶ中、そばに伏せていた伝令の肩を叩き、心を落ち着けるため、煙草を一本求めて吸った。敵の主要陣地の状況が皆目分からず、斥候を出そうにも近づくことすらできない。意を決し、辻は自軍の戦車に乗り込み、敵陣に向けて前進する。もはや数日前までの不安を抱えていた辻の姿はなかった。

しかし、辻の乗った戦車は敵陣の手前でエンジントラブルのために止まってしまう。途端に敵陣地からは、この小さな戦車に向けて銃弾が降り注いだ。備えてある軽機関銃で弾丸を撃ち尽くしたが、なおも戦車が動き出す気配はない。このままでは捕虜になりかねず、一か八か脱出しようとした、その時だった。

狭い戦車の入口から足を出し、地上に降り立ったとき、一弾を左膝に受けた。焼火箸で刺されたような熱さと痛みを感じた。生温い血はズボンを通し、巻脚絆《まききゃはん》の上にま

で滲み出る。咽喉《のど》が無暗《むやみ》に乾いてたまらない。痛みを抑えながら、路傍の排水溝を一直線に走った。（同前）

敵が撃ってくる合間を縫い、伏せては走り、走っては伏せして、ようやく味方の陣地へと辿り着いた。後年、辻は「自分の身体には世界5か国の弾丸が入っている」と自慢げに語っていたが、その最初の1発目はこの時のものだった。

翌21日にも、江湾鎮の東端の敵陣地に突撃、ついに一角を奪取したものの、この戦いで辻は8人の部下を失うことになった。左足を負傷した辻を「肉体の楯」で守ろうとしていた部下もいたという。

手塩にかけた可愛い部下を、身を楯にして護《まも》ってくれた大切な兵を失った悲しみは、百倍して敵に対する憎悪となった。血に狂った頭には、日本軍以外のものは、犬も鳥も草も木も仇《かたき》のように思われる。（同前）

この日の夜、師団命令によって、辻の中隊は後方に下がらねばならなくなる。まだ完全に征圧していない中、8人の部下の遺体を収容する余裕はなかった。だが、辻は諦めなかった。

中には敵陣地に飛び込んで、銃眼の前の鉄条網に引っかかった兵もある。一人でも残すことは到底出来ない。遂に、全力で、屍体収容のための戦いを始めた。(同前)

辻自身、「既に死んだものを拾うために、新しい犠牲者を作ることは、冷静な打算の上では考えられないことである」と自問するが、すぐさま「しかし戦場は市場ではない」と自分に言い聞かせた。辻は、降り注ぐ弾丸の中を敵陣に向かって進む。

「どんな犠牲を払っても、屍体を収容しよう。」敵と、二、三十米《メートル》を距《へだ》てて対峙《たいじ》している戦場で、壕を掘りながら接近し、最後の一人の屍を収容し終ったときは明け方に近かった。(同前)

銃弾が飛び交う中で、部下の亡骸を収容するために自らの命を省みず、身を挺して未明まで戦い続けた上官に、兵士たちは信仰に似た思いを寄せたに違いない。

不死身中尉

第1次上海事変での戦いの様子は、辻の自署『亜細亜の共感』に依拠するところが大きい。この本は戦後の1950年（昭和25年）に書かれたものであり、脚色がないとはいえない。ただ、辻の活躍が群を抜いていたことは、当時の新聞各紙もリアルタイムで伝えている。

1932年（昭和7年）2月22日付の毎日新聞朝刊は、見出し5段の大扱いで、辻の活躍を報じている。執筆者の一人は、後に毎日新聞の社長となる本田親男《ちかお》特派員だった。たとえば、先の被弾した場面はこう描写されている。

見れば同中尉の左大腿部から鮮血がポトポト落ちる。走っている際、足を射たれたのだ。盲管銃創、弾丸は肉の中に入ってとれぬが、中尉は繃帯《ほうたい》でその上をグルグルくくっただけで、○隊長の引留めるのを断然ふりきって再び最前線の指揮のため駆け出して行った。［中略］
士官学校を首席で卒業、陸大卒業の時は恩賜の軍刀を戴《いただ》き剣道三段、こんな勇敢な男を見たことはない。

さらに、同日付の読売新聞夕刊は、「武勲・不死身中尉」の見出しで辻の活躍を伝えている。記事にはこうある。

本日午後一時半頃、江湾競馬場付近で敵と大戦中、右脚《ママ》に敵弾を受け倒れた。然《しか》し豪胆な中尉は後退を肯《がえん》ぜず、流れる血潮を手拭いで縛りつけ、奮戦の結果見事に敵を撃退し、尚《なお》日没まで戦線を去らず遂に不死身中尉とニックネームを貰《もら》ったが、此《こ》の武勲に対し旅団長から感状を与え、之《これ》を表彰した。

当時の新聞の表現を借りれば、「皇軍の威力を輝かして」帰国した辻には、上海事変での武勲を語る場が各所で用意されていた。約4か月後の6月29日付朝日新聞朝刊では、「輝く凱旋勇士の肉を躍らす実戦談」の見出しで、この日の夜7時半から日比谷公会堂で行われる凱旋記念講演会について報じている。

「実戦談の夕」と名付けられた講演会の壇上に立つことになったのは、第九師団の師団長だった植田謙吉、辻と同姓の辻権作《ごんさく》たち7人。海軍の野村吉三郎《きちさぶろう》の名も見える。植田は当時、陸軍中将であり、中尉の辻は最も下級の将校として登壇者に名を連ねていた。辻については、2月20日、21日の戦闘で足に銃創を受け、さらに3月1日にも再度攻撃によって、左腕に貫通銃創を受けた「名誉の勇者である」と紹介している。

さらに、この講演会でそれぞれが語る内容が掲載されているのだが、ほかの登壇者が自身の体験した戦闘の様子を淡々と記す中で、辻だけは会話文を巧みに交えながら、臨場感あふれる場面を再現している。題して、「一将死して万骨よみがえる」。言うまでもなく、「一将功成りて万骨枯る」(一人の将軍の輝かしい功名の陰には戦場に命を捨てた多くの兵士があるの意)になぞらえて、それとは正反対に、死してなお部下たちを鼓舞し続けた林大八連隊長への称賛を印象づける題名だ。書き出しも「おい連隊副官、これは兵にもあるか――」という会話から始まっている。植田中将の原稿が、堅苦しく「去る二十四日入京」と時系列に書き始められているのとは対照的だ。続く文章を一部引用してみる。

時方《まさ》に午前十一時二十分、一弾来《きた》って連隊長の下腹部を貫通した。「副官」「連隊長殿軍旗でありますー」「おうそうか」と左手を以《もっ》て御紋章の下を固く握り右手を挙げて唯一語「前進！」

辻は、林連隊長の死によって「全軍突破の端緒」が開かれたとし、「ああ一将死して万骨蘇《よみがえ》る、歩兵第七連隊の武名は林連隊長の神の如き死によって喧伝されたのである」と文章を締めくくっている。朝日新聞は、翌日の朝刊でも講演会の様子を報じ、林連隊長の戦死の状況を語った辻については、「聴衆の悲涙を誘」ったとある。

「時の人」から参謀本部員へ

もっとも、辻自身はこの時の戦いを手放しで喜んでいたわけではなかった。

過去の評伝ではほとんど注目されていないが、この年の9月、辻は陸軍内部の雑誌『偕行社　第696号』で「此《この》戦績は私の連隊と致しましては、誠に言い悪《にく》い又《また》名誉ある戦史ではありませぬ」と書いている。なぜなのか。

辻が〝名誉の負傷〟をした2月下旬の戦闘で、辻の所属した第二大隊長の空閑《くが》昇《のぼる》少佐が、敵の攻撃により深手を負い、気を失っているうちに日本軍は後退。戦場に取り残された少佐は捕虜となってしまったのだった。

所在不明となった少佐は戦死したと判断し、独断で後退の指示を出したのは、中隊長の尾山豊一《おやまとよいち》大尉だった。尾山大尉としては、上官である空閑少佐の武徳を傷つけないようにという意図もあったが、結果的に自身の誤った判断のために少佐が捕虜になったと知った尾山大尉は、軍刀で腹を切って自殺を図り、瀕死の重体となってしまう。

一方の空閑少佐も、中国軍から手厚い看病を受けたのち送還されてきたものの、捕虜となり連隊の名誉を汚した自らの不名誉を恥じ、しばらくして拳銃で自決して果ててしまった。辻は、帰還後に部隊の戦闘詳報と戦死した部下の功績調査を終え、さらに尾山大尉の体調まで気遣った上で端然と死に赴いた空閑少佐の最期を綴り、こう評している。

戦場で斬死するのはさほど難しいとは思いません。又、感情に激して憤死する事も容易であろうと思われますが、冷静従容《しょうよう》笑って死につく事は修養非凡の士にして始めて出来る事だと存じます。〔中略〕

実に最後まで上官の武徳を傷つけまいとしたる尾山大尉の真情、空閑少佐が死ぬ前に尾山大尉に苦労をかけたと下を労われる所の情愛は実に武人の高潔な人格の反映であろうと思います。

当時の価値観では、捕虜になったとはいえ武人らしく「見事な自害」をした空閑少佐に対して、生き残った尾山大尉への世間の非難が厳しかったという。辻は、現場での判断は誤ったかもしれないが使命を全うした武人がいわれなき中傷を受けていることに居たたまれず、「名誉ある戦史にあらず」と寄稿せずにはいられなかったのではないだろうか。

辻はその後も各所で講演会に呼ばれていたが、世間の非難を避けるように金沢の実家に身を潜めていた尾山大尉のため、その行為を弁護する講演をしていたという。

そして、初陣である上海事変で一躍、武勇を知られ、時の人となった辻は、1932年（昭和7年）9月、参謀本部附を命じられ、第一課の所属となった。

第三課は、編制、動員、資材をとりまとめる重要な部署で、課長は東條英機であった。ここで辻が命じられた仕事は、山積する書類の整理や二十数人いた課員の俸給受領、出張旅費の計算に、秘密の書庫の鍵番、さらに課長の自動車の請求といった事務仕事であった。

烈しい戦場を体験して帰ってきたばかりの辻は、ここでの仕事に満足することができなかった。自著『亜細亜の共感』には「こんな詰まらない仕事を、陸大を卒業し、中隊長を終わったものにやらせるとは何事であろう」と無聊《ぶりょう》をかこっていた様子を回想している。

庶務の仕事に嫌気がさし、外に出たくてウズウズしていた辻に朗報が届く。それは、参謀本部での勤務が1年ほど続いた頃のことだった。1933年（昭和8年）9月、大尉となっていた辻は、新疆《しんきょう》省（現在の新疆ウイグル自治区）方面のソ連の進出状況を視察するため、中国への出張を命じられたのである。

まだできたばかりの満州国にとって、国境を接するソ連の動静を探ることは重要な課題であった。辻自身の弁によれば、出発の1か月ほど前から新疆省方面の資料に目を通したが得るところはなく、地図も精密なものは参謀本部にはなかった。それだけに、辻の活躍に期待するところが多いことになり、辻の意気込みも強かった。

辻は参謀本部支那班の今田新太郎大尉と共に、1か月ほど中国北部を中心に視察を行った。この際、辻は旅費として2万円を軍事課から支給されているが、当時の軍事課長は後にマレー作戦で司令官と作戦参謀という形で共に戦う山下奉文《ともゆき》である。

9月3日、生まれて初めて作った背広に袖を通し、慣れない手つきでネクタイを締め、出発に向けた用意を調えた。胸には任務遂行という悲壮な決意を懐《いだ》いていたが、妻の千歳に対しては平静を装った。事もなげに「一寸《ちょっと》、上海まで見物に行ってくる」と告げて家を出た。そして千歳の心中をこう推察してみせる。「何も知らぬ妻は、心の中で帰りの土産でも夢見ていたかも知れぬ。僅か三人の小勢で、万里の険を踏み、虎穴に入る旅とは、よもや考えてもいなかったろう」と(『亜細亜の共感』)。大事を秘めながら家族にはその真意を伝えず、本人としては悟られていないと思い込んで旅行に行く——最後まで繰り返された、そんな辻の姿勢が垣間見られる初期のケースとして興味深い。

もう一つ、印象的なエピソードがある。現地で辻は、通訳として王長春、陶孝潔という2人の中国人を雇い入れ、旅をした。蘭州では中国人から食事を振る舞われ、小型飛行機で出発したものの、その機中で腹痛に襲われる。毒を盛られたと判断した一行は、遺書を記すことにした。辻は、この2人の中国人が日本軍に協力したために、国賊のような扱いを受けてしまっていることを気にかけ、自分の死後に、2人の中国人の遺族が路頭に迷わないようにしてほしいという依頼する主旨の遺書を記した。これを読んだ通訳の中国人に、いたく感動されたという（同前）。辻にまつわるエピソードの一つの特徴として、思いもかけず辻の真心に触れた第三者が感動し、むせび泣く描写もよく登場する。それがまた、辻を嫌う人には鼻持ちならなく見えてしまう。

士官学校中隊長に異例の起用

翌1934年（昭和9年）8月、辻は参謀本部から陸軍士官学校の中隊長に転出することになった。

陸士の中隊長には、この当時、陸大を出ていない無天組の若い大尉が配属されていた。

陸大出の優等生は、その行き先によって優劣はあったが、ドイツやフランスなど海外に留学することが常で、辻のように陸士の中隊長となるのは、極めて異例だった。この段階で辻の軍人としての経歴に瑕疵《かし》があったわけではないので、この異動は左遷ではもちろんなかった。ただ、順調なエリートコースとはいえないこの異動がなぜ行われたのかについては、確かなことは分かっていない。

岩淵辰雄の『軍閥の系譜』によれば、昭和天皇の弟宮である三笠宮崇仁《みかさのみやたかひと》親王が士官学校48期生として入学するのに合わせて、陸大優等であり第1次上海事変の勇士でもあった辻が教育係として選ばれたという。また、士官学校幹事（教頭に相当）だった東條英機が、五・一五事件以来、国家革新運動の影響を受けている候補生が多いので、かつての部下の辻を指名したという説もある。もっとも、東條は辻が中隊長として赴任する直前に異動している。

有力なのは、土橋勇逸《つちはしゆういつ》が語った理由だ。土橋は、自著『軍服生活四十年の想出』の中で、ある時、士官学校の生徒隊長・北野憲造大佐が訪れ、陸士の中隊長が無天組ばかりで、「勉強も余りしないし意気地も無いから、思い切って天保銭の大尉を三名ばかり中隊長にして見たい」と推薦を頼んできたという。土橋は3人に目星をつけ、そのうち2人は他の人を介して説得し、辻だけは土橋が直接口説いた。ほかの2人は断ったというが、「辻は一も二もなく承諾した。変わったことが好きな男であったから、喜んで行くという」。そのことを北野に伝えると、「それでは試験の意味で辻だけでも取ろう」と言い、辻が中隊長となったという。士官学校事件を研究する筒井清忠も「これが真実に一番近いとみてよい」としている（『陸軍士官学校事件』）。

自著『亜細亜の共感』では、「十月事件」で革新派将校たちに愛想を尽かした辻が、士官学校の中隊長を命じられ、「不純な陰謀の手先」から士官学校の生徒を護ろうと決意したことが綴られている。十月事件とは、1931年（昭和6年）年、陸軍の秘密結社である「桜会」に属する将校らによるクーデター未遂事件だ。計画を立てた将校たちが、クーデター成功後、自身たちも政権の重要ポストに就こうと考えていたことなどが明るみに出て、その純粋性に疑問が呈されていた。辻は当初、桜会に共感していたが、事件の内実が明らかになるにつれ、期待を失望に変えていった。そのことが、辻の思考や言動に影響を与えたのか。辻の自著を読んでも、期待が失望に変わった以上のことは分からない。

48期生と辻とはこれが初対面ではない。上海事変の直後、当時、陸軍士官学校の予科の生徒だった後の48期生を前に辻は講演を行っている。テーマはやはり、あの「一将死して万骨よみがえる」である。ある生徒は「『震えながらでも、ひたすら任務を尽そうとする責任の一念だけが生死を超越させるのだ』との教えが福音のように、未だに耳朶《じだ》に残って離れない」と強烈な印象であったことを綴る。また、別の生徒は、「軍人は青ざめながらも震えながらも任務の為、前進せねばならぬ」という一節を「あの感銘のお言葉」と昂《たか》ぶった調子で書いている（『卯月会報』）。中隊長として赴任してきた辻は、栄えある陸大卒の天保銭ということだけにとどまらず、激戦の勇士と見られていたことになる。

何より辻自身は、若者に接することが好きだった。辻が学校の中隊長室に1週間起居する週番司令の時は、夜ごとに生徒が来訪し語り合ったという。

着任直後には、「諸君は日本の捨て石になるべし」と諭し、さらに「河で溺れかかった友を助けるには、自ら河に飛び込んでゆけ」とも伝えた。しかし、結果として、この言葉に影響されたある候補生が日本陸軍を揺るがすきっかけを作ることになる。その候補生の名前は、佐藤勝郎《かつろう》といった。

佐藤は佐賀中学から幼年学校に進み、士官学校へ入学した。父は日露戦争で戦死したため、姉とともに母親の手で育てられた。彼を知る人たちは正義感が強かったと口をそろえ、そして、直情径行で妥協をすることはなかったと言葉を添えることも忘れなかった。親しく付き合い、母親からも「勝郎を頼みます。ご指導をくれぐれもお願いします」と言われていた一期上(47期)の小林友一《ゆういち》は「直情径行、感情の起伏の激しい男であったが、いわゆる思想らしいものは持っていなかった」(『同期の雪』)と回想している。

そんな佐藤が、1934年10月下旬、辻のもとを訪れた。そして、自分の隣の中隊の候補生が、村中孝次《たかじ》大尉や磯部浅一《あさいち》一等主計らと何事か画策している模様で、自分も参加を求められたと打ち明けた(松本清張『昭和史発掘4』)。村中や磯部は、後に二・二六事件の中心人物となる。国家革新運動の影響が士官学校にまで及んでいることは周知のことであったので、辻は、佐藤候補生に彼らの動向を偵察するように命じた。これが世に言う士官学校事件の始まりである。

陸軍士官学校事件

辻の命を受けた佐藤の情報収集によって、村中らのクーデター計画が明るみに出る。それによると、彼らは第1次行動として、部隊を出動させ、首相の岡田啓介、内大臣牧野伸顕《のぶあき》、元老西園寺公望《さいおんじきんもち》、斎藤實《まこと》ら重臣を暗殺。第2次行動は、高橋是清《これきよ》、幣原喜重郎《しではらきじゅうろう》、若槻《わかつき》礼次郎ら現役の大臣をはじめとする政界の重要人物の殺害を謀った。時期は、早ければ臨時議会中かその前後、遅くとも翌年1月に決行するとした。

ただし、筒井清忠によれば、この計画は村中ら青年将校が「候補生の運動からの離脱を恐れて元来準備のない直接行動計画を不用意に話した」(『陸軍士官学校事件』)ものであるという。

佐藤からクーデター計画を聞いた辻は、参謀本部の片倉衷《かたくらただし》少佐と、同期生で憲兵将校だった塚本誠大尉に相談する。3人は、日付が変わったばかりの20日深夜、陸軍省の陸軍次官、橋本虎之助中将の官舎を訪ね、これまでのあらましを報告した。陸軍の動きは速く、この日のうちに村中らは検挙された。そして、翌1935年(昭和10年)3月4日まで東京陸軍刑務所に拘禁され、検察官らの取り調べを受けた。計画に参加しようとしたとされた候補生4人も検挙された。さらに、佐藤も検挙されてしまう。

真摯《しんし》な思いで行動した佐藤ではあったが、検挙後は、自問自答を繰り返す。佐藤に取材した上で書かれたとされる立野信之《たてののぶゆき》の『叛乱』によれば、収監された時の佐藤は、「一体、オレはどんな悪いことをしたんだ？　あゝ、お父さん、護つて下さい……助けてください！」と心の中で叫び、「――あゝ、あーッ……！　声にならない、絶望的な溜息が、胸をついて出る」といった苦悩する様子が描かれている。正しいと信じた行為の結果、なぜ収監されなくてはいけないのか。佐藤は気力を失っていた。ほかの候補生たちが、『近世日本国民史』や『大日本史』などを読む中、佐藤は『のらくろ』くらいしか読んでいなかったという。

そんな佐藤に、辻は何度も面会に訪れた。「元気か」「勉強はしているか」などと、矢継ぎ早に聞いた。勉強する気をなくしていると佐藤が打ち明けると、楠木正成が忠臣として評価されるようになったのは幕末期に入ってからで、それまでは逆賊の汚名を着せられていたことを例えに出し、自らの行為を信じればいずれ正しいことが正しいと評価される日が来ると諭した。それを佐藤は涙を流しながら聞いていたという。

対する村中らは、事件は辻や片倉らが皇道派をつぶすために企てた陰謀であり、候補生をスパイに使ったでっち上げだとして、辻や片倉を誣告罪《ぶこく》で訴えるという行動に出る。候補生の一人は、戦後、杉森久英の取材に対し、クーデター計画はまったく事実無根で、「辻たちが捏造したものにすぎない」と証言している（杉森『参謀・辻政信』）。

また、現代史家の田々宮英太郎は、辻の「佐藤候補生をスパイに仕立てた手管《てくだ》」から、「目的のためには手段を選ばぬ奸佞邪知《かんねいじゃち》［心が曲がっていて悪知恵が働き、人にこびへつらうこと］」を見いだし、「廉恥《れんち》とはおよそ無縁」であると痛烈に批判している（田々宮『参謀辻政信・伝奇』）。

軍法会議の結果、1935年（昭和10年）3月29日、村中ら被告8人全員が証拠不十分で不起訴となったものの、4月2日に村中ら3人は、行政処分では最も重い停職となった。停職は半年間、復職することができなかった（筒井『陸軍士官学校事件』）。佐藤を含む5人の候補生たちは退校となった。

後年、候補生の一人は、収監される前に士官学校の中隊長室で辻が、「ほんとに君らには相済まんことをした。自分を殺すなり殴るなり気のすむようにしてくれ。かまわぬから……。やってくれ……上海では二度や三度は命を失っているんだ……」と言って詫びたと回想している（松本『昭和史発掘4』）。また、この候補生は、それ以前にも辻から詫び状を受け取っているという。この辻の手紙に関しては、村中・磯部らの『粛軍に関する意見書』の中にも、手紙と同一と思われる記述がある（同前）。これらの言説を、よく指摘されるような辻の芝居と見るか、真摯な思いの発露と見るか——。

佐藤は退校となったものの、同期生とのつながりは残った。1976年（昭和51年）に刊行された48期生の『任官四〇周年　記念会誌』に、佐藤の人物像や経歴が詳しく載っている。書いているのは、士官学校事件で収監された佐藤をたびたび訪ね、佐藤からも何通もの手紙を受け取っていた衣笠駿雄《きぬがさはやお》という同期生だ。

それによると、佐藤は士官学校を退校処分となった1935年6月、満州に渡ったという。そこで吉林憲兵訓練所軍政部研究員となり、満州国軍中尉となった。満州国軍関係者で作る蘭星会が編纂した『満洲国軍』にも、佐藤の名前は記されている。1936年（昭和11年）2月には、吉林教導隊に勤務し、匪賊の討伐を指揮したが、左大腿部を負傷。8

月に治療のため帰国した。
これだけ詳細な経歴を記せるというところに、佐藤と衣笠との関係の深さ、近さを感じ取ることができる。そんな衣笠から見て、佐藤の満州国軍での勤務は面白いものではなかったようだ。負傷し、帰国したことを契機に、佐藤は猛勉強を始め、1937年（昭和12年）4月法政大学予科に入学する。さらに、1939年（昭和14年）には東北帝国大学法科に入る。そして、卒業後は日航に就職し、終戦の直前には、中華航空に転職した。衣笠の文章はまだ続くのだが、ここではひとまず戦前の佐藤の経歴を記すことにとどめたい。
衣笠はこの文章で士官学校事件と佐藤との関わりについても触れている。

本科入校後、辻中隊長に直ちに傾倒した。特にその訓話「泥沼に陥《お》ちた友は、自らそこへ飛込まねば救えない」ということに強く共感した。

少なくない数の48期生が、辻に対して好意や崇拝の念を抱き続けていたことは、同期生が作った『卯月会報』を読むと分かる。ただ、同期会誌に載せるのはあまりに機微に触れる内容のものだったのだろう、『卯月会報』には、この事件についてはほとんど言及されていない。それでも、ある者はこう書いた。辻に対する複雑な心情が、短い文章の中に詰まって、そして溢れている。

「河で溺れかかった友を助けるには、自ら河に飛込《とび》んでゆけ」との上司の教えに、ある教子《おしえご》は只々一途《ただただいちず》に之《これ》に従い、その通り実行し乍《なが》ら然《し》かも、市ヶ谷台を去らざるを得なかった悲しい出来事に、吾々《われわれ》の気持ちは複雑に揺れ動いた。その上司は当時の吾々にとって、尊敬措《お》く能《あた》わざる師表であっただけに尚更《なおさら》の感が深い。

水戸から関東軍へ

1935年(昭和10年)4月、辻にも重謹慎30日という処分が科せられた。満了後には、水戸第二連隊へと配属された。辻自身の弁によると、「時に利あらず、却《かえ》って『生徒の指導を誤りたる科《とが》』との理由で、重謹慎三十日に処せられ、満罰と同時に水戸連隊附となり」(『亜細亜の共感』)ということになる。

翌年二・二六事件が勃発する。言うまでもなく、1936年（昭和11年）2月26日の早朝、青年将校たちが、首相官邸や大臣、重臣の邸宅を立て続けに襲い、高橋是清蔵相や、渡辺錠太郎陸軍大将らを殺害した事件だ。事件が起こると、鎮圧のために水戸第二連隊も出動したが、事件の伏線ともいうべき士官学校事件に関わったためか、辻は参加が許されなかった。しかし、青年将校の中に、士官学校事件でクーデター計画を立てたとされたもののの、不起訴となっていた村中や磯部らの名前があったことが、辻の運命を変えることになる。辻はこう語る。

不幸にして一年前の予言が的中し、未曽有の反乱事件が起きた。この事件により、初めて過去の黒白が明らかにせられ、被告の立場から、原告の立場に帰ったわけである。（同前）

1936年4月、辻は関東軍参謀部附となった。配属先は第三課（政策）。その異動には、士官学校事件で宿縁となった片倉少佐の働きかけがあったとされる。

ここで辻は持ち前の勤勉さを発揮し、機密文書などを読みあさり、満州国の制度や構造、理念を知ろうとする。調べるうちに、日満漢蒙鮮（日本人、満州人、漢人、モンゴル人、朝鮮人）の五族による民族協和といいながら、実質的には日本軍や日系官吏が国防・外交・内治の実権を握っているではないか、といった疑問が次々と湧いてきた（同前）。無論、これは何も辻だけが抱いた疑問ではなく、満州国が建国以来、孕んでいる根本的な矛盾であった。

辻はその疑問の答えを、満州国の生みの親ともいえる石原莞爾に求める。石原は、当時参謀本部におり、自らが立ち上げた戦争指導課の課長を務めていた。辻は上京した折、偕行社や石原の自宅で、石原から直接、満州国建国の理念について懇切丁寧な説明を受けた。石原は、日本人と満州人は対等な立場で新国家を建設すべきと説いた。その上で、日系官吏が軍を背景に威張り、満州系の官吏より給与面で待遇がよいなどの不合理は、改めるべきであると主張した。さらに石原は、満州国軍は独力で治安維持できるだけの能力を持つべきという考えまで披露した。

陸軍きっての作戦の大家である石原のことを「戦争の神様」であり、「鬼でも取って喰う人かと考えていた」辻にとって、石原の言葉は感動以外の何ものでもなかった。その熱い思いを後年、こう書き記している。

今までに多くの上官や先輩に接したが、階級や職務を越えてこんな事は初めてであり、又終りでもあった。この石原さんに会うと、自然に襟を正すような気持ちになった。眼を細くして、ニヤニヤ笑われると、心の底が見透かされているように感じた。先覚の導師によって物の見方が、中国、満州、東亜に対する考え方が、権益思想から道義思想へと、百八十度の大転換をするに至った。(同前)

「導師」石原が唱えたアジアの各民族が対等に連携するという考えを核にした東亜連盟思想に、辻は大いに影響を受ける。

建国大学設立と張作霖の葬儀

満州国経営において辻が手掛けたものの一つが、「建国大学」の設立である。もともとの構想は、石原が持っていたものだった。建国大学設立の経緯については、辻の陸士時代の同期生で、当時参謀本部の満蒙班の課員として、石原の思想に基づく建国大学設立を準備していた三品隆以《みしなたかゆき》の回想が詳しい。

石原の研究で知られる野村乙二朗は、三品について「石原思想を信奉した軍人は数多いが、三品隆以ほど生涯にわたって石原思想への思慕を捨てなかった例も珍しいであろう」（『東亜聯盟期の石原莞爾資料』）と評している。三品によると、辻は建国大学の発案者である石原の意見を聞き、その教示を受けた上で計画を進めたという。石原としては、時期尚早であり、少なくとも5年の準備が必要という考えであったが、辻は1938年（昭和13年）中の開校を主張して譲らなかった。（『我観　石原莞爾』）

辻、三品の陸士の同期生（辻とは陸大でも同期生となる）で、自身も建国大学設立に関わった岡田芳政《よしまさ》は、三品の建国大学設立、開校後の運営に果たした役割の大きさが忘れ去られてしまっていることを悔やみ、筆を執った。設立に十分な時間をかけるべきとの石原の主張に反してまで、辻が早急に計画を進めたことを「いかにも辻らしいやり方」としつつも、構想段階から準備を進めてきた三品を思いやり、「私は辻の話を聞いたので早速かけつけ、三品に『大変だなあ』と慰めたが、彼が例の調子で泰然自若としていた姿は、今でも深く私の印象に残っている」と、三品の人格を評価している（『三六會誌』38号）。

相手に有無を言わせぬ辻の行動力については、当時満州国の法制局参事官をしていた、武藤富男が「この人物は、制限速度を無視して走るタクシーみたいで、日系官吏が、あれよ、あれよと言っている間に、突拍子もない勢いで政策街道をばく進し、満洲国の政治を大ゆすりにゆすぶった」（『満洲国の断面』）と書くくらいで、同期生に対しては当然のことながら遠慮するところはなかった。

ただ、三品自身は建国大学設立への辻の貢献を高く評価し、「高邁《こうまい》な石原思想と、辻の火のような行動精神との出合いがあった。電光石火、疾風迅雷《じんらい》の機鋒《きほう》である」と述べている（『我観　石原莞爾』）

「民族協和」を建学の精神とした建国大学は、1938年（昭和13年）に新京で開校した。日本人、朝鮮人、中国人、モンゴル人、白系ロシア人の優秀な学生を集め、6年間学内で共同生活をさせた。多民族が生活する満州国であったが、たとえば日本人は都市部、農村部は中国人が圧倒的に多く、白系ロシア人はハルピンなど北部都市が多いなど、異民族同士が共同生活をすることは滅多になかった（宮沢恵理子『建国大学と民族協和』）。

学費はすべて官費で賄われ、前述の通り全寮制で、授業料が免除だったため、創立当時は合格定員150名に対し、日本領や満州国内から約2万人以上の応募者が集まった（同前）。第1回の入学者150名のうち、日本人は75名、中国人50名、朝鮮人、モンゴル人、白系ロシア人が残り25名を占めていた。

わずか7年でその歴史を閉じることになる建国大学の歴史的な意義について、石原思想を最もよく理解した一人だった三品はこう記している。それは、優秀な教授陣を媒体にして、師弟の人間関係が作り出され、清新で格調高い学風になったこと、副総長に京都大学の作田荘一《さくだしょういち》を迎え、さらに人間的に優れ、実践的な人材を集めたことにあると。そして、「民族協和の理想を、生活の実際を通じて、現実的に実践し、体験せしめたこと。これは一切の成敗得失を超えて最大最高の成果である」と称賛している（『我観　石原莞爾』）。

ちなみに、教授陣の中には、辻と同姓で、第1次上海事変の勇士であった辻権作も含まれている。三品の言う民族協和の理念の実践や、師弟の豊かな人間関係は安彦良和《やすひこよしかず》の『虹色のトロツキー』にも描かれている。

当時、辻が手掛けた業績でもう一つ欠かせないのが、張作霖の葬儀である。張作霖は、1928年（昭和3年）、関東軍によって爆殺されたかつての満州の雄だが、遺骸は奉天郊外の寺院に葬られたまま訪れる人もなく、事件当時乗っていた車両は、塗料がはげたまま10年近くも奉天の駅で捨て置かれていた。

一世の梟雄《きょうゆう》というべき張作霖にふさわしい葬儀と、安住の地を用意せねばと考えた辻は協和会に諮《はか》り、1937年（昭和12年）5月上旬、数百人の僧侶を動員し、数日間にわたり盛大な葬式を執り行った。辻の後日の回想によると、「ここ数年来未曽有《みぞう》の人出であり、老いも、若きも、男も、女も、共に手を取って、英雄の霊前に敬弔し」た（『亜細亜の共感』）。

満州国政府の高官だった韓雲楷が「辻さん、あなたは僅かに十万円で、一億円以上の仕事をしました。なかなかずるいですよ、……全満の三千万民衆が、九・一八事変以来初めて、明るい顔をしています。数億の金を積んで宣伝宣撫しても、今日一日の、この十万円の葬式程《ほど》の効果は到底ありますまい」と語ったという（同前）。

田々宮英太郎は、戦後この韓雲楷に会っており、「洞察力の鋭い人物で辻の本心などこのように見通しだったろう」と手厳しく批評している（田々宮『参謀辻政信・伝奇』）。いかにも辻に打算があったような表現だが、辻がたとえ自己の頼む信念に従って行動しただけだったとしても、それが打算に見えるほど目立った行動をとってきた人もまた珍しい。

「盧溝橋事件」勃発

8年におよぶ泥沼の日中戦争は、1937年（昭和12年）7月の盧溝橋《ろこうきょう》事件から始まる。続いて翌月からの第2次上海事変によって、日中戦争は全面戦争へと展開していくが、勃発時は、武力でもって突き進もうとする拡大派と、ブレーキをかけようとする不拡大派が激しく対立していた。不拡大派の中心は何といっても、参謀本部作戦部長の石原莞爾だった。

そうした中で、辻が中国戦線の拡大を煽動していたという証言がある。勃発直後の7月20日頃、不拡大派の一人であった支那駐屯軍司令部作戦主任の池田純久《すみひさ》中佐のもとを訪ねた辻は、「あす関東軍は山海関にある爆撃機をもって、盧溝橋付近の支那軍を爆撃します。私が戦闘機に乗って行きます」と申し出た。

驚いた池田は、辻の真意を探り、翻意させるため、激しい応酬を行う。池田からすると、爆撃などされたら、それで不拡大の方針などすべてご破算になってしまうという懸念があり、辻は辻で、参謀本部内が拡大派と不拡大派に分かれて決断できないのなら、独断でもやると息巻いていた。強硬な態度に業を煮やした池田は、「それじゃしかたがない。やり給《たま》え。その代りわれわれ北支軍の戦闘機で、関東軍の爆撃機を叩き落としてやる。その覚悟でやり給え。あとで泣きごとを言っても知らんぞ」と突き放した。さすがの辻も、そこまで言われると返す言葉はなく、爆撃を断念して引き下がったという（池田純久『日本の曲り角』）。この直後に起きるノモンハン事件での独断専行を予《あらかじ》め見るような話である。

同時期の辻については、別の証言もある。士官学校事件の後、辻が一時所属した歩兵第二連隊はちょうどその頃、大陸で軍事行動を行っていた。ある日、進撃中の連隊の上空に一機の飛行機が飛来する。敵機か友軍機か分からないまま警戒していると、やがて降下を始め、日の丸が見えた。友軍機であることを確かめた通信班長の堀江芳孝は、飛行機から落とされた通信筒を拾いに向かった。その場で通信筒を開け、中身を確認してみると、そこにはこうあった。

軍の最先頭の進撃部隊なので歩二に違いないと推察して空中より御健闘を祝します。今関東軍から北支方面軍に増援参謀とし来ております。方面軍でもピカ一の連隊との定評で、曽《か》って水戸の地で同じ釜の飯を頂いた者として肩身が広いです。遥かに空中より軍旗を拝しつつ　辻政信

これを読んだ堀江は、「やっぱり辻さんだ」と感激し、連隊長に届けた。連隊長も「さすが辻だ。有難い。将校団の誇りだ」と涙を流して喜んだという（堀江芳孝『辻政信』）。堀江は必ずしも辻のすべてを好意的に捉えているわけではないが、このときばかりはほとんど手放しで称賛している。

さらに、第一線に赴いた辻は、関東軍隷下の独立混成第十一旅団の鈴木重康《しげやす》旅団長から、前線に深入りせず、すぐ帰ってくるように促されたが、従うことはなかった。前線で出会った支隊長の律儀で、正直な面構えに、「こんなタイプの人は戦争に強いぞ」と好意を持ち、「この支隊長に強くひきつけられる魅力を覚えて、旅団長の注意を忘れることにし

た」と堂々と約束に背く。さらに、敵が続々と増員されているとの報を聞くにつけ、「折《せっ》角《かく》敵を前にして、帰れるもんか……」と前線に残る決意を固めている（『亜細亜の共感』）。

池田とのやり取りもそうだが、上官の指示であってもこれを無視して自身の抱いた信念を貫き、独断専行に走る辻の姿は、やはりノモンハンでの姿と重なってしまう。

「突っ込め！」

高所から低所へ、猛然襲いかかるわが反撃は、B高地からの支援射撃で、戦術原則を絵に画《か》いたような結果になった。広い斜面に、無数の死傷者が横たわり、底を流れる小流は、文字通り赤くなった。［中略］

南口に帰って、鈴木旅団長に報告した時、凄い声で、「君は、軍参謀だ、大隊長ではない。何故そんな滅茶《めちゃ》をやるか、命令を肯《うなず》かずに。」と怒鳴られた。有難い叱言《こごと》であった。（同前）

こうした辻の中国側に対する好戦的な姿勢は、石原の薫陶を受けたものとしてあるまじき行為として批判に晒されることになる。しかし、一方で辻に対する評価のもとになったのが、この前線での勇猛果敢さであったことは間違いない。辻については批判的な言葉も多い堀江でさえ、前線で辻の激励を受けると、その行為の正当性には目が行かず感動してしまう。時に越権行為であっても、前線の将兵の琴線に触れる活躍があってこその辻であり、それらが免罪符となったという面もある。むしろ、止めるべき行為があれば、先述の池田のように強硬な手段を使ってでも止めるべきだったにもかかわらず、なぜ上官たちは辻に対して毅然と対処することができなかったのかを問題とすべきだろう。

そして、いよいよその負の側面が甚大な影響をもたらす、ノモンハン事件を迎えることになる。

第5章

転戦し続ける「神様」

―1939年の辻政信―

ノモンハンという〝地獄〟

「敵ノ砲弾及《オヨビ》爆弾ノ為《タ》メ死者多数ヲ見ル」
「鮮血流々トシテタホル［倒れる］」

1939年（昭和14年）5月から9月、モンゴルと満州（現在の中国東北部）の国境をめぐって、日ソ両軍が激戦を繰り広げたノモンハン事件。当時従軍した杉本正雄（現在の石川県能美市出身／2012年に99歳で死去）の手帳には、生々しい戦況が綴られている。日本軍が劣勢に追い込まれていくのに従って、日記には「戦死」「全滅」の文字が多くなっていく。約4か月に及ぶ戦闘で、日本側の死傷者は1万5000人以上とされる。

取材を始めた2019年はノモンハン事件から80年の節目だった。事件当時20歳だった人も100歳になる。もはや戦場を語れる元兵士はほとんどいなくなっていた。そんな中で、伝手《つて》を頼って辿り着いたのが、島根県出雲市に住む柳楽林市《なぎらりんいち》だった。柳楽は、兵士と

ノモンハン事件について証言する柳楽さん。右写真は1938年当時

してノモンハン事件を戦い、１００歳を超えてなお健在だった。

２０１９年８月、柳楽の入居する老人ホームを訪ねた。耳は遠くなっていたが、やり取りに支障はなかった。むしろ驚くほど矍鑠としていた。施設では入居者の朝食が終わった直後で、夏の日の朝に、穏やかな時間が流れていた。ただ、柳楽の口から発せられる戦場の姿だけが、場違いに凄惨の色を濃くしていた。

１９３９年６月、第二十三師団歩兵第七十一連隊に所属していた柳楽は満州にいた。

「野原一面に花が咲いていました。スミレとかタンポポとか。全部が一斉に咲く。それは本当にきれいだと思った」

だが、花の美しさに心を和ませていた時間はあまりに短く、柳楽は激戦の渦中へと放り込まれる。戦場は、柳楽の想像をはるかに絶する〝地獄〟だった。機械化され、物量で勝るソ連軍に対し、日本軍は必死の抵抗を見せる。

「手製の火炎瓶を戦車にぶつけたり、竹竿に付けた地雷を持って戦車の走行用ベルトに突っ込んだりする攻撃をした。自爆と一緒ですわ。それで全盲になった人もいます。砂地で生き埋めになった人もいた」

柳楽は、夜襲にも加わったという。

「夜襲というのを3回やりました。前を行く兵隊が背中のところに白いハンカチをつけて、それを的にして続いていく。真っ暗だと分からないはずだが、なぜか白いハンカチだと分かった。だいたい夜襲というのは、黙って敵陣に突っ込むんですが、1回、ほかの隊が喊《かん》声《せい》をあげてやるというので、わーっと言ってやった。そしたら、敵がそこへ向かって一気に射撃を始めた。その部隊は150～160人の部隊でしたが、ほとんど全滅しました。やっぱり、夜襲は無声でやらないといけないんです。あっという間に人影がなくなって、声がなくなった。静かになってしまった」

7月27日、柳楽の部隊は払暁《ふつぎょう》攻撃を命じられる。

「突撃という命令だから、私らは走った。しゅーしゅーと耳のそばを敵の弾が通るのが音で分かるんです。でも、それがわしには当たらないんですだ。わしは敵の弾が当たらんぞと。それで自信がついて前に進む。なしてわしを狙わんかと言いますとね、鉄砲で相手を狙うのは、的の大きい者を狙うでしょ。だから、背が低いと当たらんのです」

身長1メートル58センチ。徴兵された時、近所の人が訝しんだというほど小柄な体格が幸いした。敵陣に辿り着くと、一人のソ連軍将校が残っていた。柳楽との距離はわずか20メートルほど。ソ連軍将校は、ピストルの銃口を柳楽に向け、引き金を弾いた。

「慌てているのか、なかなか私に当たらないんです。20メートルくらいなのに。私も撃つが、悲しいかな、日本の銃は5発撃ったら詰め替えないといけない」

弾を詰め替えようと柳楽が下を向いた瞬間、相手は逃げてしまった。「助かった」と思った直後、すぐそばで手榴弾が炸裂し、強い衝撃を受けて倒れた。敵の掘った壕に這《は》っていき、身を隠した。日本軍兵士は死ぬ前には「天皇陛下万歳」と言って死ぬものだと教えられたことを思い出し、声を振り絞って叫んだ。すると、呼応するように、あちこちで

「天皇陛下万歳」「天皇陛下万歳」と声が聞こえた。

「それだけ、私のように傷を負って倒れている人がいるということだった」

柳楽は流れ出る血を止めることもできず、次第に意識を失っていった。その後、友軍に救助されたが、右手には重傷を負っており、そのまま内地の病院へ運ばれた。そのようにして、柳楽のノモンハン事件は終わった。戦後、郷里で教員を務めたが、利き手の右手で文字が書けないなど後遺症が残った。

杉本や柳楽たち第一線で戦った兵士たちは当時、自分たちが何のために戦っているかなど知るよしもなかった。ただ、命令に従って戦い、生きようという意志だけではどうにもならない苛烈な運命に翻弄されつつ、ある者は斃《たお》れ、そしてある者は辛くも生き残った。

事件前夜

1930年代後半、日中戦争はいよいよ深みにはまり、85万人もの日本軍が、中国大陸に張り付いていた。戦線の収束を図る不拡大派を中心とした和平工作が国民党政府との間でひそかに行われたが、1938年(昭和13年)1月、時の近衛文麿《このえふみまろ》内閣が「爾後《じご》国民政府を対手《あいて》とせず」との声明を出したことで、和平への道は実質的に閉ざされた。中国軍相手の戦いに手一杯の参謀本部にとって、ソ連軍との衝突は何としても避けねばならなかった。

しかし、必ずしもそうとは考えない軍人もいた。関東軍の幕僚たちだった。中心人物の一人が、辻だった。「『寄らば斬るぞ』の侵すべからざる威厳を備えることが、結果において北辺の静謐《せいひつ》を保持し得るものである」（『ノモンハン秘史』）。これがソ連との戦いを前にした、辻の信念だった。

当時、日本側はハルハ河を国境線と認識していたのに対し、ソ連側はハルハ河の東方約20キロを国境線と考えていた。ノモンハン事件のわずか1か月前の1939年4月、辻は「満ソ国境紛争処理要綱」を作成、関東軍司令官の名前で下達された。年間200件もあったソ連との国境紛争に備え、考案された要綱だった。その内容は極めて強硬で、ソ連軍殲滅《せんめつ》のために「一時的ニ『ソ』領内ニ進入」することを認めているだけではなく、国境線が不明瞭な場合は、現地の防衛司令官が「自主的ニ国境線ヲ認定」することも認めていた。「無用ノ紛争惹起《じゃっき》ヲ防止スル」としていたものの、国境線を自主的に認定することによって衝突が起きた場合は、「兵力ノ多寡《たか》並《ならびに》国境ノ如何《いかん》ニ拘《かかわ》ラス必勝ヲ期ス」ことを求めていた。

そもそも、この要綱は国境を越えて軍事行動を行うことを容認するなど、天皇大権を侵す可能性までも含んでいた。半藤一利はこう痛烈に批判する。

ともかくすさまじい方針である。〔中略〕天皇の統帥大権にたいする配慮もへちまもない。完全無視である。また、国境線のはっきりしない地域とは紛争の起きやすいところで、そこでは「自主的に」つまり勝手に国境線を認定したほうが紛争の防止になるとは、まるで通らない理屈ではないか。越権行為もいいところであるばかりでなく、それは危険この上ない戦闘挑発ということになろう。(『ノモンハンの夏』)

関東軍では、要綱を東京の参謀本部にも回覧していた。当時参謀本部の作戦課長の要職を務めていた稲田正純《まさずみ》大佐は、「満ソ国境紛争処理要綱」を「関東軍でつくった作文」とし、「あれの作文をやったのは辻君」とする(読売新聞社編『昭和史の天皇』)。

稲田自身もこの要綱を回覧したが、「見たけど何も言うてやりはせなんだ。ほったらかしておいた」と話す。その理由を、国境警備は関東軍に任せる方針であったことと、関東軍の作戦課長だった寺田雅雄《まさお》大佐や作戦主任の服部《はっとり》卓四郎中佐がいれば、無茶はしないという信頼があったことを述べている（同前）。

しかし、その後の展開は稲田の予想に反し、辻の言動を制御できなくなってしまう。稲田はそのことについて「辻君はね、あれは〝関東軍司令官〟だった」と半ば投げやりな調子で語っている（同前）のだが、当時少佐であり、関東軍の中では最年少だった辻に、どこまでの権限があったのか。事件当時、関東軍の作戦参謀の一人であった島貫武治《しまぬきたけはる》少佐によれば、当時の作戦課では辻が最も古く、ほかの参謀はほとんどが着任したばかりだった。そのため、何ごとにつけても辻が主になってやらざるを得ないという状況は確かにあった（同前）。

だが、たとえそうであったとしても、一少佐がソ連との戦争につながる可能性があり、しかも、それが天皇大権を侵す恐れのある要綱を作り、関東軍司令官の名で満州全土の部隊に下達できたことは、組織の欠陥としか言いようがないのではないか。

当時の関東軍が、辻にとって働きやすく、自身の意見を通しやすい環境であったことは間違いない。上層部には辻が生涯付き合いを続けるほどの、昵懇《じっこん》の人物が要職を占めていた。司令官は、第1次上海事変の際の第九師団長だった植田謙吉大将、参謀長は同じく第九師団で連隊長を務めた磯谷廉介《いそがいれんすけ》中将。ともに死線を越えた関係で、辻は磯谷について「父のように慕った武将」(『ノモンハン秘史』)と敬慕の情を隠さない。

中でも大きかったのは、作戦主任参謀の服部卓四郎の存在だろう。参謀本部で席を隣にして以来、辻は服部を「兄」と慕うようになっていた。

このように関東軍における辻は、旧知もしくはそれ以上の関係を築いた人たちを戴き、「上下一体、水入らずの人的関係」(同前)であったと認めている。島貫の表現を借りれば、辻には「縁故があった」ということになる。そのため、島貫は「遠慮することなく自分を主張できた。まあ、彼のためには非常によかった」とする(『昭和史の天皇』)。

国境紛争が絶えない地域であったノモンハン周辺を舞台に、両軍あわせて4万人以上が死傷する〝戦争〟へと発展したのは、1939年(昭和14年)5月11日のことだった。国境警備隊との小競り合いに端を発し、要綱に基づいて第二十三師団の小松原道太郎《こまつばらみちたろう》師団長が派兵を決断した。「自分の論功行賞をひたすら気にかける、エゴイスティックな一面をもつ、という一部の評もある」（半藤『ノモンハンの夏』）という小松原の性格によるところも小さくないが、本格的な戦闘となった直接の原因として、辻が作った要綱の存在が大きかった。

さらに半藤は、辻が自著でノモンハンの地名を「幕僚中誰一人ノモンハンの地名を知っている者はない。眼を皿のようにし、拡大鏡をもって、ハイラル南方外蒙との境界付近で、ようやくノモンハンの地名を探し出した」と語ったことに対し、「でたらめもいいところで、例によって辻のつくり話かとおかしくなる」と痛烈な批判を加えている。

だが、これに関しては島貫も「『ノモンハン』という地名は、事件の起こった時点ではどこにあるのかよくわからなかったのは事実です。ハルハ河といえばもちろんすぐにわかったのだが、これは服部参謀も同じだった」と回想する（『昭和史の天皇』）。島貫の回想で名前を出された服部も「一体ノモンハンは何処かということになったが、誰も知っているものがない。作戦参謀の辻政信少佐が、軍司令部にとんでいって、三時間ばかり地図と首っ引きでこの地点を漸《ようや》く探し出す始末」だったと書いている（『丸』大陸軍戦史

1956年12月15日)。

さらに、『歴史と人物　増刊号』(1984年12月)に掲載された「ノモンハン戦を回顧する」と題された座談会で、司会の半藤が、「面白いのは、辻参謀の『ノモンハン』という本で、『ノモンハンという地名を初めて聞いた』と書いています」と話を向けたのに対し、当時第二十三師団の情報参謀だった鈴木善康は、「参謀本部作成の地図には、もともと地名は一つもありません。将軍廟という名だけがあったくらいで」と答えている。これらが示すことは、必ずしも、事件前にノモンハンの場所が自明であったとはいえないということだ。

ただ、半藤は前述の批判の後、「幕僚は全員その名を熟知していた。その付近が国境線のもっとも不明確な地帯ということも承知していた。そう考えなければ関東軍の作戦参謀などと威張ってはおられない」と続けている。関東軍の幕僚であれば、このような熾烈な武力衝突が起こった場所くらい事前に知っていて当然であるという痛烈な皮肉とも取れる。

関東軍を引っ張る最年少参謀

「不死身中尉」として第1次上海事変で見せた辻の戦場での嗅覚は、ノモンハンの戦場でも抜群の働きを見せる。

1939年6月19日、ソ連軍の大編隊が国境を越え、カンジュルなどを爆撃した。これを「本格的挑戦」と捉えた辻は、「左の頬をたたかれて、さらに右のほおをたたかすか、あるいは断乎として敵出鼻をくじき、白熊の巨手を引っ込めさすかの判断に迷った」(『ノモンハン秘史』)。第二十三師団の小松原師団長からは、徹底的に「膺懲《ようちょう》(懲《こ》らしめ)」したいとの電報が入っていた。ただちに開かれた作戦会議の席上、寺田大佐は、この段階では日中戦争で大兵力を動員しているため、ノモンハンに師団を持っていくことに反対を表明した。また、上海で行われている日英交渉への悪影響も懸念された。

この時の会議の模様は関東軍の『機密作戦日誌』に詳しいが、それによると、辻は日本の置かれた国際情勢を踏まえ、慎重に対応すべきと主張する寺田大佐に敢然と異を唱えた。

事此処《ここ》に及んで「ノモンハン」を放任すること能《あた》わず。若《も》し之《これ》を放任せんか、ソ軍は我《わが》軟弱態度に乗じ更《さら》に大規模に侵犯攻撃し来り、此の事実が却《かえ》って英国をして日本の実力を疑わしむることとなり、其《そ》の態度を硬化せしむるに至るべし。〔中略〕徹底的に侵入敵軍を撃破するの自信を有す。之に一撃を与え、我が北辺の武威を発揮することこそ、是日《これ》英会談を好転せしむる唯一の方法というべし。抑々《そもそも》不言実行は関東軍の伝統なり。(『現代史資料10』)

辻の勢いに気圧されたのか、結論を保留していた参謀たちは次々と辻の意見に概ね賛同の意を示していった。賛同した参謀の一人、関東軍航空主任参謀の三好康之《みよしやすゆき》中佐は後年、賛成したことを認めつつ、カンジュルへの爆撃に触れ、「その復讐というかお返しはしなきゃいかんという気持ちがあったですね。あの時の責任を辻君だけに押しつけるべきではないと思っています」と語っている(『昭和史の天皇』)。島貫も「作戦参謀の中で辻君ひとりが独走した印象が強く、よくそんなふうに言われますが、実際はそんなでもないんです」と話す(同前)。三好は、作戦課をはじめ、航空、補給と参謀がみな集まった作戦会議の様子を証言している。

いったん「やろう」ということになれば、すぐさま作戦計画に進んでいく。「それじゃどうするか」——図上戦術と同じでぱっぱっと決められていく。「何師団をどこへもってくるか」「集結はどこ」——これはみな辻君が言いますわね。「それじゃあ航空はどうするか」「これじゃちょっと心もとないから軽爆一個中隊をまわそうか」「よしそれでいこう」とまあこういうふうにやっていけばいいわけです。（同前）

その場の雰囲気そのものを支配していく辻の様子がよく伝わってくる。

対ソ不拡大の方針から逸脱し、決戦の覚悟を決めつつある関東軍に対し、参謀本部の態度は煮え切らなかった。特に危機感を持っていたのが、予算や兵員の獲得などに関わる陸軍軍事課長の岩畔豪雄《いわくろひでお》だった。岩畔は「こんな下らぬ問題に戦略単位を使用する。ずるずると事を拡大させたら一たいどうなると思うか、膨大な軍備拡張を要請しつつある参謀本部が、こんな消費を認めるとは何事か」（稲田正純「ソ連極東軍との対決」）と反対の論陣を張っていた。反対する岩畔と板垣征四郎《せいしろう》陸相のある日のやり取りを、同席した軍事課員だった西浦《にしうら》進が記憶している。稲田はむしろ、関東軍を緩やかに擁護していた。

岩畔さんは岩畔さんで応酬したんですが、板垣さんが「まあいいじゃないか」とこう言ってしまったんですね。これはひとつは、いろいろな見方が出来るのですが、板垣さんというのは、ああいう鷹揚な方ですから、そういう意味で「まあいいじゃないか」もありますし、それから、［板垣さんは］関東軍参謀長が前身だから、関東軍の立場というものに非常に同情的であるということも、これも一つあるでしょう。［中略］そんな関東軍の一個師団が蒙古へ出るぐらいのことは大したことないじゃないか、というお考えもあったんじゃないかと思うのです。（西浦進『昭和陸軍秘録』）

さらに、この場に同席した稲田の回顧でも、板垣が同様に「一師団位《くらい》、そう一々《いちいち》喧《やかま》しく言わないで、関東軍にやらせたらいいじゃないか」と発言していたことが記録されている（稲田「ソ連極東軍との対決」）。板垣陸相もそれほどまでに大きな損害を生む戦いとなるとは、想定していなかったかもしれないが、そんな板垣の思いを知ってか知らずか、関東軍は密かに、そして着々と、タムスクにある飛行場への越境爆撃を計画していた。地上における戦いを有利に進めるには、制空権を押さえる必要があった。計画をより効果の高いものとするため、辻は6月20日、偵察機に同乗し、タムスク飛行場を高度5000メートルから偵察する。それに基づき、いよいよタムスク越境爆撃となる「関作命甲第一号」を発動した。

関東軍の『機密作戦日誌』をもとに、この軍命令をかみ砕いて言えば、敵はカンジュルなどを先制攻撃したのだから、報復として外蒙領の敵基地を爆撃することは許されるべきであり、その任務達成の手段は、軍司令官の権限に属するものなので、別に大命を仰ぐ必要はない、というものだった。さらに、この軍命令は、企画秘匿が漏れることを絶対に避けるために、口頭や電報での伝達を避け、筆記命令を幕僚自ら携行し、直接交付するように注意を払った。そして、中央部に対しては、事務連絡で上京する島貫に筆記命令を携行して提出させるという念の入れようだった。

つまり、あえて島貫を参謀本部に向かわせることで、参謀本部には事前にタムスクへの攻撃を知らせないように細工をしたわけだ。辻は言う。

むしろ、中央部には黙って敢行し、偉大な戦果を収めてから、東京を喜ばせてやろうというような茶目っ気さえ手伝ったのである。（『ノモンハン秘史』）

なぜ参謀本部に知られないようにする必要があったのか。当然、「越境」ということが、問題となると分かっていたからだ。国境を越え、軍事力を発動する場合には、天皇の命令である大命が必要である。それを得ないままの攻撃は、天皇の大権を侵すことになる。

しかも、この計画は攻撃に関わる参謀全てが秘匿事項として理解していたわけではない。「関作命甲第一号」を書いた航空参謀の三好でさえ、参謀本部には報告していると思っていた。三好は「わたしはもう堂々と、第二飛行集団をもっていって攻撃するんだ、と考えておった」とし、「辻君は、われわれにはそんな事情を少しも話さなかった」と証言している（『昭和史の天皇』）。

もっとも、この計画は、寺田作戦課長から絶対極秘として打ち明けられた関東軍第四課の片倉衷課長が上京し、あろうことか戦線拡大を猛烈に反対していた岩畔軍事課長に漏らしたことで、参謀本部に伝わることとなった。

地上作戦は7月1日頃を予定していたため、この時期の直前にタムスクを攻撃することが望ましかった。中央部に計画が露見したことをまだ知らず、今や遅しと攻撃のタイミングを計っていた辻に、予期しない電報が参謀本部から届く。それは、爆撃の中止を示唆する内容で、さらに、「作戦上の連絡のため」作戦班長の有末次《やどる》中佐が派遣されるというものだった。これは実質的に中止説得のためだった。

では、どうするか。辻の考えは明快だった。

いまや中央は、進攻作戦に反対であることが明瞭である。もし実行を延ばすと、必ず正式に中止命令が来るであろう。有末中佐が止めに来る前に決行したいと考えて、第二飛行集団長に可能の限り繰り上げて実行すべく指導された。(『ノモンハン秘史』)

独断専行であった事実を辻は隠そうともしない。まさに賽《さい》が投げられた瞬間であった。

タムスク爆撃でも最前線

6月27日、戦闘隊77機、重爆隊24機、軽爆隊6機、司偵隊12機の総計119機の飛行集団がハイラルをはじめとする前線各基地にそろった。霧の発生が多い午前6時に爆撃する予定だった。

当日午前3時に起床し、飛行場に駆けつけた辻は「いまだ世界戦史に例のない規模をもって、しかも東京の喜ばない進攻作戦を敢行しようとする興奮に駆られないものはなかった」と述べている（同前）。異様な興奮状態の辻の眼に、理解しがたい光景が映る。

「この壮挙に飛行集団の参謀が、誰一人随行しない。［中略］参謀が同行しないことは恥辱であると思った」（同前）。思ったら行動せずにはいられない辻だ。頼み込んで自ら爆撃編隊に同乗することになった。

関東軍は、奇襲を受けたソ連側は航空機149機を失ったと発表した。友軍機にはほとんど損失はなく、午前7時40分頃、辻は無事帰還する。「死ぬかも知れないと十分覚悟し、身辺を整理して出発したのに、傷一つ受けずに無事帰り着いたことを神に感謝した」（同前）というのは、あながち誇張でもないだろう。近年の研究では、ソ連側の撃墜された飛行機は149機ではなく20機程度だったともされているが、関東軍では、この成果に沸き立った。

その一方で、沈痛な思いに打ちひしがれていたのが、参謀本部だった。稲田の証言によると、関東軍のタムスク攻撃を受け、急遽、中島鉄蔵《てつぞう》参謀次長が天皇にその旨を奏上したところ、叱責を受けた。「陛下は『だれが責任をとるか』とおっしゃられたのです。［中略］陛下の前を退下してきた中島さんの表情は、沈痛そのものでした」（『昭和史の天皇』）。

稲田はこみ上げる怒りを抑えることができないまま、関東軍の寺田作戦課長に電話を入れ、怒鳴りあげた。寺田も納得がいかず、戦果が大きかったと抗弁したが、それがさらに稲田の怒りを増幅させた。思わず、「何が戦果だ、バカ野郎」と怒鳴った（同前）。その怒声は電話口から漏れ、寺田のそばにいた辻や服部の耳にも入った。声を荒らげたのは、稲田にとって寺田は陸士の同期という関係もあったであろうが、声が漏れていることは稲田にとっても予想外でもあり、迂闊《うかつ》であった。辻はその時のことをこう回想する。

死を賭して敢行した大戦果に対し、しかも明らかに我は報復行為に出たのに対し、第一線の心理を無視し、感情を蹂躙して何の参謀本部であろう。［中略］余りと言えば無礼の一言だ。大戦果の蔭に散った英霊に対し、許し得ない。この憤激は全幕僚の声であった。（『ノモンハン秘史』）

参謀本部からは参謀次長名で、タムスク爆撃の事前連絡がなかったことを非難し、今後の攻撃を中止するよう伝える電報が送られる。これに対し、関東軍作戦課が返信した電報は極めて反抗的な内容であり、「北辺の些事《さじ》は当軍に依頼し安心せられたし」と締めくくられていた。

この電報について『戦史叢書』には「起案者として『辻』参謀の名が残されているだけ」で他の名前はなく、捺印もないとする。その上で、「植田軍司令官、磯谷軍参謀長［中略］の平素の人がらからしても、軍首脳があのような電報の発信に同意することはあり得ないとするのが一般の見方である」として、辻の独断で行った可能性を指摘している。

戦後、電報の決裁書を見た井本熊男《くまお》大佐は田々宮英太郎に「この電報のような例は、統帥系統を乱した点において、日本陸軍の存立間、空前絶後の唯一の例であった」と語っている（『参謀辻政信・伝奇』）。

「役に立つ男」

あらゆる批判は受けつつも、辻の独断専行を不問に付した一つの理由として、戦場での抜群の働きぶりがあった。その中でも語り継がれているのは、5月29日の戦いで全滅に近い打撃を受けた東八百蔵《あずまやおぞう》中佐が率いた東支隊の将兵の遺体を担いで帰ったという話だ。

前出の『歴史と人物　増刊号』（1984年12月）に掲載された半藤が司会の座談会で、従軍した第七十一連隊の阿部武彦が、そのことを証言している。

一旦は撤退しようとするのに、関東軍の辻参謀が怒った。「東支隊の死体を置いて退がるとは何事だ」と。そこでわが第七十一連隊の一個大隊と、私の指揮する連隊砲二門と速射砲二門が出動した。これが私の初陣でしたな。夜襲をかけて、東支隊の死傷者を担いで帰ったんです。

服部も辻が「人間技とは思えぬ活躍をもって戦線を整理し負傷者、屍体を収容したものである」と書いている（『丸　臨時増刊　大陸軍戦史』1956年12月15日）。

辻は初陣となった第1次上海事変の時も、敵弾をかいくぐって味方の遺体を回収している。死を超越するかのような勇猛果敢さ——先述のように、かつて苦渋を味わった士官学校の中隊長時代、辻は候補生たちにこう訓示をした。「河で溺れかかった友を助けるには、自ら河に飛び込んでゆけ」。まさに、おそろしいばかりの言動一致。はたまた、軍人勅諭の一節、「死は鴻毛《こうもう》よりも軽し」を地で行く行為とも言える。前線での働きを見れば、辻の言動に異論を差し挟むことは確かに難しかった。

タムスク爆撃に続いて地上作戦が始まり、事件は9月に一応の停戦を見るまで、日本軍将兵1万5000人以上の死傷者を出すこととなる。

参謀本部作戦課長の要職にありながら、どこまでも強気の辻に打ち負かされたような形になった稲田は、後年こう語っている。

あのころの陸軍にはいかに〝下剋上〟の悪い空気が瀰漫《びまん》しておったかという一つのいい例が、関東軍のタムスク爆撃じゃなかったでしょうか。その関東軍をひっかきまわしておったのが辻君だった。で、あのころ東京では「関東軍の辻」といえば、みんなもてあましとったんですね。(『昭和史の天皇』)

そして稲田は、タムスク爆撃直後から、辻を関東軍から外すよう多方面に働きかけを行う。まず、参謀の人事を司っていた参謀本部総務課の岡田重一《じゅういち》庶務課長に相談した。だが、岡田は辻を関東軍から外すことに納得しないだけではなく、逆に「稲田さん、辻君はいい男ですよ。あれは役に立つ男ですよ」と言われてしまう。次いで、稲田は陸軍省人事局の額田坦《ぬかたひろし》補任課長のところへ行く。ところがここでも、「キミ、そう言うなよ」とたしなめられる始末。諦め切れない稲田はついに、板垣陸相に面会し、直談判した。

ところが板垣は「ニヤニヤ笑っておってわたしの相手にならんのですよ。それどころか『稲田よ、そういわんで辻君をもうちょっとかわいがってやってくれよ』」と言われてしまう(同前)。結局、稲田の要望が聞き入れられることはなかった。

もっとも、稲田自身、辻の能力を買っていたという事実は興味深い。「辻君って若い者には好かれる。で、辻君のおるところはハナ息が荒い。だから荒っぽいことをやってもらうには、辻君は便利がええんです」。さらに、「わたしだって辻君が役に立たんというんではないのです。いや、むしろ役に立ちすぎるんだな。やりすぎるんですよ。役に立つ男ではあるけれど、使う場所が悪いんでね」などと発言している（同前）。

この感想は、稲田だけが持ったものではないだろう。何と言っても軍人である。積極果敢に突き進んでくれる有能な部下がいれば、大変ありがたい。また、それが昭和陸軍において求められる資質の一つであり、それゆえに高く評価されたのだろう。

負傷により戦場を離れたことで柳楽林市のノモンハン事件は終わった、と先に書いた。しかし実は、柳楽にとってのノモンハン事件はまだ終わっていなかった。事件から60年以上がたった頃、昭和史に関する書籍で昭和天皇が関東軍のタムスク攻撃を叱責したことを知った。柳楽は「陛下のご命令だから戦った。戦友は何のために戦死したのか。これでは無駄死にですわ」。口調は静かだが、憤然とした様子で語る。ノモンハンで戦い、二度と帰ってくることができなかった多くの兵士たちは、もはや憤ることもできない。

半藤が『ノモンハンの夏』で、辻を「絶対悪」と酷評したことはまえがきでも述べた。これまで述べて来たように、事件の要因を辻にだけ求めることはできない。それでもノモンハン事件を検証していくと、拭いきれない居たたまれなさがある。それは、戦いの凄惨さだけではなく、事件に関わった指導者たちの無責任さを強く感じるからだ。

それにしても、辻というのはつくづく不思議な人物だと思う。武運に恵まれたことはもちろん、人に恵まれた。もし稲田が辻の罷免を求めた時に、板垣陸相が稲田に同調して辻を見限っていれば、軍人としては実質的にそこで終わっていた可能性もある。しかし、終わらなかった。むしろ、より大きな舞台が用意される。

ノモンハン事件の勝者については、80年以上たった今も結論は出ていない。ソ連が崩壊した1990年代以降、それまで1万人に満たない程度とされてきたソ連側の死傷者数が日本側を上回る2万5000人を超えることが明らかになった。ただ、停戦後、国境線はほぼソ連側の主張通りとなっており、果たして日本側の勝利だったといえるのかという意見もある。

もっとも、辻自身がノモンハン事件に関する著書『ノモンハン』（のち『ノモンハン秘史』）を刊行した1950年（昭和25年）当時は、まだ事件から10年ほどしかたっておらず、ソ連政府の情報統制も厳しかったため、実際のソ連側の死傷者数は明かされていなかった。それにもかかわらず、辻は著書を「戦争は敗けたと感じたものが、敗けたのである」という有名な言葉で締めくくっている。

「派遣軍将兵に告ぐ」布告

ノモンハン事件を当時の陸軍中央がどう総括したかは、辻がノモンハン事件後の1939年（昭和14年）9月、関東軍参謀から支那派遣軍の第十一軍司令部へと配属になった人事が物語っている。ここでの辻は、参謀懸章を吊らない平の一少佐でしかなかった。

翌年の1940年（昭和15年）2月、支那派遣軍総司令部附の辞令が出て、辻は南京の総司令部へと着任した。司令部附とは、正式の参謀とは異なり、特定の業務を持たない閑職だった（秦郁彦『昭和史の軍人たち』）。当時の総参謀長は、稲田の進言にもかかわらず辻を擁護した、あの板垣征四郎だった。

辻はここで、政治謀略事件に連座して同じく司令部附として流されてきた桜井徳太郎《とくたろう》大佐とともに、司令部別棟の一室をあてがわれた。司令部の参謀たちは、この部屋を戯称で「猛獣室」と呼び、敬遠した。

しかし、いつまでも部屋に籠もっていられる辻ではない。占領地の民心を掌握するため、導師として崇拝した石原莞爾が推進していた東亜連盟運動を、盟友の三品隆以の協力を得ながら、推し進める。東亜連盟運動は、日中戦争中、石原たちが予期したよりはるかに急速な拡大を遂げていく。特に、占領地の人心を掌握するための有力な理論的武器として、支那派遣軍がこの運動を取り上げたのであった（同前）。

辻が起案し、板垣の名で全軍に布告した1940年4月29日付の「派遣軍将兵に告ぐ」は、将兵に「諸子《しょし》の故郷と同じ平和な農村が戦場となる。農民の汗の結晶である田畑を荒してはならぬ」として、その行動を抑制した。さらに、「戦いの悲しむべき運命を自認し、［支那］事変解決は東亜連盟の結成以外になく、現下の事変は、その陣痛として克服し、真に両大民族の心からの提携を目標として進む」べきであると事変処理について言及して、さらにこう説いた。

聖戦遂行の第一線に立てる派遣軍将兵がその行状において天地に愧《は》づる様な事があっては、大御心《おおみこころ》［天皇の心］を冒瀆《ぼうとく》し奉《たてまつ》り、支那人に反《かえ》って永久の恨みを残す事となる。人心を逸《いっ》して聖戦の意義はない。（支那派遣軍総司令部「派遣軍将兵に告ぐ」）

この年の11月に日本国内で東亜連盟協会が、翌1941年（昭和16年）2月には中国でも東亜連盟中国総会が結成されることになる。

ところが、国境を越えた東亜連盟運動の拡大は、従来の植民地政策を揺るがす異端思想であると見なす人たちもいた。その一人が、東條英機陸相だった。もともと石原と反目し合っていた東條陸相は、同年1月の閣議決定で、東亜連盟運動を「皇国の国家主権を晦冥《かいめい》ならしむる虞《おそ》れあるが如き国家連合理論」として、事実上禁止してしまった（内閣総理大臣官房総務課「興亜諸団体の指導理念の統一に関する件」）。辻も『亜細亜の共感』の中で、東亜連盟の件で、東條が「カンカンに怒」っていると記している。

しかし、この東亜連盟にとっての重大事件に辻は直接関わっていない。この閣議決定より前の1940年（昭和15年）11月に、今度は台湾軍に異動となっていた。それまで対ソ作戦に主眼を置いてきた陸軍にとって、南方での作戦の準備はほとんどできておらず、ここで辻は初めてマレー作戦の準備に取り組むことになる。

台湾への異動と南方作戦立案

辻の台湾軍での半年間にわたる南方作戦研究の成果が、南方に向かう将兵に配られた70ページに及ぶ手引書『これだけ読めば戦《いくさ》は勝てる』である。

この手引書には、地形や気象の紹介に始まり、酷暑下での戦闘方法や水の確保の仕方、伝染病への警戒をはじめとする衛生・防疫面での注意、現地人の風習の尊重や民情（人々の生活状態など）の把握、さらに略奪を強く戒めることなど南方での戦いに向けた備えが事細かに記されている。駐在自体は短期間であったが、防衛研修所戦史部の生田惇《いくたまこと》もこのパンフレットについて、南方作戦の緒戦が成功したことへの「功績は決して小さくない」と評価している（『1億人の昭和史　日本の戦史』）。

ただ、「華僑」については、「英、米、仏、蘭人等と結託して経済上の力を増し今では南洋全部で五百万近くまで殖えている［中略］彼等の大部は民族意識も国家観念もなく唯《ただ》儲ける以外に道楽はない状態になっている事である。従って東洋民族としての観念的な自覚を促したり利益の伴わない事に彼等の協力を期待するのは難しい事と予期しなければならぬ」と書いており、ほかの現地人に比べ、辛辣な評価を与えている。

台湾での経験により、陸軍では数少ない南方通となった辻は、1941年（昭和16年）7月、参謀本部作戦課の兵站班長として着任する。作戦課長は、ノモンハン以来の組み合わせとなる「兄」服部卓四郎だった。まるで時が辻を待っていたかのような巡り合わせである。そして、まさにこの月、日本軍は南部仏印（フランス領インドシナ）進駐を開始する。アメリカは即座に反発し、在米日本人の資産を凍結する。8月1日には、石油の全面輸出禁止が発令され、いよいよ日本は追い詰められていく。

8月23日以降、服部のもとで辻が中心となって南方作戦の図上研究を行った。作戦課員たちは課内に泊まり込み、数日にわたってほとんど不眠不休の状態で、ほかの幕僚が3、4時間程度の睡眠を取る中、辻はそれより少ない睡眠時間で作戦計画を考えた。当時、作戦課員だった高山信武は、辻と隣り合わせで寝ており、この時の辻の様子を記憶している。

深夜遅れて寝に就いた辻が俄然起き上がり、再び地図を睨んで案を練る姿を見かけたことも少《すくな》しとしなかった。疲れを知らぬ男、仕事に命を賭ける男の姿をまざまざと目撃した。この天稟《てんぴん》の英智に加えるに無類の体力と気力、そして逞しい積極進取の性格が自己体内に自信となって充満し、国家の興亡を賭けての国策を議する場でも、勝敗への不安など微塵《みじん》も脳裡《のうり》に浮かばないのであろう。（高山信武『服部卓四郎と辻政信』）

辻の肖像写真。撮影日は不明だが、中佐時代（1940～43年）と推定される

この研究で、辻は仏印とタイを足場に、陸軍の重点をマレー半島方面に置き、シンガポール攻略に最大限の力を用いることを主張した。イギリスの東南アジア支配の軍事拠点であるシンガポールを陥落させれば、イギリスは極東の拠点を失い、日本軍としても南太平洋の西側を完全に制することができる。しかも、シンガポー

ルは東南アジアにおける経済・金融の重要拠点であった。

シンガポール陥落にかけることができる時間は、そう長くなかった。早急にジャワ、スマトラの南岸一帯を占領し、米英に反撃の拠点である飛行場を作らせないことが、南方作戦を成功に導く絶対条件だった（伊藤正徳『帝国陸軍の最後』）。

シンガポール攻略法として、辻は開戦前に密かに敵地に近づき、一挙に上陸し拠点を占めるという奇襲作戦を提言した。同期で航空班長の久門有文は、敵に発見されることなく上陸地点まで接近することの危険性を訴え、事前に航空機によって地上部隊を叩いてから上陸すべきとの慎重論を唱えた。しかし、辻は積極論を押し通し、譲らなかった。

果敢な攻撃精神を貴ぶ軍の中にあっては、積極論に真っ向から反対をすることは難しい。むろん、慎重な幕僚たちはいた。高山もまた「いかにして勝つべきかに熱中している間に、なんとなく日米開戦の流れの中に引き込まれ、戦争は必至であり、なんとしても勝たねばならぬという雰囲気に巻き込まれる傾向もなしとしなかった」（高山『服部卓四郎と辻政信』）と回想している。

その雰囲気に影響を与えたのは辻であった。辻が発する溢れんばかりの確信と迫力はほかの課員たちを圧倒し、作戦課を牽引していった。

辻は開戦直前の9月、開戦時に最重要拠点となる第二十五軍の作戦主任参謀に抜擢される。第二十五軍で辻の上官となる池谷半二郎《いけたにはんじろう》高級参謀によると「自分が辻を部下につけるよう希望した」（池谷『ある作戦参謀の回想手記』）とされる一方、高山によれば、辻自らが希望しての人事ということになる（高山『服部卓四郎と辻政信』）。

出発の当日、作戦室に高山を呼んだ辻は、こう言って叱咤激励した。「必勝の信念をもって戦さに臨む……これが戦さの大原則だ」（同前）。

翌朝、辻は小さなトランク一つを持って家を出た。辻は後年、「妻や子供達は、行先きさえも知らされないで、何処《どこか》にか旅行でもするものとばかり考えているらしい。玄関に父を送り出す無心の子供等の顔が永く眼に残った」（『シンガポール』）と回想している。辻のよくやる、家族に悟られずに家を出て行くパターンである。だが、今回ばかりはさすがに、家族がただの旅行と思ったというのは無理がある。国家の命運をかけた戦である。何より辻自身、「永久の訣《わか》れとなるだろう」（同前）という、悲壮な覚悟を秘めての出立であった。

そしていよいよ迫り来るマレー作戦は、辻の名声を「作戦の神様」へと高めた会心の〝作品〟となる。

マレー作戦

著名な軍事評論家である伊藤正徳《まさのり》が１９５９年に発表した『帝国陸軍の最後』で「大東亜戦争の初期に咲いた菊花の大輪であったと書いても、決して誉め過ぎにはならない」と書いたシンガポール攻略戦。第二十五軍は山下奉文中将を軍司令官に、鈴木宗作《そうさく》中将を軍参謀長に、当時全軍51師団のうち3個しかなかった機械化師団の近衛師団、第五師団に加え、第十八師団を合わせた3個師団を基幹として編成され、仏印の首都・サイゴンで作戦準備を進めた。

長年、北方作戦に専念していた陸軍は、南方作戦に向けた準備を１９４１年（昭和16年）春から進めていたが、政府の大方針は日米戦争の回避であり、実際の準備に取りかかったのはもっと遅かった。前述のように、作戦計画の図上研究に取りかかったのが8月下旬で、実行されたのは12月だから、ほぼ直前といっていい。

それにもかかわらず、約1000キロの半島を縦断し、わずか75日でシンガポール要塞を攻略できるとは、いかに強気の参謀たちでも予想することはできなかった。故に伊藤は「このような戦闘進軍のスピードは、世界のレコードといっていい」と賛辞を惜しまない（同前）。

1941年（昭和16年）12月8日未明、日本時間午前1時30分、マレー半島の北東海岸コタバル沖海上の輸送船団から日本軍の奇襲上陸部隊が出撃した。海岸のイギリス軍との間で戦闘が開始され、午前2時15分から上陸が開始された。海軍機動部隊がハワイの真珠湾攻撃を開始したのは、それより1時間も後の午前3時20分だった。すなわち、日本陸軍のマレー作戦によって、対米英開戦の幕は切って落とされたことになる。

シンガポール島は、南はマラッカ海峡、他の3面はジョホール水道に面していた。シンガポールの海正面が主砲で防備され堅固にあるのに対し、3面の防備は手薄であった。それはつまり、敵がマレー半島を南下してシンガポール島に迫るという攻撃をほとんど想定していなかったことを示している。だが、そう考えたのも無理はない。日本軍が進駐可能とされたタイ国境からシンガポールまでは約1000キロもあり、途中の道には橋が約

250本もかかっている。何より、舗装道路は一本南北に走っているだけで、その周囲はゴム林のジャングルに覆われている。仮にこの広大な半島を南下してきたとしても防御は容易で、イギリスは「越し得ない密林」と呼び、天然の要害と認めていたからだ(同前)。

そこに、日本陸軍のつけいる隙があった。

作戦を練る上で辻を悩ませていたのは、飛行場の整備だった。敵空海軍の攻撃を受ける危険がある中で、兵員の海上輸送を行ってコタバルから一挙に上陸させるには、南部仏印で船団の上空を援護するための戦闘機が十分に活動できる飛行場が必要だった。

しかし、これは航空参謀の職域であり、必ずしも思い通りにはいかない。そこで辻は、航空参謀が東京へ出張している隙に行動に移す。小型飛行機に乗って視察を行い、その適任地がタイランド湾に浮かぶ仏印のフコク(フーコック)島であることを確認すると、フランス側の承認を得ることなく、独断で2000人の作業員を動員し、ただちに飛行場を急造した。紛れもない越権行為であるが、この一件について辻は後年、「勝敗を決することの仕事は、怨まれても、罰せられても、一人で全責任を負うて強行し、そのために起る非難は甘んじて受けようと覚悟を定めた」と書いている(『シンガポール』)。そして、武運に恵まれた辻らしく、結果としてフコク島の飛行場は、後の上陸作戦で大きな役割を果たすことになる。

徹底的な奇襲戦略を重視する辻は現地での入念な潜入偵察の結果、第五師団の主力をタイのシンゴラ、パタニに奇襲上陸させると同時に、第十八師団の一部を持ってコタバルにも上陸させ、一挙に南下し、シンガポールの背面を衝くという計画を立てる。

正攻法であれば、まず航空撃滅戦を行って制空権を確保しつつ、次いで先遣隊が上陸して制圧地域を広げ、続いて軍主力の上陸といった順序を取る。辻の作戦は言わば奇策であった。予想通り、船団護衛を担当する海軍は、この作戦に難色を示した。上陸の前に、輸送船団や護衛艦隊が空や海からの敵攻撃を受ける危険性があるというのである。

海軍は、シンゴラ、パタニの上陸までは一応同意したが、コタバル上陸については最後まで抵抗した。シンゴラ、パタニから上陸させてから、その援護のもとでコタバルにも上陸させるという定石に従った慎重論を取った。何といってもコタバルはほかの上陸地点と異なってイギリス領で、しかもイギリス軍の戦闘機が待機していると思われる有力な飛行場にも近い。そんな場所への上陸を強行するのは、海軍としても責任を持てなかった。

そこで辻は司令部偵察機に搭乗して、サイゴン飛行場を飛び立ち、上空2万メートルからシンゴラ、パタニ、コタバルの3地点の相関関係を視察する。コタバルの位置を確かめた辻はこう語る。「まさしく、シンゴラの脇腹に匕首《あいくち》を擬《ぎ》しているようだ」(『シンガポール』)。シンゴラ、パタニの上陸作戦を成功させるためにも、コタバルに同時に一部部隊を上陸させることの必要性を確信し、改めて参謀本部に奇襲戦略案を具申した。

一方、海軍では、陸軍の強硬な要請に加え、船団護衛を担当する南遣艦隊司令長官の小沢治三郎《じさぶろう》中将が、コタバルを含む同時上陸案に理解を示し、実行へと移されることが決まった。

この時のことを辻は回想している。

アンペラ［筵］の上に、夜もなく、昼もなく、酒を断ち、煙草もやめて神に誓った。本能を、煩悩を持つ人間が、そこにはもはや、生もなく、死もなく、況《いわ》んや色欲もなく、口欲もなかった。ただ

「勝とう。勝たねばならぬ」

との一心だけがあった。（同前）

辻の必勝の信念は、ここでも他を圧倒していたと言える。

第二十五軍の高級参謀だった池谷大佐が記した『ある作戦参謀の回想手記』によれば、開戦前の11月14日、軍参謀長の鈴木宗作中将が参謀らを集め、シンガポール攻略の作戦について、正式な発表を行った。そして、この作戦準備が部外に漏れないようにと、絶対口外しないという誓約をした。34人が署名した誓約書には、こう書かれていた。

本十一月十四日、軍参謀長より口達せられたる事項に関しては、寸言と雖《いえど》も口外せず。身を以《もっ》て機密を厳守し、万一之《これ》に違反したる場合は、銃殺又は切腹を以て其《そ》の責任を問わるべきことを誓約す。

署名者の中には辻も名を連ね、意志の強さを感じる墨痕鮮やかな字で氏名を記している。

11月26日、軍司令部はサイゴンを発ち、海南島の三亜《さんあ》に転進する。12月4日早朝、軍司令部と第五師団を主体とした輸送船団は、海南島三亜港を出港、8日午前2時に、予定通りシンゴラ泊地で碇を降ろした。

第五師団に随行した辻は、午前4時、波の飛沫を浴びながら、シンゴラに上陸する。この時の心境を辻は、「まさに民族百年の運命を決する首途《かどで》である。『矢はかくして弦を離れた』」（『シンガポール』）と興奮気味に記している。指揮権を持たない参謀ではあるが、辻は部隊の先頭に立ち、前進を督戦しながら、敵を追撃していった。

開戦2日後には、海軍の攻撃機がイギリス東洋艦隊の主力、戦艦プリンス・オブ・ウェールズを撃沈。制海権を取り、作戦を優位に進めた。

3か月間は日本軍を食い止めるだろうとされたジットラ・ラインの陣地を、わずか十数時間で突破するという破竹の勢い。日本軍は自転車を連ねて進む「銀輪部隊」で、快進撃を続ける。

とっくにパンクした自転車をがたつかせ、真黒に日焼けして進む第二十五軍の兵は、薄汚れた半袖の防暑服、あるいは途中で徴発したハデなシャツなど、思い思いのスタイルで南下した。［中略］だが、スタイルはどうあれ、第二十五軍は勝者であり、道路に立つ「シンガポールまで〇マイル」の里程標をすぎるたびに、その戦意は高まり、歩幅は広がった。（児島襄『史説　山下奉文』）

約1か月後の翌1942年（昭和17年）1月11日、日本軍は首都クアラルンプールを占領、1月31日には早くもマレー半島最南端のジョホールバルを占領した。

シンガポールを眼下に見下ろすジョホールバル北岸の高地に立ち、辻は作戦計画をいま一度練り直した。ここでも辻の作戦思想の核は、即時攻撃であった。大要塞攻略のため準備期間を設けることを主張する幕僚の意見を退け、辻は早期攻撃を主張。辻の狙いは、紀元節の2月11日までの攻略だった。

2月8日深夜、ジョホール水道を渡り、シンガポール島の攻略作戦が開始された。イギリス軍も最後の抵抗を見せ、日本軍も弾薬が尽き始めたが、まさに命脈をつなぐ島の水源地を日本軍が占領し、7日後の2月15日午後、イギリス軍はついに白旗を揚げて降伏した。

「作戦の神様」の光と影

戦いの成果は、大々的に新聞で報道された。辻は参謀本部作戦課に復帰し、作戦班長となっていたが、マレー作戦を成功に導いた「マレー軍作戦主任参謀」として紙面に登場する。1942年（昭和17年）4月8日付朝日新聞の一面、三面を全面に使った談話が掲載されている。そのリードの一部を書き出す。

今日までの一連の突破作戦のなかにあって英国が百年鉄の防衛を建設したといわれるマレー一一〇〇キロの突破作戦と、シンガポール攻略戦はその胸のすくような豪快さと緻密さをもってわけても国民の琴線にふれるものがあるが、この作戦を現地第一線にあって指揮しこの程《ほど》帰京したマレー軍の作戦主任〇〇参謀は当時の感激を回想しつつ、七日次のようなマレー血戦の談話を行った。淡々として作戦の経過を語りつつも、そこに盛らるるものは、最高指揮官山下奉文中将以下全軍に横溢《おういつ》する大和魂の顕現であり、果敢なる戦闘精神発露の姿である。小部隊をもって敵の堅塁を突き破り世界のいずれの民族もかつて樹立し得なかった新らしい戦争が凄絶なる精神力と大和民族の血をもって綴《つづ》られたのがこの作戦である。世界はこの作戦を通して戦う神国日本軍の真の姿を知るべきであり、このマレー血戦記こそは切々として全国民の胸奥に迫り、今日の大詔奉戴日《たいしょうほうたいび》［毎月8日の戦意高揚日］に当《あた》り更《さら》に改めて征戦完遂の誓いを固くせしめるものである。

繰り返すが、この「作戦主任○○参謀」が辻のことである。作戦上秘匿とされている部隊名は「○○」と伏せ字になっているものの、海軍との連携や、戦闘の様子を詳細に語っている。リードにあるように、比較的淡々と語ってはいるが、時折、「とにかく一歩でも一米《メートル》でもよいから突進して、［中略］馬車馬のように敵中を突破してしまえ、あっーという間に突進してしまえ」と辻らしい昂ぶった表現も入る。

この談話のハイライトは、第十八師団の牟田口廉也《むたぐちれんや》師団長の場面だ。第一線に出ると主張する牟田口師団長を、辻が押しとどめる。牟田口は、辻にこう心中を告白する。

決して督戦などというケチな考えで一線に出るのではないし、また俺の部下は俺の一線進出を知って督戦に来たなどという水臭い気持ちや考えを持つものは誰一人おらぬ。恐らく今夜、部下の連隊は軍旗を先頭に決死の突撃をやるだろう。そうすれば連隊長、大隊長はじめ部隊将兵の多くが戦死をするに違いない。俺は部下将兵が戦死する前に一目会って手を握って、そして立派に戦死さしてやりたい。

そう言うと、牟田口は「ポロリ」と涙を流したという。牟田口にこう言われた辻は、「送るもの、征くもの、死生は固《もと》より論ずるところではない。しかしこれこそ本当の武人の情であろう。私は涙が流れてしようがなかったが、勇然と嬉しさが胸に満ち満ちた」と感涙に噎《むせ》ぶ。まるで浪花節のような場面となっている。

同様の記事は読売新聞や毎日新聞にも掲載されている。毎日新聞は4月8日付朝刊で1面と2面、読売新聞は、始まりは同じ4月8日付朝刊だが、1日2回ずつ1面と2面で2日間にわたり掲載している。

読売新聞は「事実は小説より奇なりというがまさに想像を超えた驚くべき奇蹟ばかり

だ」と読者を惹き付け、この戦いを「神兵のみのなすところだ」と持ち上げた。

毎日新聞は「マレー上陸部隊とともにシンゴラに上陸、新嘉坡《シンガポール》陥落まで第一線将兵と生死をともにしつつ大機動作戦を指導し彼の不滅の大戦果をもたらしてこのほど帰還したマレー方面作戦主任参謀が陸軍省で語ったマレー作戦、新嘉坡要塞攻略の実相である」と、辻が陸軍省で記者を集めて語ったという朝日、読売にはない舞台裏を伝えている。

辻の談話が新聞に掲載されると、文化人たちも即座に反応した。1か月後に刊行された『文藝』では、「マレー作戦報告を読んで」という特集を組み、25人の文化人が記事に対する感想をアンケート形式で載せている。たとえば、小説家の上林暁《かんばやしあかつき》は「マレー軍作戦主任参謀談は近来最も感銘深い大文学と思いました。作戦の大局が一読判然いたすと共に、随所を彩る忠烈な挿話に感動しました」と感想を寄せた。また、仏文学者の河盛好蔵《かわもりよしぞう》は「不謹慎のお咎めを受けるかもしれませんが、『マレー作戦報告』を読んだとき、正義の戦いというものは実に面白いものだ、素晴らしいものだというのが正直な最初の感想でありました」と興奮さめやらぬ様子で書き、その後も「皇軍」の戦いを絶賛している。

しかし、赫奕《かくえき》たる戦果を挙げ、称賛を浴びるように受けていた辻であったが、批判もあった。海軍の軍人だった高松宮宣仁親王《たかまつのみやのぶひと》は、新聞に辻の談話が掲載されたその日の日記に、辛辣な批判を書き記している。

新聞に馬来《マレー》作戦の記事、辻作戦主任参謀の記す処《ところ》と思われるもの二頁《ページ》にわたり出たり。中に作戦主任が独りで作戦をきり廻す、司令官等は「ロボット」なりと云わぬばかりの書き振りなり。又海軍との協定の経過其《そ》の他作戦の決定に対する過ぎたる曝露的記事あり［中略］軍の神様と愛称せらるる辻中佐にして記する記事とすれば、下剋上を是認する不純なる統率の陸軍に於ける病こうもうに入っているとでも云うべきか。自分の手柄話であり、一般の人気取りである。

確かに、辻の談話を載せた新聞記事は、先述した通り、かなり詳しく戦闘の様子や海軍とのやり取りについて書いており、高松宮の懸念ももっともと思われる。また、辻一人の手柄話であるかのような書きぶりにも、高松宮は不満だったようだ。

そして日記にあるように、すでにこの頃には、高松宮の周辺でも辻を「作戦（日記では

「軍」）の神様」としてもてはやす雰囲気があったということが分かる。

朝日新聞の記者としてマレー作戦に従軍した長生俊良《ながおとしろう》は、戦場での辻の姿を醒めた目で見ていた。たとえば「ひきつった顔を真赤にして、作戦行動の大要について説明、というより大演説をぶちまくっているのを、わたしは物陰から聞いた」と皮肉っぽく書く（『ジャーナリストの証言　昭和の戦争3』）。

辻は第五師団に随行し、作戦指導をしていた1月2日、クアラテーパンという貧しい集落に戦闘司令所を開設した。長生は、そこに前線から帰ってきた辻が、軍司令部に電話で「前線の作戦指導は小生に一任されていると考えているが、軍の方針は前線部隊の意図に反するものである。今日限り軍の作戦主任参謀を辞めさせてもらいます」と激烈極まる調子で話しているのを目撃した。長生はこう回想する。

わたしは、ひきつったようなこの人の顔を眺めながら、兵隊仲間がひそひそと語る風評もまんざらではないのだと思った。一部将兵には〝作戦の神様〟といった信仰が定着していたのも事実だが、最前線の中隊あたりまで出掛けての督戦の奥の手には

〝恩賜のタバコ〟と〝恩賜の酒〟だというのである。（同前）

長生が記憶しているこの辻の行為については、第二十五軍司令官の山下中将も、1月3日の日記に、辻への鋭い批判として書き記している。

辻中佐第一線より帰り私見を述べ、色々の言ありしと云う。此《この》男、矢張《やは》り我意強く、小才に長じ、所謂《いわゆる》こすき男にして、国家の大をなすに足らざる小人なり。使用上注意すべき男也（児島『史説　山下奉文』）

辻の生涯は、光の強さが影の存在をなきものにするような時がしばらく続いた。マレー作戦の成功もまさにまばゆく輝く光であった。光があまりに強い時、影もまた陰鬱の色を濃くする。

華僑虐殺の真相

シンガポール攻略後、日本軍は華僑の弾圧を行った。華僑はシンガポールの経済的支配者であった。辻が台湾軍にいた時に作成した手引書『これだけ読めば戦は勝てる』でも、華僑について厳しい見方をしていたことはすでに述べたが、そこでは、重慶にある蔣介石の国民党政府に軍資金を貢いでいるとし、その協力は期待できないと記されていた。

華僑に対する警戒心は、辻だけではなく、シンガポールの制圧に関わった軍人たちには共通の認識だった。陥落後、市内の警備にあたった憲兵隊長の大西覚《さとる》も、シンガポール陥落前には、華僑の義勇軍があり、イギリス側に協力していたと記している（大西覚『秘録昭南華僑粛清事件』）。彼らが共産党や抗日分子と連携し、蹶起《けっき》する恐れはないとはいえなかった。

また、第二十五軍は、シンガポール攻略後、近衛師団はスマトラ作戦に、第十八師団はビルマ作戦へ転用されるなどしたため、シンガポール島内の警備兵力は憲兵を中心とした昭南警備隊だけという極めて手薄な陣容となっていた。したがって軍として占領後、華僑の不逞分子らの掃討作戦を命じたことは、杞憂だったとは言い切れない（同前）。

しかし、問題はそのやり方にあった。日本軍は、十分な取り調べをすることなく、厳重処分にした。厳重処分とは、満州事変以降、日本軍が敵地で逮捕した不逞分子を軍律会議にかけずに行った処刑を意味しており、同じようなことをシンガポールでも行ったことになる。

警備隊による検問は、2月21日から23日の3日間行われた。ただ、粛清は、2月中旬から3月初めにかけて行われたとされ、死者数はシンガポールでは4万人、あるいは5万人と言われ、この問題について長年研究してきた林博史によれば、少なくとも、5000人が犠牲になったと考えられているという（林博史『シンガポール華僑粛清』）。

粛清直後の3月に、軍政要員としてシンガポールに着任した憲兵大佐の大谷敬二郎《けいじろう》は、前月の20日頃から行方不明となった父や子、兄弟を捜し求める華僑たちが、毎日のように軍政部を訪れていたと回想している。それらは、この粛清の犠牲者であったという（大谷『憲兵』）。

また、大谷は着任2、3日後に、憲兵隊で辻によるマレー作戦の講話を聴いている。辻は華僑の粛清について「シンガポールで約六、七千、ジョホールで約四、五千名は処刑したであろう」と語ったという（大谷『陸軍80年』）。辻の発言の通りならば、少なくとも1

万人の華僑が粛清されたことになる。

大本営派遣の陸軍報道班員としてマレーに滞在した松本直治《なおじ》は、華僑が次々に殺害される場面を目撃したと証言している（『大本営派遣の記者たち』）。

さらに、市内警備の責任者である昭南警備隊の河村参郎《さぶろう》中将は、戦後、華僑殺害を指揮したとしてイギリスの戦犯となり、刑死している。河村の遺著『十三階段を上る』によれば、第二十五軍の山下軍司令官から「最も速やかに市内の掃蕩《そうとう》作戦を実施し、これらの敵性華僑を剔出《てきしゅつ》処断」するようにとの命を受けている。さらに、鈴木参謀長からも「敵性と断じたものは、即時厳重処分せよ」との指示を受ける。

即時処分に驚いた河村が再度質問をするが、鈴木からは、「命令通り実行を望む」と言い置かれた。こうなると、軍人である以上、反論はできない。河村は「軍人たる以上つつしんで本命令を拝受し、それを実行するよりほかなく、また、その通りに実行したのである」となるしかなかった。

大西の証言によると、辻は各検問所を廻り、指導していたという。大西がいる検問所にやってきた辻が「容疑者を何名選別したか」と聞くので、大西が「只今のところ七十名であります」と答えると、「何をぐずぐずしているのか。俺はシンガポールの人口を半分にしようと思っているのだ」と大声で叱咤したという（大西『秘録昭南華僑粛清事件』）。

大谷や大西ら当時、現地にいた憲兵たちのこれらの回想では、華僑粛清を主導したのは辻ということになる。大谷や大西は、実際に辻の口から華僑の殺害について述べられた言葉を聞いているだけに一定の説得力を持つ。林も「華僑粛清をリードした人物であったことは間違いないだろう」と述べている。

また、参謀として現地で辻と共に行動すること多かった朝枝繁春《あさえだしげはる》は、華僑の殺害について戦後、半藤一利のインタビューにこう答えている。

この仕事は、作戦主任の辻参謀の責任だからというので、私もアシスタントとして方々を見て歩いたら、驚いたことに、広場なんかに華僑の青年が黒山のように集められ、一列にならんで首実検をされている。言葉のわからん補助憲兵なんかがロクに尋問もせず、経歴も調べず、人相のいい悪いで華僑の品定めをしているじゃありませんか。［中略］こういうお粗末なことをやっていると問題が起こるんじゃないか、と大変に心配した。そしたら案の定、ああいうことが起ってしまった。銃殺して海へ流したりした。［中略］せっかくの大作戦成功のあとだっただけに、九仞《きゅうじん》の功を一簣《いっき》に欠いた［長い間の努力も最後の少しの過失からだめになってしまうこと］うらみはある。本当に残念なことであったと、痛恨の想いのみが残っているのです。（半藤『日本参謀論』）

この問題について、辻自身はどう考えていたのか。

戦後の1956年（昭和31年）、『週刊新潮』7月13日増大号で反論を掲載している。自身が粛清を指示したかどうかは明言していないが、自身が関わったこと、殺害行為自体があったことは否定していない。

限られた憲兵の実力だけで、平時のように一人一人を丹念に調査して裁判する余裕のなかったことは残念でした。そこに多少罪の軽い華僑も処断されたことはないとは申されません。それをさも鬼畜のように何ら罪のない華僑を大量に虐殺したかに宣伝したのは終戦後のことであります。［中略］辻参謀が一人でやったと言われますが、山下将軍は私の起案した命令に盲判を押すようなロボットではなかったはずであり、また、当時の全般的な戦況から、そうせざるを得なかったものでもあります。［中略］問題は、作戦行動か平時の行動かということです。作戦行動のときは、敵の兵力をたたくことが目的になります。華僑の処刑もその一つでした。彼らは抗日運動を続け、我れに対して武力をもってかかってきました。これを掃蕩することは作戦行動になります。決して平時の占領行政ではありません。

最後に、マレー作戦で共に戦った池谷半二郎の辻評を見てみたい。自著『ある作戦参謀の回想手記』で、当時の辻についてこう絶賛している。

勇敢の一語に尽き、戦機を看破する眼は非凡であった。［中略］マレイ作戦が、超スピード作戦として大成功を収めた原因の一つに、辻主任参謀ほか、若手作戦参謀の陣頭指揮と、辻君の逞ましい牽引力とを数え上げても、誤りではなかろう。辻君とは、武運の強い不死身の男であり、戦さが、好きで好きでたまらない男でもある。戦さの駆け引きとか、戦機の看破は、正に堂に入ったもので［中略］師団の作戦参謀としてはうってつけの人才である。

しかし、上司として辻の考課表を書かされた時、池谷は驚いた。歴代の考課表には、「将来、国軍の至宝たり得る人物である」と最上級の賛辞を寄せた東條英機のような意見から、「協調性に欠け、自我が強烈で、将来、中央部の要職には、絶対に充用してはならない」と酷評した青木重誠《しげまさ》漢口第十一軍参謀長の見方まで、評価が極端に分かれていたからだ。

金沢の第七連隊時代から、10年以上の付き合いがあり、辻の陸大受験時には口頭試問の模擬テストの相手もした池谷は、「どちらも、正しく、辻君の持つ一面を観察しておるのである。辻君とは、そんな毀誉褒貶、相半ばする人物であって、辻心酔者が、ここに百人あるかと思えば、彼を憎悪する人も、そこに百人あるという人物なのである」と極めて冷静に見る。その上で池谷は、辻とは「治世の能臣、乱世の奸雄」なのではないか、と述べている。
戦争は「奸雄」を生む。何より陸軍は、そして戦場は、まだ辻を必要としていた。

再び最前線へ

参謀本部の作戦班長となった辻であったが、その席を温める間もないほど、その姿は常に戦いの最前線にあった。まず向かったのは、戦果がはかばかしくないフィリピン戦線だった。ここで辻は現地指導を行い、フィリピン最大の島ルソン島中西部のバターン半島が日本軍の手に落ちた。ただ、話はそこで終わらない。1942年（昭和17年）4月9日以降、戦線各所から7万人のアメリカ兵が投降し、捕虜となった。日本軍が予想もしなかった数だった。その捕虜の虐殺を辻が指示したという話を、大谷敬二郎が『戦争犯罪』の中で書いており、一般にもそう言われることが多い。

バターン半島の攻撃に参加した連隊長の一人、今井武夫大佐も著書『日中和平工作』の中で記している。今井は、米軍降伏直後のある日、兵団司令部からの直通電話を受ける。その内容に今井は驚愕する。

「米比軍の投降者はまだ正式に捕虜として容認されていないから、各部隊は手許にいる米比軍投降者を一律に射殺すべし」という大本営命令の伝達であった。戦闘間の命令は、軍人として事の如何を問わず、絶対服従だが、この命令に関しては「人間として何としても聴従しかね、又常識としても普通の正義感では考えられぬこと」とのみ感じられた。

そこで、今井は「正規の筆記命令で伝達」するようにと答え、捕虜の殺害を行わなかった。筆記命令が今井のもとに届くことはなく、今井が捕虜を殺害することもなかった。

戦後になり、今井は別の参謀から、辻がこの命令を口頭で伝達して歩いたもので、「某部隊では従軍中の台湾高砂族を指揮して、米比軍将校多数を殺戮した者」がいることを聞き、「アブノーマルな戦場とはいいながら、なお其《そ》の異常に興奮した心理を生む行動に、慄然とした」と書いている。今井は、辻が関わったことに疑いを持っていないようだ。

果たして、辻の関与はあったのか。やはり、辻の言い分を聞かないのはフェアとは言えない。再び、1956年（昭和31年）の『週刊新潮』7月13日増大号による。

第一線とともに進んでいたとき、見慣れぬ兵隊が四、五十人いました。［中略］私は不用意に「お前たちは台湾の生蛮人《せいばん》か!?」と申しますと、彼らは非常に憤慨して答えました「生蛮ではありません。高砂《たかさご》義勇隊です」「悪かった」とわびながら、この一部隊とともに敵弾を冒して進む途中、谷底にアメリカ軍の集団が発見されました。それを見つけた高砂義勇軍が「参謀殿、アレを攻撃させて下さい」と申し出る。全く混戦中のできごとでした。「よし」黙ってうなずくと猟犬のような速さで谷底に突撃して行きました。たちまち修羅場があらわれ、この義勇軍は蛮刀をふるって、米軍を全滅させたようです。これが死の行進の実相でした。

今井らの証言は戦闘が終わった後で行われたとされているが、辻の話は、混戦中のこととなっている。今井が後に聞いたという話にも高砂族が出てくるが、同一の話のことなのか、確認することはできない。

同じ頃、フィリピン中部のセブ島を占領していた川口清健《きよたけ》少将率いる川口支隊が、最高裁判所長官の要職にあったホセ・サントスを捕らえた。サントスの人格や能力を高く評価した川口はサントスを日本の軍政に参画させようと、マニラの軍司令部に連絡を取った。

しかし、軍司令部からは「現地において家族とも処刑せよ」との命令が届く。命令ならばやむなしと川口はサントスを処刑したが、その子息だけは何とか助命することができた。

田々宮英太郎によれば、このサントス殺害にも辻が関与しているというのだ。川口から連絡をもらった軍司令部ではサントスの処遇について逡巡していたが、それを叱咤し、処刑の決心を固めさせたのが辻だという（田々宮英太郎『参謀辻政信・伝奇』）。

この件について辻は、戦後の証言では、サントスという名前さえ知らなかったと、前提となる事実の存在さえ否定している。これまでのシンガポールやバターンでの殺害への関与を釈明した時とは明らかに違っている。

マレー作戦で「作戦の神様」となった辻の神通力は、フィリピン戦線に参戦するあたりまではまだ通用した。それが効かなくなるのは、何も辻の能力の問題ではない。日本軍自体が、物量で圧倒する米軍に対し、明らかに劣勢に立たされていくのだ。特に、1942年（昭和17年）6月のミッドウェー海戦によって、連合艦隊が壊滅的被害を受けて以降、日本軍は坂道を転げ落ちるように、敗北を重ねる。制海権と制空権を奪われた中で、太平洋上の島々に兵や物資を輸送することすら困難になっていった。

このような状況下では、参謀の持つ卓越した戦術ではなく、全体の戦略の見直しが必要となっていた。そんな中でも、辻が行ったことはただひたすら良き作戦を考案し、第一線に立ち続けることであった。しかし、局地戦では勝利へと導くことができても、日本の劣勢を跳ね返すことはできなかった。

ガダルカナルの死闘

米軍が西太平洋ソロモン諸島のガダルカナル島に上陸を始めたのは1942年(昭和17年)8月7日だった。さらに翌1943年2月、この戦場で2万人近い死者を出す激戦の末、日本軍は撤退を決める。だが、この時はまさかこの戦いが太平洋戦争の天王山と呼ばれるようになるとは、日本側は考えていなかった。1942年7月から海軍が飛行場を作るため、設営隊を上陸させていた。そこへ米軍が上陸してきた。米軍上陸の一報が参謀本部に入った時、作戦課では即座にガダルカナルの場所を分かる参謀がいなかったという。

戦後、ガダルカナルの戦闘に関わった参謀たちが集まった座談会で、当時、参謀本部作戦課の課員だった瀬島龍三《りゅうぞう》は、この話を事実であると認め、「たとえば私自身、どこにあるか分らず、まず海図で探してみたもんです。ガダルカナル島に三、四千人の海軍の設営隊が行って、飛行場を作っていたのを、陸軍中央が知らなかったというのは事実です」と語っている（『増刊　歴史と人物』1981年9月10日）。

瞬く間に島が2万人の米海兵隊によって占領されても、日本軍はこれを米軍の本格的な攻勢とは理解しなかった。英米の反攻は、同年後半になると予想していたからだ。

しかし、この米軍のガダルカナル島上陸は本格的反攻だった。米軍は、ガダルカナル島を日本本土攻勢の橋頭堡とすべく飛行場を設営、航空機や戦車を運び込み、着々と準備を進めていた。この認識の齟齬《そご》を生んだ理由として、ミッドウェー海戦で海軍の機動部隊主力が壊滅したという情報が、海軍と陸軍との間で上層部の一部の人間を除き、共有されていなかったことを挙げる人は多い。

先ほどの座談会でも、瀬島は「わたしもミッドウェー海戦がうまくいかなかったことは分かっていましたね。だけど何隻沈んだ、どの空母とどの空母が沈んだということまでは、私は知らなかった」と話している。

戦局への甘い見通しは、ガダルカナル島に上陸した米兵の戦力をも見誤らせる。兵力は

2000人から3000人程度と見積もり、一木清直《いちききよなお》大佐率いる一木支隊約2000人を島に向かわせる。だが、実際に上陸できたのは、900人ほどだった。一木支隊はわずか3日で全滅。ここから陸軍は用兵上の悪手である逐次投入を続ける。

次に送られたのが、川口清健少将率いる川口支隊であった。ボルネオなどで武勲を挙げた川口支隊であったが、この攻撃は失敗に終わる。そこで参謀本部は、ジャワに駐在する丸山政男中将の第二師団を、第十七軍に編入し、ガダルカナル島に向かわせる決断をする。辻はさらに、陸軍航空の投入を主張する。しかし、これはガダルカナル島奪還作戦に疑問を感じていた航空班長の久門有文大佐によって拒絶される。かつて辻の故郷、今立で一夏をともに過ごした陸士の同期生だった久門大佐は、この直後の10月6日、択捉《えとろふ》島付近で戦死している（『戦史叢書　大本営陸軍部5』）。

当時、参謀本部作戦課に在籍した高山信武は、ミッドウェー海戦での敗北によって制空、制海権を奪われている中での2師団投入を危惧し、作戦班長だった辻に意見具申している。それに対して、辻は一木支隊、川口支隊の残存兵を見殺しにすることはできないと述べ、さらに「作戦は他の何物よりも優先する。戦いに敗れたらすべては終わりだ。それに戦いには機というものがある。今やまさに戦機だ。目前の戦機を逸して、なにが国力だ。貴様は作戦課参謀として、まず勝つことを考えよ」と一喝した。溢れ出る攻撃精神の前に、高山は沈黙するしかなかった（高山『服部卓四郎と辻政信』）。

部下に大言壮語するだけではない。辻自身もその身をガダルカナルの前線に置くべく、行動に移す。現地指導を命じられた翌日にはもう羽田から発っている。この時のことを辻は後年こう書いている。

父の帰りを待ち切れずに眠っている子供たちの寝顔をのぞきながら、出動の準備を整え、眼を覚まさないように翌朝早く家を出た。行く先もつげずに軍装して出る夫を、玄関でだまって見送る妻の顔には、過去十数年いく度か繰返された緊張忍苦の表情があった。ことさらに笑って出る心のなかを見透かされたようにさえ感ずる。（『ガダルカナル』）

軍人が家庭で、軍機に関わることを話さなかったというのはよく聞く話ではあるが、それにしても、辻の家族の心中や如何ばかりかと思わずにはいられない。

台湾、マニラなどを経て、9月下旬には第十七軍が駐屯するラバウルへ到着、間を置かずガダルカナル島へ向かう。

参謀本部の期待も大きかった。そこは開戦以来、数々の戦いを勝利に導いてきた「作戦の神様」である。10月2日にラバウルから辻が送った電報では、「第17軍の兵力は十分である〔中略〕戦局は波乱であろうが、心配無用である」という楽観的なものであった。その自信に満ちた報告は、参謀本部にとっても、「南東方面は辻中佐に委せておけば安心である」と感じさせるに十分な内容であった（『戦史叢書　大本営陸軍部5』）。

辻は10月8日正午、第十七軍の百武晴吉《ひゃくたけはるよし》軍司令官、ほかの幕僚らと共にラバウルを出港。9日にガダルカナル島に無事上陸を果たす。

意気揚々とガダルカナル島に踏み入れた辻たちは、しかし、いきなり戦いの容易ならざる現実を突きつけられる。上陸海岸まで来ていた第二師団の参謀から、歩兵第四連隊の全滅が伝えられたのだ。愕然とする司令官以下の面々の中で、辻だけは「全滅とは何事か」と強い調子で詰問をした（『戦史叢書　南太平洋陸軍作戦2』）。

10日、辻は参謀本部に宛てて、第四連隊の戦力が「3分の1に消耗した」こととともに、弾薬や食糧が不足しており、目的である飛行場制圧の時期が遅れることなどを報告している。上陸時、強気の姿勢を見せた辻であったが、やはり戦地の窮状は受け入れざるを得なかった。

そして、ついに戦機が辻に味方することはなかった。船団が上陸前に沈められ、食糧はおろか、重火器はほとんど届かず、当初予定していた正面攻撃を行うことができず、やむを得ずジャングルに回った。昼間はジャングルに隠れ、夜に襲撃を試みたが、損害を増やしていくだけだった。ジャングルの中を移動するといっても、簡単ではない。予定より移動に時間がかかり、総攻撃の日にちも10月20日から24日まで次々と延びた。

第十七軍高級参謀だった小沼治夫《こぬまはるお》は「ガダルカナルというのは、地図がない作戦ですからね。［中略］１９１０年に作ったという英国の海図を複写しているわけだから、海岸の地名と海岸から眺めた山の標高だけは書いてありますけど、内部は全く何もないんですな」と回想している（『増刊　歴史と人物』１９８１年9月10日）。もとより、無謀な作戦であった。

苦悩する川口少将

川口少将率いる川口支隊も、ジャングルの中で苦戦していた。昼間は敵機に気づかれる恐れがあるため、移動は夜となる。川口は後年、「初めてのジャングルを夜歩くことは不可能に近い。昼尚灰暗《なおほのぐら》いジャングル、それが夜になると全く鼻をつままれても分らぬ真暗闇である。前を進む兵隊の姿が見えない。だから隊列はブツンブツンと切れて了《しま》う、戦友を見失って自分一人になってしまう」と嘆いている（川口清健『真書ガダルカナル戦』）。沼のようなジャングルの闇に陥り、指揮も掌握もできない中、川口支隊は1回目の攻撃で、多くの将兵を失っていた。

10月17日、2回目の総攻撃をするべく第二師団は、海岸から工兵隊がジャングルを切り開き、道を作りつつ敵陣地へと前進していた。道といっても、人一人が通れる程度の道である。その先頭には辻の姿があった。第二師団に配属された川口少将も「逞しい彼の実行力は推奨に値する」と賛辞を惜しまなかった。

川口支隊は、9月の段階で飛行場を正面から攻撃する任務を命じられていた。その際、右翼隊となって、那須弓雄《なすゆみお》少将の左翼隊の後を進軍していた。丸1日歩いた後、川口は最近撮影されたという敵飛行場を中心とする4枚の航空写真を見せられ、驚いた。1回目の攻撃の時は飛行場の正面には陣地はなかったが、その写真には、堅牢な陣地が構築されていた。

そのため、川口は「之《これ》では金城鉄壁に向かって卵をぶつけるようなもので、失敗は戦わなくても一目瞭然だ。私は悩んだ。私はこの陣地を避け、遠く敵の左側背に迂回《うかい》攻撃をしなければならん」と決意する（同前）。師団長に報告しようとするが、その術がない。苦悩する川口の目の前に、辻が姿を現した。「よい時によい人が居てくれた」と喜んだ川口は、先ほどの自身の見解を述べ、迂回攻撃を提案し、師団長に伝えてくれるよう依頼した。

説明を聞いた辻の様子を川口自身が記している。

「大変結構です。師団長には必ず私から申上げます。是非その案をやってください。これは愉快ですなあ」と彼は朗らかに笑って受けあってくれた。（川口清健「ガダルカナルと辻参謀」）

だがこれは、川口にとっては「悪魔の笑でもあった」（同前）のだ。

川口は、辻に話をしたことで、師団長から認可を得たと信じ、迂回のための行動を起こそうとしていた。そのとき、玉置温和《たまきはるかず》師団参謀長から電話がかかってきた。その内容は、辻から話を聞いたが、やはり当初の予定通り正面攻撃をやってほしい、というものだった。川口は、ここでも迂回攻撃の必要性を力説し、「正面攻撃は部隊長として責任を負い難い」とまで述べた。そして、電話を切って待機していたが、約30分後、再び参謀長からの電話で「右翼隊長罷免」の命令が伝えられた（『戦史叢書　南太平洋陸軍作戦2』）。

撤退の決断と「にがい記憶」

24日夕から夜襲攻撃が開始されたものの、損害が積み重なり、26日早朝、軍司令官は、攻撃中止命令を下達した。

第二師団による攻撃の失敗は、開戦以来、師団単位以上での初めての敗北となった（高山『服部卓四郎と辻政信』）。第二師団の戦力は4分の1に減退していた。射撃することとすらできず、敵機による攻撃から、ジャングルで身を隠すことしかできなかった。食糧は規定の2分の1以下で、将兵は栄養失調の状態だった（同前）。

参謀本部でもガダルカナル島の撤退が議論されるようになっていたが、現地を視察していた作戦課長の服部はなお奪還作戦を熱心に主張していた。それに田中新一作戦部長も同調していた。

しかし、陸軍省は船舶の増徴には、戦争全体の継続を不可能にする可能性があるとして反対であった。しかも、上陸作戦には航空機の援護が絶対の必須条件であったが、すでにガダルカナル島にはそれが皆無だった。万策は尽きていたと言ってよい状況にまで追い詰められていた。参謀本部の幕僚たちに奪還作戦は困難であると考える者は少なくなかった（同前）。

高山もその一人だった。高山はガダルカナル島を放棄するべきではないかと服部に意見を具申した。服部は目を閉じたまま高山の話を聞いていたが、高山が言い終わると、こう言って諭した。

われわれが苦しいときは敵も苦しいのだ。この苦しみに堪えた方が最後の勝利を握るのだ。勝利を信じてあくまで戦うべきだ。［中略］辻君とも現地で話し合ったが、彼はあくまで強気だ。ピンチはチャンスだ、現在敵は勝利を信じて暴進しつつある。今こそ敵を撃滅するチャンスだとな。［中略］ここががまんのしどころだ。元気を出してやろうではないか。（同前）

平素温厚で知られる服部の熱意を感じた高山は、反論することができず、「よく判りました。ご趣旨を体して努力します」と答えるしかなかった（同前）。

服部は14日には、ガダルカナル島の現状と対応についての天皇のご下問について説明し、「あくまでガ島奪還を策すべき」と述べている（『戦史叢書　大本営陸軍部5』）。だが、参謀総長や次長はガダルカナル島奪還の信念に動揺を来してきていたように周辺は見ていた（同前）。辻から送られてくる電報も、制空、制海権を失った状態では、ガダルカナル島に兵、武器、食糧を輸送することができず、このままではより困難な状況になるといった差し迫った内容で、戦局が重大な局面にさしかかっていることを示すものだった。

11月も半ばにさしかかり、起死回生の一手を打つ力は、辻にはもう残されていなかった。悪性マラリアが辻の体を蝕《むしば》み、辻は戦線を離脱し、東京へ帰還せざるを得なくなった。東京への帰還に先立ち、辻は40度の高熱を押して、ラバウルでガダルカナル島の戦況について報告している。

辻の手記によると、そこで、ある若手参謀から「どうしてもこの作戦は勝ち目がありません。大本営は思い切って転換しなければ駄目です」と、この戦いに勝機がないと直言される。辻は、その率直な意見に驚きと敬意を持ち、「その通りだ、ただいかにして転換に導くかの技術だけだ」と言い、固く手を握ったという。さらに、辻は「ガ島奪還も一木支隊の失敗で断念すべきであった」とも回想している（同前）。

また、中央公論社の記者としてラバウルにいた黒田秀俊は、辻の会見を取材している。黒田は時期を「12月のはじめごろ」としているが、辻は11月10〜15日までラバウルに滞在し、東京に帰還しているので、時期に関しては、黒田の記憶違いか誤記の可能性がある。

会見で辻は「『アメリカは大したものだ、アメリカはやりおる』と実に率直に讃嘆」した。記者から「今後の戦局の見透しについて、参謀には勝てる自信があるか」との質問が飛んだ。

辻は、「甚だ遺憾でもあり、恥しい次第ながら、私には勝てる自信があるということは出来ない、ただ最善と思われるかぎりをつくしてみるばかりである」と答え、会見を打ち切ろうとしたという（黒田秀俊『軍政』）。

東京に帰還した辻は、11月24日参謀本部で参謀総長らを前にガダルカナル島の状況を説明している。それは今回の攻撃失敗についての謝罪から始まる「声涙ともに下る悲痛な報告」であったと記録されている（『戦史叢書　大本営陸軍部5』）。

ラバウルで若手参謀に語った様子、そして参謀本部で語った内容からは、強気一辺倒であった辻の大きな心理的変化を見て取ることができる。

ただ、強気の姿勢を見せることは続けていたようだ。『高松宮宣仁親王日記』は11月28日、「陸軍辻中佐は初めからの関係上、二〜三ヶ師団はつぶしてもやる」と記されている。だが、一方で、高松宮の目には、「どうも戦術の法則には合わぬ作戦とは十分に承知している」ように映っていた。

このあたりの事情については、第十七軍高級参謀だった小沼が戦後の座談会で語っている（『増刊　歴史と人物』1981年9月10日）。座談会司会の秦郁彦の「第二師団の総攻撃の前から、個人的には皆さん、どうもまずいなと思いながら、正式の命令としてはどんどんやるべしという感じですね」という問いに答えている。

それは任務のため、命令のためなんですよ。そういう任務を受けたからには、死力を尽してやらにゃいかんということですね。戦争というものは、彼我両軍が物心両面の全力をそそいで勝を争うものであって、必ずしも理屈どおりの結果が出るとはかぎらない。これが、合理的に作戦を構想し、計画し、実行することをつとめるとともに、各自が勝手の判断をし勝手の行動をとることなく、それぞれ任務に全力をそそぎ勝利に邁進することが必要だというゆえんですよ。

それに続けて、座談会の参加者だった杉田一次《いちじ》は、「軍人の宿命ですよ。会社なんかだと、社長の命令が悪かったらやめられるけどもね、軍人はやめられない」と言葉を補っている。辻であっても、ガダルカナル島の放棄をそう簡単に口に出せるものではなかった。

まして、常に賛否はあるものの、人一倍、第一線への強い思いを持っていた辻だけに、戦線を離脱したという負い目もあっただろう。

ガダルカナル島を巡っては、急速に撤退に向けて進んでいく。12月5日に田中作戦部長が船舶の増徴に関し、東條陸相に暴言を放ち、すぐさま南方軍総司令部附へと更迭される。服部作戦課長は東條の陸相秘書官となり、ガダルカナル島奪還作戦の中心人物が立て続けに参謀本部を去った。

12月下旬、陸海軍の作戦課の課長を筆頭に、課員らが合同研究した結果、ガダルカナル島の奪還作戦は行わないことに決定し、28日、ラバウルの第八方面軍に対し、撤退準備命令を出した。31日には、宮中で大本営会議が開かれ、参謀総長、軍令部総長、参謀次長、軍令部次長、作戦部長らが出席し、この問題を討議し、撤退の時期を1943年（昭和18年）1月下旬から2月上旬との合意に達した。

辻は、1943年2月、大本営参謀を免じられ、陸軍大学校（陸大）の教官に補された。辻が異動することを聞いた高松宮宣仁親王は前年12月15日の日記で、「責任問題もともかく、一部長も最近代わり、どかどかと主任務者が責任をとるような、実は完《まっと》うせぬような代り方をするのは陸軍式なるも、面白からず」と苦言を呈している。
後年、辻は雑誌のアンケートで「会心、失意」という項目にこう答えている。

成功した作戦はマレー電撃作戦、にがい記憶はノモンハン、ガダルカナル。(『知性』1955年2月号)

そしてまた中国へ

だが、辻が陸軍大学校の教官として過ごした時間はごくわずかで、6か月ほどしかない。教官時代の辻を記憶する人も記録も少ない。しかし、貴重な証人がいる。
「生きて帰れぬニューギニア」と言われ、投入された将兵約15万人のうち約13万人までが死亡した激戦を第十八軍の参謀として戦い、戦後は自衛隊に入隊し、西部方面総監まで務めて参議院議員となった堀江正夫《ほりえまさお》は、陸大57期で、辻の教え子だ。1915年(大正4年)生まれ。100歳を超えても、こちらの手を握る力は強く、その記憶は鮮明だった。

「僕が実際にお会いしたのは、学生と教官の関係。学生は100人いたが、辻さんが指導をし、戦術の教育を受けた。想定はソ満国境のソ連の陣地の攻略なんだ。もうそのときはソ連をやろうという思いは断念して、南に集中しているときだったが、辻さんは関東軍の参謀をやったので、ソ満国境を想定されたのだと思う」

短い期間ではあったが、ここでも辻は学生たちに強烈な印象を残している。

「陸大では問題を出されて、それを一晩考えて、翌日に提出する。教官は学生から出た解答を見て、その明くる日、これを中心にして議論をして、次に進む。一晩おきくらいに問題が出る。それをね、約1か月近く、辻さんは学校に泊まったままでね。

びっくりしたのは、こちらが書いて出した解答を、間違った字まで一字一字全部ペンみたいなもので直してくれる。それだけ丁寧に見るというのは、100人分の作業だから、普通ではできない。たとえば、僕が士官学校にいた時に、担当の教官から解答用紙の2枚ほど『乱雑にして見るに堪えず』と書かれたことがあった。何の評もない。おそらく、見てもらえなかったんだと思います。この100人分の解答を、一人ひとり作業をやるとしたら徹夜だよ。辻さんはものすごい毀誉褒貶があるけど、誠実な人だった。それは、僕は痛切に感じています」

この後、辻とビルマで共に戦うことになる第三十三軍の参謀、悉野弘《きびのひろし》もこの時、辻の教えを受けている。陸大教官の仕事も全力を注いでいたことがうかがえるが、異動から6か月後の8月に大佐に昇進すると、辻は再び支那派遣軍参謀として南京へと向かうことになる。

支那派遣軍総司令部で辻は、汪兆銘の南京政府の指導と、後方補給を担当する第三課長という任務が与えられた。総司令官は、畑俊六《はたしゅんろく》大将であった。辻はここで「支那事変を解決しなければ、戦争の前途に光明なし」の気概で乗り込んだ（『亜細亜の共感』）。

支那派遣軍総司令部で、南京政府軍の編成業務を担当していた三石照雄《みついしてるお》は、支那派遣軍に赴任した辻を南京の飛行場に迎えに行っている。その時、辻は小さいスーツケースを指さし、「この中には背広と短刀が一つ入っておる。今度来たのは重慶に行って和平をするのが私の本心である」と言ったと証言している（『偕行』1985年6月号）。

しかし、着任した辻を驚かせたのは紅灯《こうとう》の巷《ちまた》の賑わいだった。「夜の南京、上海、北京の醜態はどうであったろう。星の『マーク』のついた高級車が、料理屋の門前を閉塞しているではないか」。この時の辻にはまだ、激戦地ガダルカナルでの記憶が生々しかったはずだ。ニューギニアでは〝死の行軍〟も続けている。そんな中で、中国戦線だけが「官費の酒色に耽る事は断じて許されない」と思ったという（『亜細亜の共感』）。

そうなると、即行動せずにはいられないのが辻だ。総司令官名で、全派遣軍に対し「高級料理店を一斉閉鎖し、機密費による宴会は、極度に制限する」という趣旨の電報を起案した。さらに、自動車の私用での利用を厳禁し、出勤退社は徒歩や乗馬として、ガソリンの使用を減らそうとした。これらは辻自身が認めていることである。一方、上海の高級料亭が焼き払われた件も、辻の行為であるとされる場合がある。

しかし、これは戦後、辻が何度も否定している。

例えば徳川夢声《むせい》との対談だ。辻の行動に共感した青年の義憤に駆られた行為であると述べている。

無名の青年が憤慨しまして、ひと晩に三軒の料理屋にガソリンで火をつけて歩いたんですな。飲んどった陸海軍の高級将校が、軍刀をおき忘れたり、長靴の片っぽをおいたりして逃げ出したもんです。「この事件の背後には、辻がおるんだろう。辻を厳罰にせい」といって騒いだりしましたがね。これが、わたしが火をつけたということになって伝わったんでしょうな。（『問答有用　夢声対談集第4』）

蔣母の法要

もう一つ、支那派遣軍総司令部時代の辻がやったことに、蔣介石の母親の法要がある。

きっかけは、支那派遣軍の少佐参謀だった三笠宮崇仁親王の言葉だった。

ある日、三笠宮は蔣介石の故郷の写真を数枚収めた写真帳を持ってきて、「どうかして、お母さんのお墓だけでも祀ってあげたいですね」と話しかけてきた。辻は「何とか方法を講じて見ましょう」と答えた（『亜細亜の共感』）。

思案して、辻は陶孝潔という人物に相談に行った。陶は、すでに述べたが、1933年（昭和8年）の参謀本部員時代、ソ連の進出状況を視察するため新疆省方面に出張した際に通訳を務めた人物で、辻が支那派遣軍に着任して間もなく訪ねた汪兆銘の邸宅で会っていた。陶は辻と別れた後、汪の秘書となっていた。蔣介石の母親の法要は、この陶の協力のもとに進められた。

1944年(昭和19年)11月25日、蔣介石の故郷、浙江省奉化県渓口鎮の寺で、蔣介石の母親の法要と墓前祭が盛大に行われた。この時、辻は7年前の5月に行った張作霖の葬儀と似た空気を感じていた。辻は「相戦っているものが、一緒になって戦争中に、こんな気分で慰霊祭をやれるのは、亜細亜民族だけの共感であろう」と感慨深げに回想している(同前)。この当時、辻が最も実現させたかったのは和平交渉であり、国民政府要人だった繆斌《ぼくひん》と渡りをつけ人間関係を築いていた。繆斌は、重慶特務の軍統の戴笠《たいりゅう》将軍を通じて蔣介石につながっていると言われていた。だが、この交渉が成就することはなかった。

朝日新聞社の社員から、汪兆銘政権の経済顧問に転じた太田宇之助《うのすけ》は、戦後、当時の辻のことを回想している(『政界往来』1963年8月号)。太田は辻と懇意だった。辻が、蔣介石の母親の法要を行った頃のことだ。辻は、太田に対し笑いながらこう言ったという。

太田さん、私と二人だけで重慶へ行きませんか。重慶付近に不時着陸して捕虜になろうではありませんか。あなたは先方によく知られていて理解もあるようですから、私に対しても信用がつくと思うし、私は敵の首脳に会って、世界の大勢を説き、わが方の真情を率直に明かして、速かに両国間の戦争を止める話し合いをはじめようではないかと、勧めたいのです。両国のためを思ってのことだから、たとえ失敗に終ってもお互いに満足ではありませんか。

これを太田が必ずしも冗談と受け取っていないのは、辻がこの提案をしてきたのが一回だけではないからだ。太田は、「それほどの放れ業《わざ》をやるような勇気は持ち合せなかったから」笑い流すことしかできなかったが、このことを思い出すと、「今でもなお心打たれるのである」とし、「彼を奇人と呼ぶには、［中略］足跡はあまりにも大きいと思う」と偲《しの》んでいる。

繆斌を介しての和平工作は、終戦直前の小磯国昭内閣の時も試みられたが、やはり失敗している。

ビルマ戦線

さらにその後、辻がビルマで戦う第三十三軍参謀に補されたのは、支那派遣軍へ異動してからおよそ1年後の1944年（昭和19年）7月3日のことだった。この1年で、戦局は転げ落ちる速度をますます加速させていった。すでに、アッツ、サイパンは米軍によって落とされていた。持ちこたえている各地の戦場でも、日本軍の劣勢となっていた。

辻は三品隆以ら限られた人物と送別をし、7月10日、避暑地として知られるメイミョウにあった第三十三軍司令部に着任した。すでに辻の名は鳴り響いており、特に支那派遣軍での料理店の閉鎖や宴会の制限などは芳しくない評判として伝えられてはいたものの、第三十三軍の参謀たちは好意的に辻を迎え入れた。陸大時代の教え子である黍野弘もこの時、後方参謀としていた。参謀の一人、田中博厚《ひろあつ》が『ビルマ作戦回想録』の中で書いている。

軍司令官は、辻参謀を信頼していたし、若い参謀連中は彼の人格手腕に敬服していたので、其《そ》の意の侭《まま》に良く動いた。若い参謀は［中略］乱暴な連中ではあったが、皆元気で、生気に溢れ、労をいとわず、率先して部下を指導していたので、司令部の空気は常に溌剌《はつらつ》としていた。

その空気を作るのに、辻は一役も二役もかっていた。

頭の良さに加えるに、何人《なんびと》も追随を許さぬ実行力は、驚嘆に値するものがある。彼の卓抜な戦術能力と飽《あ》く迄《まで》所信を完遂する果敢な実行力とが第三十三軍の一大特色を作った。（同前）

辻は早速、援蔣ルートの遮断を目的とする「断《だん》作戦」の計画を立案する。作戦は9月3日に開始され、翌年2月10日に打ち切った。大きな損害を出しながらも、ビルマ方面軍からの「1944年末まで援蔣ルートの遮断を続行せよ」との命に対して、それより1か月近くも長く持ちこたえるという健闘であった（生出寿『作戦参謀　辻政信』）。

この戦いにより、辻はビルマ方面軍司令官の木村兵太郎《へいたろう》中将から個人感状を授けられている。太平洋戦争中、部隊への感状の例は多いものの、それが個人となると極めて珍しかった。辻については、厳しい評価も行う秦郁彦も「第一線の参謀兼指揮官としては秀逸」と評している（秦『昭和史の軍人たち』）。

田中の『ビルマ作戦回想録』の中には、ほかにも実に辻らしい逸話が書き記されている。龍陵《りゅうりょう》盆地のすぐ東側にある二山を攻めあぐねていた第二師団に代わり、辻が攻略を担うことになった。辻は、「第二師団がヨー取らんのなら、俺が取って見せる」と言いだし、結果として奪取してみせた。

双眼鏡でその様子を見ていた田中は、辻の勇戦に感嘆しつつも、「第二師団の面目を踏みにじった事は否めない」とする。そして、「個人の武勇誇示の為に、全軍の融和を害する様な事は、総合的に見て、プラスにならぬ事である」と批判している。

回想録で田中は、辻に親しみを感じ、思慕すらしている様子がよく伝わり、批判しているのは上記の箇所くらいだ。それだけに、この時の田中の憤りは書かれている以上に強かったのではないかと思われる。

辻の転戦はまだ続く。1945年（昭和20年）5月1日付で、辻はタイのバンコクに駐屯する第三十九軍の作戦主任参謀として赴任する。さらに7月15日には、同国で第十八方面軍が編成され、中村明人《あけと》中将が司令官となると、辻は高級参謀として補佐した。もはや、軍人として辻に残された時間はあとわずかとなった。
辻が従軍した最後の激戦地といえるビルマで、ともに戦った田中は辻をこう評する。

辻大佐の如く良くも悪くも、平素と戦場と一致する人は、極めてまれな、選ばれた人と云わねばならぬ。（田中『ビルマ作戦回想録』）

戦場常在——それは軍人・辻政信という人間を貫いたテーゼであった。

戦場においてなお

百田宗治《ももたそうじ》という詩人がいる。今や知っている人も多くはないだろうが、百田は1944年（昭和19年）、大本営陸軍報道班員として、武漢を中心に約半年間、中支で過ごした。その間、見聞きしたことをまとめ、詩集『漢口風物詩』を翌年の4月に支那派遣軍の許可を得て、刊行した。この詩集には印象的な一編の詩が収められている。「俘虜」と題された短い詩だ。

俘虜

帽子を　かむつたり、
かむらなかつたり、
やぶれた　靴を　ひきずつて　ゐたり、
泥の　乾いた　まゝの　素足　だつたり、
——しかし、飯盒だけは　めいめい　大切に　かゝかへてゐた。

おまへの　父は　どこに　ゐる。
おまへの　母は　どこに　ゐる。

俘虜とは中国人であろう。悲しみがゆっくりと心の底にたまるような詩だ。これを戦時期に軍がよく認めたものだと思う。ほかの詩も戦時下にありがちな勇ましさはなく、平易な言葉で、兵士や中国の民衆の日常を描いている。

詩集の刊行を百田に勧めたのが、当時、支那派遣軍で報道部長を務めていた辻の士官学校時代の同期生、三品隆以中佐だ。三品は詩集の序に言葉を寄せている。

私は、詩歌の道に疎い一介の武弁であるが、この詩集を読んで、心に沁み入るものを感ずる。前線将兵の汚垢《おこう》を捨て去った心には、尚更《なおさら》深く触れるものがあるだろうと思う。

三品は士官学校時代、夏目漱石、芥川龍之介などの小説や、トルストイ、ツルゲーネフらのロシア文学、さらにロシア映画などにのめりこみ、辻や西らとともに同期生の記憶に強く印象づけられている人物だ。それだけではなく、石原莞爾の懐いた五族協和の思想を三品は信じていた。

この激しくも勇ましくもない、そこはかとない悲しみが全篇に染み渡ったような詩情に、心を寄せたというのが言い過ぎならば、拒絶することをしなかった三品という人物が、辻の傍らにいた事実を、改めて書き記しておきたい。辻が光ならば三品は影であり、またその逆でもあった。

第6章

語られざる潜伏生活

―1945年の辻政信―

終戦前夜のバンコクで

１９４５年（昭和20年）８月10日昼頃、タイ・バンコク、第十八方面軍司令部。

「貴様は敵性宣伝にまどわされとるんだ。腰抜けめ、ぶった切るぞ」

辻の怒声が響いた。手はまさに軍刀にかかろうとしていた――。

原節子が主演した映画『安城家の舞踏会』（１９４７年）や京マチ子主演の『偽れる盛装』（１９５１年）などの監督で知られる吉村公三郎《こうざぶろう》は、戦時中応召し、軍の報道部に勤務していた。大使館からの情報として辻にソ連参戦を伝えたところ、冒頭の一喝となった（吉村『あの人この人』）。

初めて辻が吉村の前に現れた時、辻はビルマ戦線で負傷した右腕を三角巾で吊っており、「栄養失調のせいか頭ばかりでっかくて、ガイ骨みたいにやせていた」（同前）。辻は作戦参謀に報道部長を兼ねることとなり、吉村の直属上官となった。

話を８月10日に戻すと、辻に怒鳴られた吉村は腹の虫が治まらず、「同盟通信社（現在の共同通信社、時事通信社）へ行って調べて来ます」と言い残すと、サイドカーに乗って同盟通信社のバンコク支局へと向かった。支局では、支局長が玄関まで出てきて、両手を挙げて見せていた。吉村は「すべてお手上げ」ということかと理解した。ただちに、司令部に取って帰し、電話で辻を呼び出した。「もしもし吉村少尉です。ただいま同盟で調べましたが……」としゃべりはじめると、「報告の要なし」とだけ言って切られてしまった。

吉村が同盟通信社に行っている間に司令部にもソ連参戦の情報が入ったようだが、先ほど怒鳴られた一件を根に持った吉村は、今度は直接作戦室まで行ってドアを叩き、辻に面会を要求した。吉村の執拗な態度に、辻もあきれ果て、「わかったといっているじゃないか」と弱々しい声で言い、作戦室のドアの鍵を閉めてしまったという。

そこから終戦まで、日本国内では徹底抗戦派の若手参謀たちによる擾乱《じょうらん》があったが、バンコクの第十八方面軍は緩やかな慣性に流されるようにその日を迎えた。

8月15日正午、司令部の地下室に玉音放送が流れた。幼年学校入学から数えれば、約30年にもおよぶ軍人人生が終わった瞬間でもあった。この時、辻は42歳。「申しわけがない。私も太平洋戦争を主張した一人だ。その結果が民族を破局に……腹を切っておわびするのが武士道の教えだ。無条件に武装をとき、敵の命に従うことが陛下のお心である」（『潜行三千里』1957年版）との心境だったと後年回想録に記している。
辻はうちひしがれたのか。いや、そうではなかった。なぜなら文章はこう続くからだ。

腸を千々にさかれるような苦悶をこえて、一人で大陸にもぐり、アジアの中に民族の再建をはかろうとの決意をかためる。その行動がもし大御心にそむく結果になったら、そのときこそ笑われないように腹を切ろう。（同前）

潜行生活への決意を語る。まさに意気軒昂。この言葉を読んだ時、辻の陸士の同期である閑院宮春仁王《かんいんのみやはるひとおう》（戦後は皇籍離脱し閑院純仁《すみひと》）が辻について記した論評は、正鵠《せいこく》を衝《つ》いている。

かれは大尉時代から、既にある程度全陸軍を引き摺った傑物である。私はあるときかれに向かって「お前のいう大御心とは、陛下の大御心ではなく、辻の大御心だ」といったことがある。かれは辻自身の大御心をもって、陸軍を動かしてきたのである。

かれは決して不臣不忠をあえてするような男ではない。しかし自己意識過剰が、かれの本心に反して、真意とは逆な結果を呈して、実はそれに気付かないのである。陸軍の俊才には、往々こういう人が少なからず存在したが、これは陸軍のため、また国家のため不幸であった。（閑院純仁『日本史上の秘録』）

潜行生活の舞台がタイであろうと、中国になろうと、そもそも抗戦を続けること自体が、天皇の意思に背くことになる——そんなふうに辻が考えることはなかった。

閑院宮の指摘する通り、辻は自分の信念〝辻の大御心〟に忠実であった。1957年版の『潜行三千里』では削られているが、最初に刊行された1950年版の『潜行三千里』には玉音放送からさかのぼること3日前、8月12日夜の出来事がこう書かれている。

林秀澄大佐としみじみ語り明かした。原子弾の恐るべき威力と、抗命持久の前途とを冷静に、深刻に再検討し、退いて再建のため大陸に潜ろうと決意した。

当時、第三十八軍の参謀だった林秀澄との話し合いが、辻に潜行の決心を促したことが綴られている。林は、辻が後年いくつもの謎を残して東南アジアへ旅立った際、羽田空港に見送りのため訪れた、数少ない辻の信頼する人物の一人だ。林と話し合った翌日には、花谷正《はなやただし》参謀長と連れ立ち、司令官室に中村明人中将を訪ねている。花谷が次のような報告をしたと、中村は自著『ほとけの司令官』に書き記している。

今後、再び日本が立ち上がるためには、敗戦後の移り変わりを正確に認めておくことが国家百年のためにも絶対必要である。この見地に立って、辻参謀に若干の青年将校を加え、地下に何年でも潜入せしめたいと考え、すでに総司令部の内諾を得た。司令官の決裁をねがいたい。

辻たちは総司令部、つまり南方軍の内諾を得ていると言っているものの、中村が辻の潜入計画を知ったのは、この時が初めてだった。中村からは、辻の決意は固く、翻意させることは難しいように見えた。中村は、辻自身の身柄についてはどう処理するのかという点

だけを尋ねている。すると辻は、

「戦死の処置をいちおうとっておきます」

と事もなげに答えたという。

中村は重ねて、「戦死の処置とは、正式の報告を大本営に出しておくことか」と聞き、辻の同意を得た。中村は「辻参謀が実行の確信があるというなら、着手してもよろしい」と伝えるしかなかった（中村『ほとけの司令官』）。

8人の「僧」

8月12日、辻は潜行生活の同行者として、学徒兵の中から僧侶出身の見習士官7人を選んだ。そのうちの一人、秦慧孝《はたえこう》（僧名／当時は福沢孝《ふくざわたかし》）によれば、この日集まった僧侶出身者の見習士官は9人だった。

辻は彼らにポツダム宣言受諾が決定的であることを伝え、「貴公らの中から二、三名を選び自分と共に僧侶として二十年間を目処として潜りたい……」と呼びかけた。家庭の事情などでとどまった者を除く、7人がここで選ばれた。「残る七人で検討の末、全員この決死行に挺身する事を確認し合った」（中島節也編『青春の墓標』）

現在、愛知県に住む矢神邦雄《やがみくにお》も、7人のうちの1人だった。2019年7月、矢神のもとを訪ねた。矢神はすでに90歳を超えていたが、現役の住職として檀家の法要に出かけていた。娘によればここ数年で身体も弱ってしまったということだったが、盛夏にもかかわらず庫裏の開け放たれた部屋は不思議と暑苦しくなく、扇風機の風を涼の頼りに2時間以上にわたって、終戦の月にタイで行われた潜伏の内幕を語ってくれた。

1945年8月12日、矢神たち僧侶資格のある見習士官に対して、「坊主の者は集合してくれ。話を聞きたい」と召集がかかった。集まった9人の見習士官たちの前に立った辻は、「ついて来てくれるか」と問うた。

「この人となら、どこへでも行ける」

7人の中で最年少の19歳だった矢神はそう思ったという。辻がいくつもの死線を越えてきたということが、心の支えとなった。「断ろうとは思わなかった。辻さんだからついていこうと思った」と振り返る。

この7人については、新聞記者だった経験を持つフリーライターの橋本哲男が詳細な聞

タイでの潜行生活について証言する矢神さん。右写真は1944年当時

き取り調査を行い、『辻政信と七人の僧』として、１９８７年に刊行している。以下、同書の記述や辻本人の『潜行三千里』、そして矢神の証言などを参考にしながら、その後の動きを追っていく。

翌13日には、バンコク市中心部のサートン通りのホテルで軍服を黄衣に着替え、国籍証明用の写真を撮影した。潜行について最終的な打ち合わせを行った後、軍服に着替え、軍司令部へと戻った。彼らはビルマの戦火を逃れ入国した留学僧という名目で、日本大使館から交付された国籍証明書を受け取った。名目とはいえ、７人は曹洞宗、浄土宗、日蓮宗、臨済宗、浄土真宗のれっきとした僧侶であった。

さらに翌日の14日、司令官から「本日付にて兵役を免ず」の命令を受けた7人は、司令官の目の前で、その命令書を焼却した後、自らの部屋に戻り、軍人であったことが分かる物をすべて処分した。

そうして彼らにも「8月15日」が訪れた。地下通信所で玉音放送を聞いた秦は、「七名はガッチリとスクラムを組んで辻参謀をかばって乗り切ろうと誓い合った」（中島『青春の墓標』）。7人にとっては、まだ戦争は終わっていなかった。

この日の深夜、7人の「僧侶」たちは停電のバンコク市内を黙々と歩き、メナム湖畔のリヤップ寺境内の日本人納骨堂に辿り着いた。すでに日本軍によって運び込まれた大量の食糧や燃料が用意されてあった。一方、辻は、中村に別れを告げようとしていた。人目を避けるように司令官室に一人で入ってきた辻は「いよいよ決行します。閣下はご健勝に」と簡単な挨拶をした。「その成功を期待するが、あくまで慎重にやってくれ」と手を握り、一緒に建物の外に出た。外はすでに暗くなっていた。あたりに人影もなかった。「では」と一言発して、辻は中村の傍を離れた。その姿に思わず、中村は手を合わせた。辻は、1、

2度中村の方を振り返り、やがて闇に消えていったという（中村『ほとけの司令官』）。

黄衣を纏った辻がリヤップ寺に姿を現したのは、17日の払暁のことだった。ここで辻は自身を「青木憲信」と名乗り、8人の僧侶団の団長に収まった。

リヤップ寺の日本人納骨堂は、タイ国内で死去した在留邦人のために、1933年（昭和8年）に日本人会が建てた寺院である。英国軍の爆撃によって、リヤップ寺の本堂は焼失したが、納骨堂は屋根の上層部が破損した程度で済んでいた。

辻とほかの僧侶の部屋は別だったが、矢神がたまにのぞくと、辻は座禅を組み、考え事をしていることが多かった。捕まることをおびえた様子はなく、堂々としていたという。

僧侶団らしくするために、一斉に唱和する経文を決めようという話になった。7人の僧の一人、富永徳孝《とみながのりたか》はこう振り返っている。


みんなでいっせいに唱和する経文を定めようと、検討したあげく〝般若心経〟を選んだ。理由はきわめて短いこと。本文がわずか二百六十六文字で、経題の〝摩訶般若波羅蜜多心経〟の十文字を合わせても二百七十六文字しかない。そのうえ内容が大乗仏教の基本である〝空〟の思想であり、音律もよく、唱えやすいことが決め手になった。（橋本哲男『辻政信と七人の僧』）

禅宗の4人は日頃から般若心経を唱え慣れているものの、浄土系の2人と日蓮宗の1人は、暗記しなければならなかった。とはいえ、幼少の頃からの寺院育ちの3人にとって経文の暗記はお手の物のはずだった。ところが、彼らに先んじて、辻がわずか3日で暗記し、書くことまでできるようになっていた。

矢神は証言する。

「一日でまず覚えてね。二日目に空で読んで。三日目に全部書くことができていた」

幼年学校卒業以来、陸大卒業まで優等で通した辻の抜群の記憶力を物語る話であるが、それに加え、辻の故郷今立の家が、浄土真宗の「道場」だったという特殊な環境で生まれ育ったことも無関係ではないだろう。

矢神によれば、辻からは「病気はするな」「元気でいろ」などと労る言葉をかけられていたという。ただ、そんな矢神でも、こんな経験をしている。それは捕まり、尋問される事態に備え、想定問答をたたき込まれた時のことだった。最初は普段とそんなに様子は変わらなかったが、やがて矢神は辻の別の一面を見ることになる。

「取り調べを受けた時は、『背筋を伸ばせ、堂々としろ』と言われた。目の色がすぐ変わるでね。取り調べを受けるから、おまえら……と。だんだん目を見据えてきて……」

捕まった時、不用意なことを話さないためであっただろうが、そのときばかりは矢神も気圧されるような、恐ろしいような気持ちがしたという。

迫る英軍の手

英軍司令官、イーバンス少将が9月2日、バンコクに到着した。まもなく辻の居所を報告せよとの命が第十八軍司令部に届く。英軍の情報収集機関による捜査は峻烈であった。中村は、「辻参謀がタイ国を脱出して中国に潜ることは、今となっては甚だ危険だ」と思った。まして、辻は1人ではない。7人の僧侶も傍にいる。しかも、辻は参謀として、多くの上官や部下の戦犯容疑について裁判で弁護者とならなくてはいけない場面も出てくることが想像された（中村『ほとけの司令官』）。

思案した中村は、9月9日の昼過ぎ、納骨堂に辻を訪ねた。辻が「初心を貫徹する気魄を持っているかどうか」——この点をはっきり確認させたかった。気持ちに揺らぎがあるようなら、司令部に戻そうとしていた。しかし、辻にその信念があるなら、英軍には筋の立つような言い訳を何とか考え出し、辻の宿志を達成させてやろうと考えていた（同前）。果たして、面会した辻はこう述べた。

ご忠告はまことにありがとうございます。今さら若いものだけをタイ寺に残して、一人だけ司令部に帰ることはできません。［中略］最悪の場合は、一人で見苦しくないように死にますから、どうぞ辻は死んだものとあきらめていただきとうございます。ただ私がもぐったために、他の人に戦犯の迷惑をかけることを心配していますが、取調べがあったら、一切の罪は、辻がやったことにしていただきとうございます。（『潜行三千里』1957年版）

中村の腹は決まった。辻を翻意させるのを止め、遺書を花谷参謀長宛てに書き、司令部を脱出したという方針に決した（中村『ほとけの司令官』）。中村は、実際にその旨を英軍に提出したのだが、英軍の辻への追跡の手が緩むことはなかった。今度はその遺書を出せというのだ。英軍は執拗に辻を追い詰めようとしていた。終戦後、シンガポールにあったチャンギー刑務所に入れられたある日本軍参謀の話では、英軍の辻に対する追及は、シンガポールでの華僑殺害に関する嫌疑であったという（橋本『辻政信と七人の僧』）。

中村や花谷は相談の結果、遺書は焼却してしまったという回答を英軍に出した。しかし、10月に入ると、英軍の辻への追及はさらに厳しさを増していった。今度は辻が脱出した後、司令部としてどういう処置を取ったのかとの詰問があった。さらに、10月半ばを過ぎると、タイ政府の方針で、邦人は僧侶も例外とせず、収容所に送られることとなった（中島『青春の墓標』）。もはや、辻がバンコクにいることがばれるのは時間の問題とも思われた。

しかし、ここから辻は恐ろしいまでの行動力を見せつける。

この時の心境を辻は後年、こう書いている。

死中に活をもとめる路は、死に向かって全身をたたきつけることだ。死をさけようとしたら死神に襟首をつかまれる。死神を辟易《へきえき》させる捨身の体あたりだけが、生きる路をひらくであろう。（『潜行三千里』1957年版）

のるかそるか。生きるか死ぬか。辻は命を賭した行動に出る。

蔣介石の重慶政府のため、地下工作を行っていたのが戴笠率いる藍衣社《らんいしゃ》だったが、そのタイの本部はスリオン街にあった。辻はそこに単身、飛び込んだのだ。蔣介石の懐刀である戴笠とは、辻が前年に支那派遣軍にいた時、和平工作を通してその名を知っていた。本部で辻に対応したのは、若いながらも実質的にこの本部の一切を処理していた色白の青年だった。状況を判断し、即断していく青年の有能さに感心した辻は、この青年に「兄」服部卓四郎の若かりし日の姿を重ね、「この人こそ服部さんに代って、この身を助けにきたのではあるまいか」と思う。そして、辻は切々と訴えた。

重慶に赴き戴笠将軍及び蔣主席に会見し、日華合作の第一歩を開きたい。もし不可能ならば直に逮捕して英軍司令部に差出されたい。「生命を惜しんで逃避するもので

はない」(『潜行三千里』1950年版)

この文章の前には、東亜連盟のこと、蔣介石の母親の法要、戴笠との関係なども余すことなく書き連ねた。後年辻は、作家の小山いと子と対談し、重慶政府が辻を受け入れた理由についてこう推測している。

昭和十八年の十二月二十五日、蔣介石のお母さんの三十回忌の日に、戦線にあったそのお墓の前で、お坊さんたちを連れてきて大供養をしてやりました。それを恩にきた蔣介石が、終戦直後、全土に指令をだして、辻参謀が困ったときは救ってやれ、といってくれたのです。これが逃げられた原因ですね。(『週刊明星』1959年3月29日号)

辻特有の誇張表現なのか、この辻の発言を証明する資料は何も見つかっていない。重慶政府の支配下に入った後、蔣介石に面会を求めても叶わなかったと自身が書いているくらいだ。にわかには信じられないが、法要の効果がなかったとも言えない。ともかく、辻はこの青年から、中国入りの了解を得ることに成功する。かくして、辻はタイからの脱出の作戦を立てる。

入念に「青木憲信」がメナム河に入水自殺したということにし、遺書を用意しただけではなく、葬儀まで執り行っている。7人の「弟子」たちが、卓上に辻が青木憲信としてしたためた遺書と急造の位牌を飾り、花や果物を供えて葬儀を営んだ。秦や矢神ら7人の僧は「どうしてわれわれを置いて自殺してしまったのか」などとかきくどいた（橋本『辻政信と七人の僧』）。

矢神はその時のことをよく覚えている。

「（辻が）死んだまねをして、（自分たちは）悲しんでいるという格好をしてね」

まさに彼らにとって「一世一代の大芝居」だった。そして、夏のわずか3か月ほどの間、演じられた大芝居も幕を閉じることとなる。

矢神たちはその後、バンコクの英軍刑務所に収容された後、翌1946年（昭和21年）8月、日本に帰国する。矢神は故郷である愛知県の実家の寺へ帰った。あの大芝居の日々から70年以上がたった今でも、矢神は当時着ていた黄衣を大切に残している。そして時折、辻のことを思い出す。

「生きることが一番肝心」

辻からかけられた、忘れることのできない言葉だ。

その言葉通り、自らも生き続けた辻は、一足早くバンコクを脱出し、1946年3月半ば、ハノイから中国・昆明経由で重慶に入った。

蔣介石政権のために

重慶入りした辻であったが、頼りにしようとしていた戴笠は、辻が重慶に到着した月の末、飛行機事故で亡くなってしまう。辻は蔣介石との会見を望んだが、実現しない。そこで辻は蔣に宛てて4項目からなる手紙をしたためた。

まずは、天皇の真意について、2つ目が新しい中国を建設するためには日本の技術が必要となること。3つ目は、医療体制が整っていない中国のため、日本はそれを提供することができること。4つ目は、対共産党のために、日本とアメリカ、中国が手を握るべきだ、というものだった（『潜行三千里』1957年版）。

だが、蔣からは何の反応もない。ならばと辻は、自らの左の拇指をカミソリで深く切り、滴る血を容器に入れ、その溜まった血でまたも書をしたため、面会を迫った。

一週間後、「主席（蔣介石）はあの報告を全文読まれた。君の心中には十分感動された。自重して待つようにとのことです」と伝えられた。しかし、結局、蔣は辻と会うことはなく、辻は政府が重慶から南京に移されるのに伴い、南京に移動した。

南京で辻は、国防部（参謀本部）へと配置される。国防部では、満州における作戦に必要な兵要地誌作りに従事した。奉天から関東軍の資料数百冊を飛行機で南京に運び、それを参考に、満州各地の地形、気象、物資、交通など、あらゆる作戦資料をまとめた。辻はそれを毎日少なくとも30～40枚の原稿にまとめ、5人の翻訳者が中国語にした（同前）。

さらに、辻はまたも千数百冊に及ぶ関東軍の資料を用い、ソ連の戦力判断に着手する。ソ連の計画経済について丹念に調べ上げ、独ソ戦を勝ち抜いた理由を研究し、アメリカとの大戦で発揮できる物的戦力を検証した。辻はそれらを原稿用紙1000枚、40万字にまとめ、「ソ連の物的戦力判断」と題して、蔣介石以下首脳部に提出し、蔣から感謝状をもらったという（同前）。

当時、南京で蔣介石の私的軍事顧問となっていた土居明夫元参謀本部作戦課長のもとで活動していた松平定堯《まつだいらさだたか》元満州国駐チタ総領事は、辻とも接していた。松平は、辻の様子を回想している。

南京に着いて見ると辻政信君もいて四人で大きな家を与えられ参謀一、兵四、女中二、コック一を配属され丁重に待遇された。［中略］閣下［土居］はいつも猿股一つで机に向かって対共産党作戦の研究に没頭され、適時意見を具申して蔣軍の作戦指導に貢献された。辻君も土居さんを助けて独特の勇猛果敢の作戦意見を出していた。

（土居明夫伝刊行会編『一軍人の憂国の生涯　陸軍中将土居明夫伝』）

国民政府での辻の役割が、自伝で喧伝するほど大きなものであったかどうかは定かではない。国民政府側にも様々な思惑があっただろうが、軍人としては有能で役に立つ人物と見なされていたと思われる。しかし、辻は国府を立ち去ろうと決める。「政治は腐敗の頂点にたっし、経済はすでに崩壊した。軍もまたあと一年たらずで崩壊するだろう」と感じ、帰国を願い出るも、国府側では、「イギリスがまだ君をさがしている。危険だからもうしばらく待て。捕まったらかならず絞首刑だ」と引き留めたという（『潜行三千里』1957年版）。

戦犯として裁かれる可能性はもちろんあった。だが、辻の胸中には故郷の老いた母、そして貧しい暮らしを強いられながらも、辻の帰りを待ち続ける家族の姿があった。

辻は中国にいる間、伝手を頼った家族から、少なくとも2回手紙を受け取っている。

一通は、長男の徹からだった。そこには、中学校を中退し、パン屋で働きながら、妹たちを学校に通わせていること、母の千歳は洋裁で家族を支えていることなどが書かれてあった。家族の苦しみが、ありありと伝わる内容だった。

もう一通は、千歳からのものだった。戦争中は東亜連盟で共に活動した木村武雄らの配慮で山形に疎開し、戦後は大阪の実家に帰ったこと。餓死寸前まで追い詰められたが、工場で働き、何とか糊口をつないでいることが書かれていた。辻の言葉によると、「涙のあとが紙面にもにじんでいる」という手紙の最後にはこう締めくくられていた。

腹を切らないで、もぐっておられることは何かの理由があってとぞんじます。でも最悪の場合にはさすがに辻だといわれるように、子供たちに恥ずかしくないよう立派に死んでください。（同前）

この当時の辻家が置かれた境遇を、末っ子の毅が語る。

「姉たちの学校の先生がクラスの生徒たちの前で『お前の父親は悪い』と言って、姉たちが泣きながら帰ってきたことは何回もありましたよ。潜行中、姉たちは一時期、孤児院に入れられたんですよ。大阪の母の実家の四畳半で5人が生活するのは無理だったので、それでは生きていけないという時期、孤児院に入れられました。1、2年だったかな。お世話になりましたよ」

すでに終戦からは1年半以上がたっていた。辻はついに帰国を決意する。

潜行三千里。あらゆる苦難を忍んでの果てなき後に、求めて得たものは何であったろうか。自分なりに真実一路の巡礼ではあったが、振り鳴らす鈴の音はうつろな響を伝えている。じっとみつめるわが胸の底には、姿変れる祖国の呼ぶ声がする。新しき祖国への旅はこれからである。（『潜行三千里』１９５０年版）

しかし、日本に戻ってからも、戦犯として捕まることを避けるため、まだあと1年半以上の潜伏生活が待っていた。

「北京大学教授」として帰国

１９４８年（昭和23年）5月26日、辻の乗った引揚船が佐世保港に入った。「一秒でも早く日本の土を踏みたい」との思いの辻は、復員関係の役人から伝えられる注意事項を聞くのももどかしく感じていた。

ようやく上陸の許可が下りると、勇躍、埠頭の土を踏んだ。

一にぎりの砂をソーッとすくいあげて、その香りをかいだ。六年ぶりにかぐ祖国の

香りである。国やぶれたれど、山河は残っている。（『潜行三千里』1957年版）

しかし、帰国した喜びにいつまでも浸っている余裕はなかった。米軍による身元調査を「北京大学で考古学を専攻している教授である」と口八丁で切り抜けた辻は、さっそく汽車に乗り込み、まずは家族が住む大阪へと向かった。焼け野原の中、家族が住むという家を探すが見当たらない。そこと思われる住所の近くにいた人に尋ねると、「この辺りにはそんな家はない」と言われてしまう。

途方に暮れた辻が、ひとまず身を寄せたのが、すぐ下の弟、理の妻が経営する下駄屋だった。そこで義妹は店番をしているらしかった（同前）。

海軍軍人だった理は、1943年（昭和18年）、呂号第四十四潜水艦の機関長、特務中尉として舞鶴を出発しトラック島に向かう。以後、輸送作戦や偵察任務に従事していた。翌1944年6月13日、マリアナ諸島方面に急行を命じられ偵察を行っていたが、米軍資料によると6月16日早朝、単独航行中の米護衛駆逐艦の攻撃を受け、撃沈された。乗組員72人は戦死と認定され、理は海軍大尉となった（『戦史叢書　潜水艦史』、『日本海軍潜水

艦史』、渡辺博史『―日本海軍潜水艦部隊の記録―資料編（三）下』）。

義妹のいる店は、間口一間、奥行二間の小さいバラックの店だった。客を装い店に近づいた辻を見つけるやいなや、義妹は、「兄さん、たいへんです。もうすぐ刑事が来る時間です。早く！」と、腕をつかみ、外から見えないように店の奥へと押し込んだ。外の様子を気に掛けながら、義妹は「去年の暮れから、毎日のように刑事が来ます。かくまったらお前も同罪だと言われています。一刻も早くこの場を離れてください」と辻に訴えた。

追い立てられるようにして、辻は東京行きの汽車に飛び乗った。

潜伏生活を伝える新証言

6月に入った頃、東京都杉並区の宝昌寺《ほうしょうじ》の電話が鳴った。電話の主は、「マライの青木です」と名乗った。やがて姿を現したのは、中山服《ちゅうざんふく》の辻だった。宝昌寺は、バンコクで辻の潜伏生活を支えた7人の僧の一人、秦慧孝の実家であった。辻は秦の世話になり、しばらくこの宝昌寺に滞在する（中島『青春の墓標』）。

潜伏中の辻の行動を、日にち単位で拾った記録がある。『人物往来』1952年新年号に掲載された時岡坦の「辻政信内地潜行記」だ。その中で、辻が個人的に親しい人物として、植田謙吉、服部卓四郎、朝枝繁春ら12人の名が挙げられているが、そこには黍野弘の名前もあった。前章で述べたように、黍野は辻の陸大教官時代の教え子で、陸大57期。ビルマ戦線では、辻と共に死線を越え、帰国していた。

　これまでの辻の評伝では、黍野の証言について触れたものは管見の限りなかった。しかし、晩年の黍野と交流のあった神田外語大講師の遠藤美幸から、黍野には私家版の自叙伝『わが古事記への道』があることを教わり、黍野の妻から1冊譲り受けることができた。

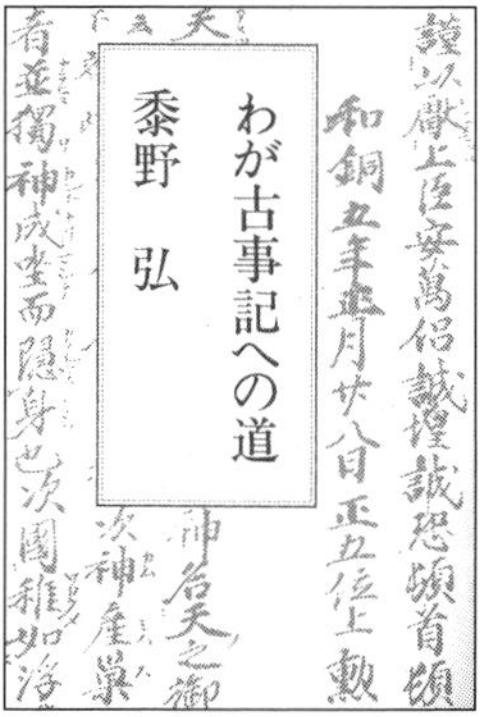

潜伏中の辻の動向を記録した
黍野弘著『わが古事記への道』

　その自叙伝には、これまで知られていなかった国内潜伏中の辻の動向が極めて細かく記されていた。しかも、辻から信頼されていた黍野だからこそ体験できたエピソードも数多い。以下、黍野の自叙伝をもとに、当時の辻の潜伏生活を明かしていく。

　1948年8月、郷里和歌山にいた黍野は、復員局から「戦史研究のため、出頭せられたし、ハットリ」との電報を受け取った。黍野はすぐにこの電報の主が服部卓四郎であることに気付いた。上京し、復員局を訪ねると、果たして出迎えた服部が「〃ハットリ〃とあったので驚いたろう。あれを入れて置かないと、そのまま逃亡するんじゃあないかと思って、わざわざ入れたんだよ」と言い、さらに、「君の会いたい人が一人いるだろう」と笑いながら言った。

黍野が「はい」と半信半疑で答えると、服部は「そうか、じゃあ会いに行くか」と黍野を連れて荻窪駅近くの一軒の家に連れて行った。部屋に案内されると、すでに先客があった。黍野は「陸士四十八期生と称するSさんであった」とイニシャルにしているが、これは士官学校事件で辻の〃スパイ〃となり、学校を追われた佐藤勝郎のことだと思われる。

やがて奥から姿を現したのは、黍野が予想していた通り、辻政信その人だった。辻がここに至った経緯について説明を受けるとともに、その場で、今後の辻の潜伏生活をどう支えるかが話し合われた。辻は転々と隠れ場所を変えていく必要があったが、その情報が洩れてしまうことはなんとしても避けなくてはならない。そのため、辻の居場所を知っているのを、服部、黍野、秦（黍野の言葉で「若い僧侶」）、そして軍の特務機関として活動していた児玉誉士夫《こだまよしお》の4人に限定しようと決めた（辻と児玉とは、石原莞爾の紹介で知り合い、東亜連盟の活動を通して親しくなっていたという）。また連絡係は、やはり服部や児玉では目立つので、黍野と秦の2人でやることになった。

ちなみに、秦の果たした役割については、後年、近現代史研究家の阿羅健一が秦本人に取材している。それによると、秦が辻とやり取りをする手段は、手紙だった。しかも、連絡はいつも辻からだった。千歳と辻との連絡役や、服部から受け取った金を辻に渡すのも秦の仕事だったという（阿羅健一『秘録・日本国防軍　クーデター計画』）。

辻はしばらく宝昌寺にとどまっていたが、都会は人の眼が多く、安心することはできなかった。秦の手引きで、次に辻が身を隠したのは、山懐に抱かれたような兵庫県豊岡市の三原集落だった。

三原の山寺で

1948年（昭和23年）6月下旬、国鉄宮津線（現・京都丹後鉄道）久美浜駅で下車した辻は、峠越えの一里半ほどの山道を歩いて、三原集落に向かった。ようやく辿り着いた三原集落はわずか30軒ほどの小さな集落で、村人は農業と炭焼きで生計を立てていた。そこはまるで辻の故郷・今立のような山村の生活だった。当時はまだ電気が通っておらず、住民はランプで生活していた。

それからおよそ70年が過ぎた今でも、村は昔の面影を残していた。

「ちょうど辻さんが帰られた後、電気がついた」。地区に住む谷岡善一《たにおかぜんいち》は振り返る。谷岡の自宅から歩いて数分の距離にある曹洞宗の寺、青隆寺《せいりゅうじ》。ここが、辻が「北京大学教授本田正義」として潜伏した寺だった。

午後三時ごろついた。区長にあいさつして、荒れはてた山寺の門をくぐる。

「禁　葷　酒　山　門」

ときざまれた石塔が苔むして立っている。カヤ屋根には蔓草がはびこり、腐るにまかせ、壁もおち、障子はほとんど破れ、室内はクモの巣と、ネズミの糞とほこりで足のふみ場もない。境内の雑草は茂るにまかせ、お堂に足を入れると、畳の表もわからぬほどのほこりである。（『潜行三千里』１９５７年版）

当時の辻があきれたほど朽ち果てていた青隆寺だったが、それもそのはず、この時すでに10年もの間、無住の寺であった。

２００９年に台風の被害を受けたため、本堂は建て替えられているが、場所はそのままで、本堂の前に立つ石塔は辻が潜伏していた頃と変わらない。表面に「禁（不許）葷酒《くんしゅ》入門」（修行の妨げになるものの持ち込みを禁ずるの意）と刻まれた文字は今も、はっきりと読み取ることができる。集落の中でも高台に位置するこの場所からは、山々と集落との間に広がる田んぼがよく見渡せる。その光景は、やはり辻の故郷にどことなく趣が似ていなくもない。

辻がいた当時と変わらず建っている
石塔を指さして説明する谷岡さん

辻が住み着いた当時の青隆寺の様子は、辻の１９５７年版の『潜行三千里』に掲載された写真で見ることができる。草木生い茂る鬱蒼とした中に、かやぶき屋根のような建物が建っている。この写真は後日、辻が同書を刊行する際、依頼を受けて谷岡が撮影し、辻に送ったものだという。

当時16歳だった谷岡は、初めて辻が訪れた時の様子を覚えている。

「区長が集落の人たちを招集して、北京大の先生が本を執筆したいので、ここを貸してくれと言った。よかろうという部落の了解を得て、それで見えられたわけです。チョコレート色の革のボストンバッグを持って、体格の良い人だった」

寺に住み着いた辻は、集落の人から慕われていた。谷岡は語る。

「10年以上も無住でしたから、廃墟の建物みたいですやん。それを朝晩、お経をあげてくれるし、鐘をたたいて、木魚をたたいて。それは尊敬しますわ。親しくなるし、年寄りも訪ねていって、世間話を聞かせてもらって帰る。人と人との人脈も心得ていた」

谷岡自身も辻を慕い、足しげく寺に通ったという。谷岡が声をかけると、寺の一番奥の部屋を使っていた辻が「あがり」と言い、寺の中で話をした。半袖半ズボン姿のこの人が、あの辻政信であるとは思いもせず、農村では切実な問題となっていた農地改革の話題から、ありふれた世間話までした。

辻は、境内の荒れた庭を耕して畑を作り、拾ってきた甘藷のつるを植え、買ってきた菜種をまいた。村人からはウサギの子をもらった。そのウサギを「一人住まいの荒寺に、子供が一人ふえたようだ」（同前）と言って、ことのほか可愛がった。ほんの数年前まで激戦の最前線に立っていたとも、まして潜行中とも思えぬ、穏やかな暮らしぶり――。谷岡を含めた村人は皆、辻のことを大学の先生で、僧侶なのだと信じた。

「疑う者は誰もおらしません。米の配給ももらいに行っているし、駐在さんも何回も来ていたのに、気がつかなかったくらいやから」

しかし、2か月もたたないうちに、辻にはここを去らねばならなくなるような事態が起きていた。それはまず、8月のお盆前のうだるように暑いある夏の日に起こった。庫裏の入口に、半袖シャツにカーキ色の半ズボン、草履を履いた、汗まみれの青年が立っていた。

6年ぶりに会う、長男徹の姿だった。徹は暑い日中、険しい峠を越え、父に会いに来たのだった（同前）。徹の口からは、南京で辻が受け取った家族の苦境が繰り返し、伝えられた。

中学二年で敗戦になり、学校をやめて、大工の見習いをふりだしに母をたすけて、幼い妹や弟をささえてきたが、どこの職場でも毎日のように刑事の訪問をうけるため、店主から解雇され、三月とはつづかなかったらしい。

「お母さんはどうしてる」

「朝早くからミシン工場に通い、夜は三時ごろまで家で内職を……」〔中略〕

朝三時までミシンをふんで、五人の子供たちにコッペパンの一切れをどうにかもとめて暮している家庭のみじめさが、子供の口からボツボツ語られる。(同前)

戦犯の家族の生活は、手紙に書かれていた時よりも悪化していた。南京の国防部から留守宅に送ると約束していたはずの仕送りも実行されていなかった。しかも、経済的困窮だけではない、穀にまで刑事の尾行が付いているという。辻が庭で植えた甘藷のつるで作った味噌汁を二人ですすり、夜には、一枚のせんべい布団にくるまりながら、いつまでも話をした(同前)。

「至誠一貫人」

親子水入らずの時間はあっという間に過ぎた。辻は、徹を送るため、城崎温泉に出た。駅に向かう辻親子の目には、遊客で賑わう城崎温泉が映った。それは、小学校高等科の頃に見た山中温泉の様子と重なったのかもしれない。辻にはそれが不快だった。

早く汽車がついてくれればよいと思う心と、一刻でもながく待ってくれたらと望む心がもつれあう。〔中略〕子を送る父にもまして、父を残して去る子の心はどんなに苦しかったであろう。汽車がついた。人ごみの中に消えてゆく子は、煙の中から手を振っていた。（同前）

辻は死線を越えてきた男である。だが、徹はまだ17歳。自分の行動によって、戦犯として潜伏生活を続ける父の居場所がばれてしまう可能性よりも、父に会いたいという気持ちが勝ったのだ。お父さんはなぜ僕らを助けてくれないのか。そんな止むに止まれぬ思いを抱え、徹は一人大阪から辻に会いにきたのではなかったか。

毅に、当時の兄・徹のことを聞くと、こう答えた。

「兄は本当に苦労したと思いますよ。中学校を途中で辞めて、家族のために働いた。長男としての責任感もあったのかもしれません。パン工場に職工で行っていました。時々、きょうだいのためにパンを持ってきてくれた。売れ残りか、出来損ないの……不出来品ですよ。母はその当時、内職で洋裁の仕立てをやっていました。それを客のところに持っていくのは小学校に入る前の私の仕事でした。兄は大工の修業もしていました。頭は非常によかったです。手先も器用だったので、何でもやりましたよ」

しかし、徹が青隆寺を訪ねてきたことで、自分の居場所がバレることを辻は懸念した。さらに、村民の挙動を観察していると、「何かいわくつきの人だというううわさが高くなった」とも感じられた（同前）。捜査の手が及んでいると考えた辻は、再び潜伏先を求め、ここから立ち去ることを決めた。三原に来て4か月ほどがたっていた。

しかし、谷岡は最後まで辻のことを疑わなかった。突然辻に呼ばれ、「家内が悪くなったから、帰らないといけない」と告げられた。辻が大切に飼っていたウサギは谷岡が引き取ることになった。翌朝、谷岡がウサギを受け取りに寺に行ってみると、もう辻の姿はなかった。

この村に、かぎりない惜別を感じて移転の準備を終わった。兎の仔はもう一人前になっている。それは世話になった村の青年に、その他の不要品とともにわけ、夜明け前に三原部落の峠を越え、久美浜から、一番列車で但馬の国をあとにした。（同前）

この「世話になった村の青年」が谷岡のことなのだが、谷岡は「去られてから『あの方は普通ではなかったな』となった。隠れるのではなく、胸襟を開いて接する。疑う者はいなかった」と語る。

辻は、当時珍しかった缶入りのドロップを持っていて、村の子供たちにもあげていたという。谷岡にとって印象的な想い出がある。子供を4、5人残して両親が亡くなった家が集落にあった。その子供たちに、辻は手持ちのわずかばかりの金や、自身の着ていた古着をあげていた。「何と情けがある対応かと思った。ほんとに穏やかで優しい人だった」。

辻が谷岡さんに贈った書。「至誠一貫人」と大書されている

谷岡にとって、その印象は今も変わらない。

後年、谷岡は辻に書をしたためてもらった。辻独特の跳ね上がるような大ぶりな字で「至誠一貫人」と大書されている。

「この掛け軸を見て、私の性格を書いてくれたんじゃないかと言ってくれる人もいます。でも私は、辻さん自身の生き方なのかなと思っています」

十代後半の多感な時期に辻と出会ったことは、その後の谷岡の人生に大きな影響を与えることになる。市役所に勤めた谷岡は、河川の拡幅工事など、市の大事業に関わった。

「辻さんと似ているかもしれません。大きな違いはありますけど、やらないといけない時はどんなことがあってもやる。人を蹴散らしてえらくなろうとか、そんな気は一つもない。自分がやろうと思ったら、信念を持ってやらないといかんわ。たたかれる時はたたかれる。精魂を打ち込まないけまへん。ええか悪いかは別として。でも、部下は大事にする」

掛け軸の前に座り、谷岡は訥々とそう語った。

『潜行三千里』誕生の経緯

三原を立った辻は、静岡県・天城山中の小屋で潜伏した後、木村武雄の所有する軽井沢の別荘に身を寄せた。すでに紹介した黍野の『わが古事記への道』はこの頃の辻についても詳しく記している。

軽井沢に辻を訪問しようとしていた黍野は、その2、3日前に兄から紹介された、とある出版社の関係者に会った。ちょうどその頃、毎日新聞社『秘められたる戦記』(1946年)など戦時には伝えられなかった「事実」を記録しようという姿勢で作られた本がいくつか刊行されていた(成田龍一『「戦争体験」の戦後史』)。

黍野はビルマ戦記を書くよう依頼されるが、今はそのような心境ではないと断った。すると、「あなたが嫌なら、あなたの近くに〝ビルマ戦記〟を書く最適任者がいるでしょう。その人に頼んでくれませんか」と言われてしまう。どうして辻との関係に気付いたのかと驚いた黍野は、答えをはぐらかしたものの、尾行がついていないことを数日にわたって念入りに確認した上で、軽井沢の木村の別荘に向かった。

辻に出版関係者とのやり取りを伝えると、辻は乗り気になり、原稿は自分が書くから、本は黍野の名前で出し、原稿料は連絡係の謝礼としてもらってくれとまで言い出した。黍野は暗に断ったが、辻は翌日になっても執筆する意欲が強く、黍野にビルマの地図を探してきて欲しいと頼んできた。黍野は軽井沢じゅうの書店を探し回ったが、結局、中学生の学習用のおおざっぱな世界地図しか見つけることができなかった。それでも、辻はその地図を「上等、上等」と嬉しそうに手に取ったという。

1か月後、再び軽井沢を訪れた黍野に、辻は分厚い原稿の束を見せた。資料も何もない中にもかかわらず、内容は戦闘の内容が詳細に記述されており、些細な間違いが2か所あるだけだった。黍野は改めて辻の頭脳の明晰さに感心させられた。後年、この原稿は辻の初めての単行本として、酣燈社《かんとうしゃ》から刊行された。タイトルは、辻が「彼我の兵力を比較すると不思議に〝十五対一〟になっている」と言ったことから『十五対一』と名付けられた。

1949年(昭和24年)3月上旬、軽井沢を後にした辻は、真鶴半島の突端にあった元外交官の河相《かわい》達夫が所有する別荘に潜伏する。河相も木村と同じく、東亜連盟に共感した人物であった。

ここで、黍野は辻から「実は『十五対一』の続編を書き上げた。それで河相さんにその表題をつけるよう頼んだら、『故国の土』とつけてくれた。が、今ひとつぴんとこない。貴様にも読んで考えて欲しい」と言われる。翌日、一気呵成に原稿を読み終えた黍野は、別荘にいた女中にコンパスを探して来てもらい、バンコクからハノイ、重慶、南京、上海、佐世保までの距離を測った。すると、その距離は約1万2000メートル。つまり三千里となった。紙に「潜行三千里」と書いて、辻に渡した。これが、黍野の語る『潜行三千里』が誕生した舞台裏である。

もっとも、『潜行三千里』のタイトルは人気作家の吉川英治が付けたという話もある。その真偽を確かめることは、今となってはかなり難しい。ただ、人目に触れることがほとんどない私家版で、あえてこのような込み入った偽り話を黍野がするとも考えにくい。いずれにしても、のちに大ベストセラーとなる一冊はこの時期に真鶴で一気に書き上げられたのだった。

一方で、城崎温泉駅で別れたその日以来、辻は徹のことが気になって仕方がなかった。「辻の倅《せがれ》」は「戦犯の息子」と世間から冷たい目で見られ、就職できても、長続きしなかった。辻は、徹を自分の傍に置こうと決めた。そして黍野に、大阪の心斎橋通りにある洋菓子店に勤めていた徹を連れてくれるよう頼んだ。

日本のために共に戦った国民同士がなぜ戦犯などと言って差別するのかと、いわば義憤に駆られた黍野は、徹を迎えに行く。黍野は心斎橋の洋菓子店で、白いコック帽をかぶり、見習いの修業をしていた徹と初めて会った。

初対面だったが、随分と苦労していることを感じた。一七、一八歳といえば、普通ならまだ幼さがあるのだが、体は大きくがっしりとして既に一家を支えて来た厳しさが漂っていた。（黍野『わが古事記への道』）

最初は渋っていた徹も、やがて黍野の説得に応じ、辻のもとに来た。徹との生活を喜んだ辻であったが、同居生活は長く続かなかったようだった、ある時、黍野が辻のもとを訪れると、もう徹の姿はなかった。黍野は「恐らく父親とウマが合わず児玉［誉士夫］さんにでも預かって貰っているのだろう」と思ったという。

黍野の予想通り、辻のもとを再び離れた徹は、児玉の書生となっていた。

この当時のことを徹自身が1975年7月の雑誌『宝石』で回想している。1949年（昭和24年）7月、国鉄総裁・下山定則《しもやまさだのり》が出勤途中に失踪し、翌日轢《れき》死体《したい》となって発見された「下山事件」が報道された数日後、児玉の事務所にカーキ色の国民服を紺色に染めた服を着た35歳くらいの痩せ形の小柄な男が再三訪れた。名前も用件も言わない。ただ、どうしても児玉に面会を求めている。

そこへ児玉が帰ってきた。「先生、変な男が来ています」と徹が小声で伝えると、児玉は「ナニッ」と言うやいなや、くるりと向きを変え、洗面所に飛び込んだ。続いて入った徹が見たのは、体を小刻みに震わせた児玉の姿だった。児玉はもどかしげに、持っていた信玄袋の口を引きちぎるように開けると、中から袱紗《ふくさ》に包んだ拳銃を取り出した。だが、焦っているせいか、手が震え、弾の装塡がうまくできない。「イカン、拳銃がだめだ……俺は便所に隠れるから、お前は男を追い出せ！」と命じた。徹は、男に対し、「先生は多忙だ、名前も言えない者には面会しない。帰ってくれ！」と凄みを利かせ、追い返したという。

男が帰ったことを、便所に隠れていた児玉に伝えると、顔面蒼白となっていた児玉は、拳銃を片手にまだ怯えた様子だった。そして、車に乗り込んだ児玉は、笹川良一のもとへ向かう。「当分、笹川さんのところにいる」と言い残して。それを受け、徹はこう綴っている。

心の内で何か大きなものが、音をたてて崩れて行く、砂上の楼閣か？　大陸での勇名、右翼の大先生、自問自答する。［中略］この事件を契機として児玉氏との心の繋がりは消え、赤裸々な弱点を見せた人間と、見た人間との関係になった。

辻のもとを離れ、右翼の大物・児玉誉士夫の書生となったが、児玉が見せた姿は、徹が敬慕できる男の姿ではなかった。児玉は父親の代わりとはならなかった。

戦犯指定解除

私が日本に帰って来た目的の一つは、八十の母に会いたい、ということであった。
当時母は石川県の田舎にいた（『文藝春秋』「沈潜忍苦の十年」1955年4月）。

1948年（昭和23年）初秋、辻は母もとに一目会うため、人目を避けて、今立の集落へと降り立った。午後9時頃、リュックをかついで険しい裏山から近づき、懐かしい生家の中の様子をうかがうと、母と弘、弘の子である弘信たちが囲炉裏を囲んで話をしていた。辻は声をかけずに、戸を開け、滑り込むようにスーッと中に入っていった。

「おっか、帰った」

皆の視線が一斉に辻に注がれた。もとは驚いて声を出すこともできなかったという。だがすぐさま、村の人が訪ねてきて見つかったら大変なことになる、と正気に戻り、辻の腕を引っ張って奥の部屋へと引きずり込んだ。弘信は「家中びっくりした。父や祖母らは叔父を慌てて奥の部屋に通し、一晩中話し込んでいた。私は居間に残って見張り役をした」と回想する（2001年6月5日付朝日新聞石川県版）。

もとは、「動悸が打って、ウラ［私］は倒れそうになったが、それをやって本当によかったと思った」と翌日、政良に語っている。しかも母のこの機転が辻を救う。辻が帰ってきて間もなく、村人が、翌日行われる村内の道路舗装の人足の相談で訪れたのだ。室内は弘一家がいる普段と変わらない光景で、村人も異変に気付くことはなく、隣の家に同じ用件を伝えるために出ていった。政良は「我が子の命を救わねばならぬとの母の必死の本能がかくあらしめたものと思う」と述べている（『喜寿の戯言』）。

この時期、辻の姿は県内の他の場所でも目撃されている。しかも、今立のすぐ近く、同じ東谷奥村の荒谷で……。取材に答えてくれた表谷吉雄《おもてやよしお》は、やはり70年ほど前、10歳頃だった少年時代のその日の晩の出来事を今も印象深く覚えている。表谷の家は、今立に通じる裏通り沿いにあった。

夕飯を終え、家族でくつろいでいると、「トントン」と自宅の戸をたたく音がした。

表谷の祖父が出ると、一人の男性が立っており、風呂に入らせてほしいと言う。暗闇の中、室内の薄明かりにぼんやりと顔が照らされていた。表谷が「あの人誰や」と聞くと、祖父は指を口に当て「黙っとれ」と、厳しい顔をした。

「恐怖心やわ。そうなってくると。でもはっきり顔は覚えていた。（辻が）選挙に出た時、あ、あの人やと思いましたね。それまでは分からなかった。こういう人物だったのかと」

数年後、辻が選挙に出馬し、地元の小学校の講堂で演説をした時のことだ。瞬く間にあの晩の記憶がよみがえった。折しも、それは4年半の潜伏生活を経て、辻が再び表舞台に躍り出た時でもあった。

1950年（昭和25年）正月五日、雪が激しく降っていた。辻は、奥多摩の古里《こり》の隠れ家で、一人迎えた正月を原稿の執筆に勤んでいた。そこへ、頭から雪をかぶった女学生が2人、ふいに訪ねてきた。おそるおそる玄関に出てみると、7年もの間会えていなかった辻の娘たちだった。吹雪にもかかわらず、外套も着ず、夏の薄い服だった。娘たちはこう口をそろえた。「戦犯容疑が解けたそうです。すぐ帰ってください」

服部からの報せで、辻の戦犯指定が解除になったことを家族は知ったのだった。

しかし、辻は当初これをアメリカの策略ではないかと疑った。そのため、すぐに家に戻ることはできないと娘たちに伝えた。だが、去っていく娘たちの後ろ姿を見ると、辻の心は大きく揺れ動いた。

辻が相談したのは服部であった。その日のうちに服部の家を訪ねた辻は、服部から「おめでとう。大丈夫と思うから、一刻も早く帰ってご家族を安心させたまえ」と言われ、ようやく家族の住む家へと向かった（『潜行三千里』1957年版）。夜も遅くなっていたが、末っ子の毅以外は、寝ずに辻を待っていてくれた。6年ぶりの家族そろっての団欒だった。1942年（昭和17年）生まれの毅とは赤ん坊の時、別れてから一度も会っていなかった。

毅は今、当時を振り返って語る。

「戦死したと言われていましたから。父と出会ったのは小学校2年生か3年生の時。ある日、朝起きたら隣に変なおじちゃんが寝ていたから、『ぎゃー』って飛び出しましたよ。生まれてはじめて父親を見たんです」

改めて家の中を見て、辻は愕然とする。めぼしい家財道具はなく、たった一つの机は食卓にも、勉強机にも、千歳の内職の作業台ともなっていた。一切れの餅を買うために、わずかに残った古着さえ質屋に入れて、正月を迎えたのだ。質屋通いは、辻家では珍しいことではなかった。

そして、辻はこう思う。「国は敗れたが、親と子の血はつながっていた」と（同前）。

ベストセラー連発の裏で

戦犯指定が解除されると、これまで書きためていた原稿を本として刊行する。1950年（昭和25年）4月から12月まで、『十五対一』『潜行三千里』『ノモンハン』『ガダルカナル』『亜細亜の共感』と、およそ2か月に1冊のペースで立て続けに刊行する。

『ノモンハン』と『亜細亜の共感』は、亜東書房という東京都千代田区四番町にあった小さな出版社から出している。この出版社を経営していたのが、あの佐藤勝郎だった。

前述した『人物往来』1952年新年号に掲載された時岡坦の「辻政信内地潜行記」では、佐藤を「特に密接な関係」とし、「辻が士官学校教官時代の教え子の一人で、彼は辻を神の如くに敬い、その命は神託のように信奉するといわれる」と記している。

佐藤は士官学校退校後、満州国軍に入ったものの、負傷して帰国する。その後は、東北帝大法科に入り、日航に就職。終戦の直前には、中華航空に転職した。ここまではすでに記した通りだ。士官学校事件の重要人物でありながら、これまで戦後の佐藤の経歴については、はっきり分かっていないところが多かった。ただ、丹念に同期生の残した資料を追うと、その最期に到るまでの道程が見えてくる。それは何とももの悲しい物語である。

同期生が各々文章を寄せた『任官四〇周年　記念会誌』で、同期生の衣笠駿雄が終戦直後からの佐藤の様子を綴っている。それによれば、佐藤はこの衣笠ら同期生と共に、食料品の卸、小売りを始めた。「社名には若杉参謀の御名前を戴いた」とある。若杉参謀とは、同期生の三笠宮崇仁親王の戦時中の変名だ。

衣笠は、佐藤の人柄についても回顧している。


彼には直ぐ人に好かれる魅力的な所があった。ニコニコッと笑みかけ、人の腹中に飛び込み、広い範囲の人と仲よくなる。更《さら》に自然現れる気魄、情誼《じょうぎ》の厚さが一層ひきつけるのである。ただ好嫌《すき》いが激しく、又それが変動する所があった。

亜東書房は、辻の著作を発表するために佐藤が設立したらしい。佐藤が亜東書房に関わったのはわずか3年ほどだが、その間に、辻の著作だけではなく、例えば、シンガポール虐殺に関わり死刑となった河村参郎の『十三階段を上る』なども刊行している。

佐藤は、1953年（昭和28年）大阪に移り、大学時代の友人と製袋事業を営んでいたが、間もなく挫折し、1955年（昭和30年）には元軍人が経営する寝具販売会社に役員として入社する。しかし、佐藤の体は病魔に蝕まれていた。翌年1月、入院先の病院に見舞いに来た衣笠に、佐藤は「病気なんかに負けるか」と気丈に話したというが、それから間もなくの2月9日、肝臓がんで亡くなった。

別の同期、土居正巳は佐藤の葬儀に駆けつけた。その時の様子を『任官四十五周年記念会誌』で回想している。葬儀に参加した同期は3人であった。それは身を切るような寒い日のことだった。佐藤の棺を同期生3人に寝具会社の社長を加えた4人で担いだ。

土居は「大男で実に重かったのは忘れ得ない。母の居ない三人の幼児が泣いて何時《いつ》迄《まで》も遺体から離れない姿には落涙を禁じ得なかった」と記している。

佐藤は、亜東書房の経営に携わる傍ら、元軍人たちが近況を報告したり、戦時を回顧したりする会報誌の刊行にも関わっている。その会報誌には、佐藤の死後、その死を追悼する記事が掲載された。そこには佐藤の人物像として、こう記されていた。

氏は六尺三十三貫に近い堂々たる体軀《たいく》で見るからに精力的なタイプであり、その仕事ぶりも、常人ばなれのしたものであった。性質は直情径行で、極めて正義感が強かった。そのため不正を悪《にく》む念がまた痛烈で、決して妥協をしなかった。この点、氏には、強い支持者もあった反面敵《てき》も多かった。生前毀誉褒《きよほう》へん相半ばした所以《ゆえん》である。

(『偕行』1956年3月15日)

士官学校事件直後の、信念と後悔の間で揺れ動いたように見せた佐藤の姿とは違う。事件以降の佐藤は、自分が正しいと念じた正義を最後まで信じきろうとしたのだろう。そう信じることでしか、生きていくことはできなかったのかもしれない。辻を思慕し、辻の姿を追ううちに、辻の、どこまでも己の信念に忠実な生き方に自身を重ね、実践しようとしたのではないか。辻という強力な磁場に翻弄され続けた人生だった。

1950年（昭和25年）、辻は1年間に5冊もの著書を刊行するが、その中でも最も辻の名を高めたのは、『潜行三千里』だった。刊行後、辻を紹介する枕詞には「潜行三千里の」と付くことが極めて多くなり、辻の代名詞となる。

本は売れに売れた。出版ニュース社が調べたこの年のベスト10には、吉川英治の『宮本武蔵』や、『きけ　わだつみのこえ』、谷崎潤一郎の『細雪』とともに、『潜行三千里』と『十五対一』の2冊がランクインしている。それによって得た収入は莫大なものだった。

国税庁が1951年（昭和26年）3月発表に発表した、前年1年間に文壇人が得た印税収入は、1位が吉川英治の761万円、2位は川口松太郎で576万円、辻は10位で300万円と、人気作家たちと共に名を連ねている。

評論家の大宅壮一は、『潜行三千里』『十五対一』などについて、「彼の書くものには、いろいろと非難はあるが、まるで真田大助や猿飛佐助の講談を読むように面白い」（『講演時報』1952年12月）と評している。

また、小説家の杉浦明平《みんぺい》は1966年1月号の『朝日ジャーナル』で「『潜行三千里』こそ、よかれあしかれ、わたしたちの論じていた国民文学そのものだったといってよかったのである。［中略］そこにはナショナリズムがある。それは大東亜共栄圏の一変種で、その原型が争いがたく残っており、かなり低俗な姿を呈しているが、それこそ国民大衆にもっともわかりやすくうけいれやすい国民主義であった。［中略］気むずかしい戦後文学とちがって、興味津々たるものがある。とくに『潜行三千里』という題名は、元参謀、陸軍大佐という肩書とともに、国民大衆の好奇心と読書欲をそそらずにはいなかった」と書いている。

繰り返しになるが、辻は『潜行三千里』を「国は敗れたが、親と子の血はつながっていた」と、力強い言葉で締めている。ただ、本が売れたからと言って、辻家の生活が豊かになったわけではなかった。印税などによる収入で援助した遺家族は10数名に上ったという（『辻政信と七人の僧』）。辻の士官学校時代の教え子であり、陸士48期の堀江芳孝は著書『辻政信』の中で、辻がノモンハン事件で退役した植田謙吉・元関東軍司令官に100万円を贈ったという記事を紹介し、こう述べている。

終戦後GHQの指令で軍人と遺家族の恩給と扶助料が停止となり、昭和二十七年独立を取戻すまで生活に困っている方々が多かった時だけに、百万円という大金は大反響を呼んだ。

さらに、堀江は、陸士の同期生である佐藤勝郎と会った時の出来事も記している。堀江が「おい佐藤、忙しそうだな、儲かってしようがないだろう」とからかうと、佐藤は「冗談じゃないよ、売り上げは皆辻さんが持って行ってしまうんだ」と困り顔であったという。もちろん、これが私腹を肥やしていたというわけではないというのはすでに述べた通りだ。辻は、不思議なくらい金銭欲のない人であった。

毅は、この頃の辻家の経済事情をこう語る。

「ずいぶん収入はあったんです。だけど、それを戦争で困った人たちの家庭に持っていったんですよ、家族に渡さずに。うちの家族は、いつも質屋通いでした」

マレー作戦の時、第二十五軍で辻の上官である高級参謀だった池谷半二郎は1950年(昭和25年)の秋、渋谷駅で辻と偶然出会っている。池谷はこの年の春、5年間のソ連抑留から帰還したばかりだった。

お互いの無事を祝し合った後、池谷が「辻君、君の著書、潜行三千里を読んだのだが、君も、よく帰ったものだね」と話したところ、辻は即座に「未だ、私が必要なのでしょう」と返答した。池谷は内心驚いた。「当時、職業軍人は、誰れ彼れの別なく、尾羽打ち枯らして居るのに、彼から、この答を聴いた瞬間、彼の自信力に驚嘆すると共に、敬意を表したい気持ちさえ起こった」（池谷『ある作戦参謀の回想手記』）

その後、間もなく池谷は辻が石川県から衆議院選挙に立候補したことを知る。

1951年（昭和26年）8月、胃の摘出手術をした体は、以前よりも弱りはしたものの、気力はまだ満ち満ちていた。こうして、ようやく辻の「戦後」が始まった。

第7章

政界という名の戦場

―1952年の辻政信―

兼六園での3万人講演会

1952年8月16日、辻の姿は金沢・兼六園の長谷川邸跡広場にあった。終戦直後の潜伏生活を綴った『潜行三千里』をはじめ、戦前戦中期を回想する書籍の立て続いての刊行は、辻を一躍「時の人」に押し上げ、各地での講演会に招かれるようになっていた。この日も兼六園で「アジアの黎明」と題した講演を行う予定だった。

講演前から、すでに辻人気の高さを感じさせる出来事があった。講演前にもかかわらず、主催した地元紙・石川新聞に講演依頼が県内各所から舞い込んだのだ。そのため、石川新聞では、「おことわり」としてこのような記事を掲載せざるを得なかった。

辻政信氏の講演会あるいは座談会の開催申込みが県下各地から本社へきていますが、同氏の日程がすでに決定していますのでご相談に応じ難く、よろしくご了承ねがいます。

炎天下にもかかわらず押し寄せた3万人とも5万人ともいわれる聴衆の万雷の拍手のうちに登壇した辻は冒頭、「九師団に所属、部隊を指揮して支那に転戦中本県出身の十二名の部下を失したことは、まことにもうしわけない次第であり、あれから二十年、いまここに再び皆様の前に立って敗戦のお話しをすることはまことに心苦しく思う次第でありま す」と前置きしてから、3時間怒濤のごとく話し続けた。

潜行中の苦労話の中に、時折、冗談を交える。そうかと思うと、1948年(昭和23年)に中国から身分を偽って帰国し、長崎・佐世保に到着した時のことに触れ、「戦争に敗れたこの祖国の土が、このように懐かしいものであろうか。その土をソッと抱きしめてみた」と情緒的に語りかけ、拍手を受ける。

また、広島、長崎に原爆を落としたアメリカのトルーマン大統領を「戦犯第一号」、シベリア抑留を行ったソ連のスターリンを「戦犯第二号」と批判し、喝采を浴びた。聴衆の心をつかんだ辻は、日本人の力で国を守り、アメリカに依存しないという持論「自立自衛」を主張する。

講演会を報じた新聞掲載の写真は、地面が見えないほど白いシャツを着た男性たちで埋め尽くされている会場の様子を捉えている。3時間にわたる演説を終え、辻が演壇を降りると、熱狂の余韻を引きずった聴衆が押しかけ、身動きさえできなくなった。

講演会の直後、辻に地元紙の北国新聞の記者が、国政選挙への出馬の意思があるかどうか確かめようとした。

記者が、「県下政界の一部では『辻氏は次期総選挙に郷土から出馬するのではないか』とのウワサがしきりである」と聞くと、辻は、「選挙に出るなどとは全く考えていない」ときっぱり否定した。その理由について、「私の信念や抱負はきょうの講演で述べたとおりであるが、この実現にはまずかつて石原莞爾氏が提唱した東亜連盟運動を復活させることが先決である。私は今日まで九州、四国、東北の各地を講演し同志を糾合しており、いずれこうした同志の中から国会に議員を送ることもできるだろう」と述べた。さらに、「私自身が選挙に出ることはカバンも背景もないのでこれまで全然考えたことはない」と言葉を足した（『北国新聞』1952年8月17日付）。辻は、自著『私の選挙戦』の中でも、「本心であり、思いがけない質問にむしろ面喰らったものである」と書いている。

辻が導師と敬慕した石原莞爾は、1949年（昭和24年）8月に亡くなっている。辻が

辻の講演を聞くため、金沢市の兼六園に集まった大群衆

戦犯解除を受けて世に出ると、石原の主唱していた東亜連盟の再興の期待は辻に集まった。各地で東亜連盟関係者の主催による講演会が行われ、盛況を呈していた。さらに、地元石川の政界関係者らも巻き込んで、辻に出馬を促す動きが澎湃《ほうはい》として湧き起こった。

出馬に向けた気運が醸成される中で、冷静に辻を見ていた人もいた。田々宮英太郎の『参謀辻政信・伝奇』に、辻の同期生で同郷の田辺新之のエピソードが載っている。

田辺が世田谷の辻宅を訪れた時、東亜連盟関係者で、辻の潜行生活を支えた木村武雄（この年の総選挙で政界復帰）がしきりに国政選挙への出馬を勧めていた。辻は政治に向かないと思っていた田辺は、木村に対し「辻君を無責任におだてるなよ」と戒めた。そして、辻にも「お前さんには政治家の素質なんか無いんだ。名誉欲や売名のためなら、よろしく止めておけ」ときつく釘を刺した。

田辺がどのような思いで、辻の出馬を止めようとしたのか。田辺と辻との関わりを示す資料は多くないが、同期会誌で、三品隆以が書いた原稿を岡田芳政が紹介している（『三六會誌』37号）。三品は、辻と田辺の関係をこう表現する。「辻の生前、田辺ほど、辻に苦言、善言をヅケヅケと、言ってのけたものはあるまい。あの頑固な辻が、田辺の言うことは、素直にきいた。相識り、相信ずる、まさしく知己の真情である」。三品は、田辺にこう問いただした話も書き残している。

「貴公は、辻が好きか」

「好きだ、好きで好きで堪らない、死ぬ程《ほど》好きだ」

辻をどこまでも愛した男が、辻に出馬を思いとどまらせようと思った。それは、辻を知り抜いた上での心からの助言であった。それが的外れなものではなかったことはやがて分かるのだが、熱狂の渦の中に飛び込もうとしていたこの時はまだ、そのことに気付いた人はほとんどいなかった。

百歩譲って、兼六園で講演をした時はまだ出馬する意思はなかったとしても、辻個人の人気、期待の高さを証明するには十分だった。兼六園での講演会が終わった直後にもかかわらず、辻はこの日の夜から金沢市安江町の東別院で行われた懇談会に出席している。辻の話を聞こうと集まった同期生や上官、同僚、部下、遺族たちに辻は囲まれた。写真を見ると、広間のような場所にシャツ姿の男性たちが隙間なく座っている。話の内容は、昼の講演と同じだが、翌日の新聞記事によると、「一時間にわたってこんこんと話し、参会者は物音一つたてず熱心にきき入った」という（『北国新聞』1952年8月17日付）。

昼の講演の後、出馬を否定されても、記者は夜まで辻を追いかけている。大観衆の喝采を浴びたばかりの辻の出馬否定の言葉を、記者がにわかに信じることはできなかったのも、無理のないことだった。辻は20日には大聖寺と小松で、さらに七尾では21日と、県内各所で講演を行い、それぞれ数千人の聴衆を沸かせている。

衆院選に電撃出馬

1952年（昭和27年）8月28日、吉田茂首相は、第14回通常国会の冒頭、衆議院の解散を決行した。これはいわゆる抜き打ち解散として知られる。

ここからの辻の動きは、かつての奇襲作戦のように迅速だった。解散からわずか4日後の9月1日、金沢入りした辻は、衆議院石川1区からの出馬を表明する。

〝潜行三千里〟の元陸軍大佐大本営参謀辻政信氏（四九）（本籍江沼郡東谷奥村今立）は一日金沢市役所と石川県庁を訪問、今度の総選挙には無所属で石川一区から出馬すると立候補を声明した。同氏の立候補はすでに混戦を予想される同区にさらに旋風をまき起こすものとして関係者に大きな衝撃を与えている。（『読売新聞』1952年9月2日付）

全国紙である読売新聞は出馬の事実だけを書いているが、地元紙はいずれも、辻が出馬を決断したという1日朝の様子を詳報している。

一日朝竹馬の友、金沢市殿町中村友吉郎氏（四九）＝吉田商店専務＝を訪ね、〝選挙に出るか、出ぬか、どうする〟と何の前ぶれもなくポツリと切り出し、中村氏はそくざに〝でるなら郷土の一区からだ〟と、わずか一分で立候補を決意、得意の作戦の妙をひそめておひるには早くも井村金沢市長、柴野石川県知事、県政記者室をたずね世界平和の所信を一くさり。（『北国新聞』1952年9月2日付）

中村とともに、県庁を訪れた辻は、知事室で記者団を前に正式に出馬表明をする。記事にはその写真も載っている。白いシャツの辻が記者7人に囲まれ、取材を受けている。その後、場所を記者室に移し、質問を受けた。「立候補の動機」については次のように述べている。

われわれは今年七月から故石原莞爾将軍の東亜連盟運動を主唱、全国各地で自衛中立、政治中立、経済中立、アジア解放を叫んで回ったが、到るところで大反響を呼びこれを見た政府および米国では東亜連盟が議会無視のファッショを企図、私が小ヒトラーになるのではないかと心配しだした。これは実に心外で、私としては腐敗した既成政党は尊重しないが議会は尊重するものであり東亜連盟の誤解を解くため釈明を考えていたが、この時東京、九州、東北および石川県では猛烈に私を推す運動がはじまり在京の上層部、各先輩も熱心にすすめたので私もついに立候補を決意、選挙区としては祖先墳墓の地たる石川県一区を選んだ。(『石川新聞』1952年9月2日付)

「選挙費用は?」との質問に対してはこう答えている。

選挙に金のかかることが政治を腐敗させるのだ。私は公明選挙をやる。テント張りで県下を回ろう。費用は一銭一厘たりとも後で公開する。(同前)

記者に囲まれて質問に答える新聞掲載の写真からは、記者を圧倒する辻の気魄が伝わってくるようだ。自然、記事も辻の作る空気に飲まれたような調子となる。

ソファーに座ってカメラのフラッシュを浴びながら矢継早の記者団の質問に答える辻氏はまさにこの日の英雄。やがて金沢市役所、石川、北国など地元新聞社はじめ朝日、毎日、読売など在沢各支局を訪ねてあいさつ、ただちに立候補届出書類の調整、選挙文書の文案作成にと疾風迅雷で、この日は〝潜行〟とは全く反対の行動。(同前)

街頭演説する辻。いつも人だかりができたという

辻は選挙事務所を、金沢市の武蔵ヶ辻にある北国銀行横の空き地に構える。他の候補者の事務所も金沢中心部に集中した。

支持者が総出となって、突貫での選挙事務所作りを行っている中に、歩きやすくするため、周囲の泥濘に海岸から集めてきた砂をまいている老人の姿があった。どこか悄然とした雰囲気を纏ったこの老人は、かつて尾山大尉と呼ばれていた（杉森久英『参謀・辻政信』では「O大尉」）。辻が中隊長として参戦した第1次上海事変で、後に自決した空閑昇少佐が捕虜となる要因をつくったと見なされ指弾されていたのが、空閑少佐の部下の尾山豊一大尉だった。第4章で書いたように、辻はこの尾山大尉への世間の理不尽な迫害に対し、雑誌や講演で反駁し、庇う発言を繰り返していた。尾山元大尉は、その時の恩に報いるかのように、出馬した辻の選挙運動を手伝っていたのだった。

尾山元大尉だけではなく、辻を支えようと、同郷の同期生やかつての部下たちが県内各地から手弁当で駆けつけた。辻とは、名古屋幼年学校からの付き合いで、戦時中は航空参謀を務めた宮子實は「選挙参謀」についた（『三六會誌』第32号）。

支援者らの手によって完成した約10坪のバラック小屋のような事務所を、マスコミは「野戦司令部」と呼んだ。ここで9月8日、事務所開きが行われる。8日は、一日中雨であった。

風雨は四周からふきこみテントは漏《も》って、中央正面にかざられたミカン箱の神だな、日章旗、紅白の鏡もちなど、形ばかりの品々がぬれてゆく。その中を選挙運動員が傘をさして右往左往、女事務員がなんどぬぐってもキリのない机やいすに雑巾がけする。

（『石川新聞』1952年9月9日付）

そこへ、拍手に迎えられて辻が到着する。

辻は、「雨の漏るところがいいじゃないか。野戦の露営よりましだ」と愛想よく関係者と話をした。そして、皆の前に立つと、「これからビルマのジャングルで戦うつもりで選挙戦にのぞみたい」とあいさつをした（同前）。「選挙運動には陸軍の作戦要務令および歩兵操典を応用し、電撃作戦を展開する」といかにも辻らしいあいさつをしたという話も伝わっている（『北国新聞』1995年6月1日付）。

家族が支えた狂乱の選挙戦

辻の行くところ、大変な人だかりだった。潜行中の辻が自宅に訪れた経験がある表谷吉雄も、辻の演説を聴いたことがある。会場となった辻の故郷今立に近い小学校の講堂は人があふれていた。「すごい人気だった。こんな小さな村から国政選挙に出る人が現れるなんて、思いもよらなかったから」と話す。

9月10日午後7時から金沢市の市公会堂で行われた立会演説会では、2時間半前の午後4時半には早くも聴衆が会場につめかけ、1時間前には場内は超満員となった。さらに、公会堂周辺の広場だけではなく、隣の尾山神社山門付近にまで聴衆が集まった。この様子を翌日の北国新聞は「公会堂建設以来の空前の盛況」と報じている。

壇上に立った辻が、「辻はファッショである。ヒトラーだ。このうわさを否定するために私は突然立候補した。日本は国際情勢のなかにおける難破船である」と話し始めると、会場から「敗戦の責任をどうした」とヤジが飛んだ。すかさず「然《しか》り」と引き取った辻は、「そのおわびのためと、再び戦争にまき込まれないように働くため立候補した。日本を第二の朝鮮にしてはいけない。郷土の有為な青年をアメリカの身替りとして戦争に出してはいけないのだ」と力を込めると、拍手がわき起こり、しばらく止まなかった。

また、別の日の立会演説会では、「お前はヒトラーだ」と青年のヤジが飛ぶ。すぐさま、このヤジに応じて「私にはあなたと同年配の子供がいるが、子供には銃をとらせたくない」と言ってコップの水をグイッと飲み干し、その迫力でたちまちヤジを封じ込めてしまう。聴衆はすっかり辻に魅了されてしまった。

「やはり辻さんは頭がええのお――」という辻ファンの囁《ささや》きが聞かれる。個人演説会は、殆《ほとん》ど辻氏の独演といった格好で、堂々二時間から三時間に亘《わた》り説き来り、説き去るという長広舌《ちょうこうぜつ》は、流れるごとくさわやかだ。(『週刊サンケイ』1952年10月19日号)

型破りな選挙手法に加え、その熱狂をマスコミは「辻旋風」と形容した。選挙期間中の記事を読むと、当初から辻の当選は既定路線のようで、後はいったい何票獲得するのかが焦点であった。

石川新聞が9月24日付の紙面で、「各候補にみられないことは辻候補自身が顔も名も知らない精神的な支持者が運動をしていることで某候補は『手弁当でウンカのごとく押しよせるこれら支持者には手のほどこしようがない』」と記事にしているが、まさに無名の支持者によって生み出された気運が知らず知らずのうちに、辻を当選へと導いていった。

そうした熱狂の陰で辻を支えたのは、家族だった。もっとも、立候補を新聞で知った母のもとは、「立候補をとりやめてくれ」と手紙まで出して反対したという(『私の選挙戦』)。さらにもとは、辻が演説しているところに駆けつけると手を握り、「身体を壊してまで、さらしものになってくれるな。やめたらどうか……」と胃を切除している辻の身体を心配した(同前)。

弟の政良は、小松市で文房具店を経営していたが、選挙期間中は商売は妻や店員に任せ、兄の選挙を手伝った。政良は後年こう回想している。


選挙が始まると、その前の半月間は準備に、期間中は十数人の食事の用意を、終了後は支持者の代表者の方々にお礼の挨拶をと、雑務に追われ通しで営業成績も衰退する。経費も馬鹿にならない。店の客に対する配達も遅れて苦情ばかり。反対陣営との摩擦もある。一歩外に出れば会う人ごとに頭を下げ通しであった。何の因果で身内から政治家など出したかと、愚痴の出ることもしばしばであった。でも、政信の真摯《しんし》な、しかも身を張っての戦いぶりを想うと、いとおしさが我が身に滲みて生業を捨てても支援せねばならないと全力をあげて支援してきた。（『喜寿の戯言』）

政良の長男・政晴は語る。

「おやじは、おじさんを車に乗せていったりしていたね。仕事はお袋がやっていたしね。店員さんもおられたし。兄貴のためにがんばってというのはあっただろうな。うちの母親も、選挙のたびに集まって来る人の分を何十名と、お茶を出したり、昼食を作ったり。おじさんはやはり普通の人と違う、大したものだと思っていた。特別優秀な子だったというのはある。みんなで支えねばならないと。家族が守ってやらなあかんという思いはあったと思う」

辻の甥・弘信の家族も、選挙に関わった。弘信の妻のしずゑは、多くの人が今立の実家に押し寄せた光景を覚えている。

「選挙の時は、それはたいへんでした。大勢さんで。あんな山のせまいうちに。とてもじゃないが、山らしくない。当選した時は、全然知らない人がたくさんが見えて。何人来るか分からないので、お魚屋さんを呼んで、酒のつまみを煮てもらったりとかしていました」

文字通り、家族総出で辻を支えたのだった。

蓋を開けてみれば、辻が過去最高の6万4912票を集め、2位の坂田英一に2万票以上の差を付けるトップ当選だった。開票結果を見ると、浮動票の多い金沢市で候補者のうち最多の約3万票、やはり2位の坂田の倍以上の票を獲得している。出身である東谷奥村は全体が756人と少ないが、そのうち9割を優に超える728票が辻に集まった。故郷は圧倒的な票を投じることで、辻への崇拝にも似た感情を示した。辻の選挙演説を聞いた表谷も「私らは神格化しとるわね。こんな小さな何もないような村の出で、参謀になったり、地元から国会議員になったり……それは神格化しますよ」と語る。

出馬をきっぱり否定していた兼六園での講演から、わずか1か月半。終戦から数えても、まだ7年しかたっていなかった。元参謀という戦争の気配を色濃く残した肩書を背負った辻が、国政へと踏み出した。慌ただしく動き出した辻の政治家人生だが、しかし、辻に残された時間はそう長くはなかった。

トップ当選の波紋

辻の当選は、各所に波紋を呼んだ。辻の出馬前からその行動を注視してきた北国新聞の編集局長は「辻元参謀は選挙をどう戦ったか」と題し、こう分析する。

選挙演説会といえば、せいぜい聴衆五、六十も集れば上等という時に、辻の政見発表演説会はいたるところ二千、三千と集まった。［中略］辻の演説を聞いておかなくては選挙を論ずることも、政治を論ずることもできないという空気がつくりあげられていた。この意味で、辻くらい石川県民に政治と選挙に対する関心を持たせた人物はいないといってよい。［中略］辻を聞かずして、政治を論ずるな――これがこんどの選挙の通り言葉となっていた。（『人物往来』1952年11月号）

また、1952年（昭和27年）10月4日付読売新聞夕刊で、劇作家の三好十郎《みよしじゅうろう》は「戦争から与えられた苦しみに対する日本人の鈍感さだ」を問題とした。

苦痛が本当は身にしみたり、おぼえていられないのである。［中略］もう少し敏感ならば、その苦しみを与えた戦争とそのような戦争に導いた指導者や軍人をもっと強く根本的に反発するわけだし、更《さら》にそんな連中の言うことに従っていれば再び自分たちが同じような苦しみに近づく危険が想像できるわけで、いずれにせよ歓迎など出来るはずはないのだ。

三好は、辻を念頭に「大衆にわかりやすい言葉と英雄的な身ぶりで発言しはじめた」と懸念する。そして、「辻氏のように『再軍備ではなくて新軍備だ。北海道は五個師団、その他は四十歳以上の民兵で守る』と端的に確信ありげに言い切られると、ついフラフラとそれについて行くのである」と民衆の節操のない態度にも批判の目を向ける。

さらに、それに対抗し、民衆の支えとなるような意見を出すべきである「学者やインテリゲンチャは大衆の場で発言しようとしない」とする。たとえ、彼らが発言しているつもりになっていたとしても、「大衆には無縁のむずかしい言葉と自己満足的な観念の上だけでそれをしているために大衆との関係では何もしていないのと同じだ」と痛罵する。

重大な責任ほど回避し、表面上の平和を整える人間を描いた『殺意　ストリップショウ』など、人間の心理を深くえぐる作品で知られる三好だけに、本質を鋭く突いている。

三好だけではない。まだ悲惨な戦争の記憶が生々しく残っていたはずのこの時代に、辻が大勢の民衆の支持を得たことは、識者など一部の層にとっては底知れぬ脅威であった。

その点、実際に「敵」として戦った立場から、敗戦を冷徹に分析したのが共産党だ。選挙後、共産党は「一番目立ったことは一区での辻の大量得票と梨木［作次郎／共産党候補］のひどいちょう落ぶりで、その原因がどこにあるかが県民の話題をさらっている」「どうして辻が勝ったかという裏は前回三万八千票をかせいで当選した梨木が今回わずか八千の得票で惨敗したことだといえよう」（『読売新聞』10月4日付）と酷評されていた。

共産党は『前衛　日本共産党中央委員会理論政治誌』の1953年2月号で「辻政信をめぐる選挙闘争」と題して検証を試みている。まず、辻の戦い方について言及する。

金沢市中の目抜き通りに野戦用のバラックを組み立て風変わりな選挙事務所として

人目をひく抜目なさであった。[中略]できるだけ立会演説を避けて個人演説を中心にすすめた。そして一千、二千をいつの場合でも、動員し金沢市の河原では五千の大衆を動員した。これは立会では集中攻撃をうけて不利におちいるのを予想し、一方英雄として自分を高く買わせるためにとった戦術であった。個人演説会の場合も応援弁士は立てず独演で二時間位ぶっ通しでしゃべり雄弁ではないが集まった大衆に応じて熱心に説得する話しぶりであった。

その上で、辻の主張がどう受け入れられたかを、次のように解析する。

辻の論法は第三次世界大戦は必至であるとの前提の上に立って本年末か明年秋までに戦争は勃発すると予言して聴衆の聞き耳を立てさせてから、米ソの軍事力を比較し、あらゆる面から米国の不利な点をあげてその敗戦を暗示しながら、米国にとって日本の軍事基地は時をかせぐために必要なのであり、退却は予定の行動だと国民の対米依存心に一撃を加え、共産軍の侵略の不安をかき立てる。そして自衛のために再軍備はしなければならない、との主張に大衆をひき入れてゆくのである。

支持者については、「石川県における辻の有力な支持者は第一に前述の中村友吉郎であり、第二に岡島友作である」とし、辻が第七連隊にいた当時の部下たちが積極的に、かつての在郷軍人会の組織を構築したことも挙げている。また、得票の分析では、厳しい現実をあえて直視している。

辻が中小商工業者や農民を基盤としていることは予想したところであったが、まさか労働者の間に多数の共鳴者を見出そうとは当初考えられなかった。ことにわれわれの主観主義があり大きい誤算を生んだのである。経営労働者の三分の一が辻に投票したと見ても大した行き過ぎではないであろう。そのことは労働者の密集地域で辻の得票率が高いことで証拠立てられる。

それらを踏まえて、敗北から学んだ教訓を述べ、自己批判をする。「辻はさし迫る戦争の危機を説きつつ平和を求める国民に第三の道を示し、この中立の道こそが平和と独立を守る唯一の道であると暗示し大衆をつかんだのである」とし、「われらのさけぶ平和が抽象的で内容のないものとなって大衆の胸をゆさぶる感情と力強さがかけていた。［中略］辻が労働者の間に多数の支持を得たことはわれわれに対するこの上ない重大な警告である」と総括している。

辻は、共産党を含めた既存政党に飽き足らなくなっていた国民のみならず、いわゆる無党派層の人たちの関心も惹き付けた。前述した大宅壮一も、その辺りの国民の心情をかぎ取り、「辻政信という男」という批評を1952年12月『講演時報』に特別寄稿している。

彼のファンの大部分は、僕のいう類似インテリである。知識はあるが、思索できない人間たちである。簡単に興奮しやすい。だから彼は一種のアルコールでもある。アルコールとして高級ではないが、簡単に酔える。

その上で大宅は、こう辻にエールを送る。

政治家としての辻の今後はやはり特異な存在におかれるだろう。一人、彼がいるということに興味がある。羊の中に狼がいるようなもので、政党の腐敗、官僚の惰落を問いつめるであろう。ただ一人の力としてやれるかどうかがわからぬが。［中略］

彼は行動半径が常識の外に出る程《ほど》典型的な正義漢である。日本政界の浄化に期待する点、単に私一人だけではあるまい。

大宅の期待と懸念は、いずれも当たることとなる。当選後の辻は政治家が陥りやすい悪弊に染まることはなかった。ただ、辻の思いに共感を示す人はいても、共に行動してくれる仲間を作ることはできなかった。

元軍人の家族を支えるということ

10月24日、そぼ降る秋雨の中、第15回特別国会が開幕し、朝7時半から当選した代議士たちが初登院し、議員バッジを付けてもらっていた。この日の読売新聞は夕刊で、「胸を張る辻元参謀」の見出しで記事を掲載している。

話題の元参謀辻政信代議士は九時二五分ごろ黒背広と黒のロイド眼鏡、坊主刈りという姿で〝副官〟然としたこれも坊主刈りの若い秘書をつれて姿を見せ、女子職員からバッジをつけてもらう間も胸を張り『水のようなタンタンたる気持ちだよ、違反問題など大いにやるさ』とぶって三階の元共産党控室だった無所属控室へ！

11月29日、衆議院の一般質問に辻は立った。持論の自衛中立、戦略論を述べると、与党からは「参謀本部でやれ」「時局講演会ではないぞ」「質問をやれ」などの野次が飛び、議場は騒然となった。副議長の「意見は簡潔にするように」と注意を受け、質問に移ったのだが、ここでも「今日（困窮した軍人の）遺族が首をつろうとしている時に議員はお手盛りで歳費を上げようとしているではないか」と発言し、再び議場は騒然となった。波乱含みのデビューであった。

辻には辻なりの信念があった。かつて共に戦場に立ち、国のために戦って死んでいった軍人たちの遺族が、戦争が終わったからといって蔑《ないがし》ろにされていいわけがない。1952年（昭和27年）12月末に行われた徳川夢声との対談で語っている（『問答有用』）。

売名といわれようが、どうしようが、いっこう差支《さしつか》えございません。今日、戦死者の未亡人が月に八百三十三円、一年にして一万円の扶助料をもらうことになっとるわけですが、この扶助料さえ、この三月の末に法令が出て予算が通っとるのに、いまだに受取っていない。なかには年の瀬を切りぬけられんで、首つりするものもある。

潜行中、家族に辛酸をなめさせた辻にとって、戦争で亡くなった将兵の家族の苦境は看過できない問題であった。この対談の最後で辻は自嘲気味にこう語っている。

わたくしは部下も組織もなく、ひとりで粛清をやろうというんですから、袋だたきにあうでしょう。結局、これはわたしくしの宿命ですね。（笑）

たとえ「売名」だったとしても、辻が遺族や困窮する元軍人のために尽力したことは事実だ。著書の印税を遺族に送り、そのため、辻の家族が経済的に大変な目にあったということはすでに述べたが、実際に辻の援助を受けた個々人の証言が記録されている。

戦死した夫が辻の同期生だという金沢市の女性の言葉が、1955年（昭和30年）11月に刊行された同期会誌に載っている。3人の子供を抱えた女性は、「遺児は何から何まで不運で御座います」と嘆く。ただ、「辻政信様には、色々と御力添えをいただいて参りまして深く々々感謝致しています」と述べている（『三六會誌』創刊号）。さらにその8年後には、この女性の娘たちの結婚式に辻が出席したことが報告されている（『三六會誌』第11号）。

辻は、苦労を続けたこの母娘を讃えて、敬愛する西郷隆盛の言葉を贈ったという。

耐雪梅花香［雪に耐えて梅花《ばいか》香り］

経霜楓葉丹［霜を経て楓葉《ふうよう》丹《あか》し］

また、作家の下重暁子《しもじゅうあきこ》は、早稲田大学に通っていた1958年（昭和33年）頃、辻と出会っている。父親の下重龍雄《たつお》は、辻と陸軍士官学校の同期生だった。

終戦は、軍人家庭の生活を一変させた。

「軍人だった人は経済的に苦労した。うちの父も公職以外就いたことがないから、どうやって食べて良いか分からない。我が家は天から地でしたよ、経済的にね。だから、昔から知っている絵描きさんたちとかが面倒をみてくれた。母の故郷が新潟の地主だったのでね。食べるものだけは何とか調達できたので、生き延びられた」

辻との経緯を語る下重さん

下重自身は、家庭教師のアルバイトで学費を稼いでいた。ある日、東京・麹町の学生宅で家庭教師のアルバイトを終え、四ツ谷駅に向かって歩いていると、黒塗りの車がぴたっと下重のそばでとまった。

「『なにごとだろう』と思ったら、男の人が降りて来た。それが辻さんだったんです。辻さんの顔は議員でしたから、なんとなく分かりましたよね。しかも父から聞いていましたし。父の同期生の辻さんなんだなと思ったら、車に乗れと言うんですよ。突然で、なんだろうと思ったら、『就職の世話をする』と。『放送局を受けるんだって』と言うから、ああ、父が相談したんだと思ったんです」

その後、下重は近くの日本テレビまで連れて行かれ、辻の軍隊時代の元部下という編成局長を紹介される。辻は「自分の同期生の下重の娘だからよろしく頼む」と簡単にあいさつをしてこの場は終わった。再び車に乗り込み、四ツ谷駅前まで行き、降りようとした下重に、辻は「これを取っておけ」と言って封筒を手渡した。

「アルバイトばかりやって、かわいそうだと思ったのかもしれない。でも、お金だと思ったから、『そんなものをいただいたら、私が父にしかられます』と断ったら、『親父にはだまっておけ』と言うんです。『そうはいきません』と言って返そうとしたけど、『いやいやそんなのは黙っていればいいんだ、何も言う必要はない』と。で、押し問答しているうちに、辻さんはもう国会に行かなくてはならないということになって、お邪魔をしてもいけないから、いったんお預かりしますとなったんです」

辻からは、父親には話すなとは言われたが、下重は帰ってすぐ父親にこのことを報告した。「いくらお金がなくても、こんなものいただけない」と主張した下重に対して、父親は長考の末、「もらっておきなさい。それはほんとの好意だから、もらっておきなさい」と言ったという。

「それはありがたくいただきました。私の学資の助けにもなりました。私があまり手にしたことのなかったお金だったはずです。やはりあれは、見るに見かねた、まったくの好意だったのだろうと思います。困っているかわいそうな女の子を助けてあげようと。目の前に困っているやつがいたら、何もしないではいられない人だったんだと思います」

『潜行三千里』映画化構想

政治家となった辻のもとには、就職の世話を求めて地元から上京してくる者もあった。ジャーナリストの弥富鞆彦《やとみともひこ》が、その場面を目撃している。辻の答えは、他の議員が地元の支援者たちをいつも歓待していたのとは全く異なるものだった（『月刊官界』１９８３年1月号）。

「君はまだ若くて元気なのに人に頭を下げて使ってもらうことを考えてはいけない。

司法試験でも外交官試験でも受けて堂々と生きる仕事につくべきだ」

同期生の未亡人家族や下重らに見せた無類の優しさとこのような厳しさが、辻本人の中では矛盾なく同居しているようだった。地元での辻の人気を考えれば、いくらでもこの青年の就職の世話をすることはできたはずだ。だが、あえてそれをしない辻に、弥富は「信念に従って迎合することのない強い性格」を知り、心ひかれると同時に、「誤解される面が少なくない性格」を思いやった。

そんな弥富には、忘れがたい思い出があった。1953年（昭和28年）秋のことだ。日本海で韓国軍による日本漁船の連行拿捕《だほ》事件が相次いでいた。弥富は辻の行動を注視し、10月6日、東京駅から博多行きの特急に乗り込む辻の後を追った。

辻は秘書も連れず、単独行だった。車内で話しかけてきた弥富に驚きつつも、辻はオフレコであることを条件に、「紛争の渦中に国会議員として直接身を投じて解決の糸口を探りたい」と、まだ駆け出しの記者だった弥富に、これから玄界灘に行くことの目的などを滔々《とうとう》と語った。弥富はそれでも「売名」目的の可能性を疑っていたが、辻は本当に行動に移した。
7日午後2時半、第7管区海上保安本部部長が、韓国海軍側と洋上会談するため、博多港から巡視船「くさかき」で出港した。辻はその巡視船に乗り込んだのだ。10月9日付の読売新聞朝刊に記事が掲載されている。

聞くところによると辻代議士の今回の行動は個人の意思によるものだというが、七管本部で辻代議士は幹部に「船長にだけ現地交渉をさせて、幹部がだまっているのはおかしい。なぜ幹部が出ていって交渉しないのか」ときめつけた点と、「もし韓国側に連行された場合は衆院内閣委員の肩書で直接李承晩大統領と会見、李ライン問題を話合おうともらして」いた。

議員となっても、辻は積極的にその身を「戦地」に置こうとした。同年6月、石川県の小さな漁村・内灘《うちなだ》村で、米軍の射撃場をめぐって反対運動が激化した、いわゆる内灘闘争に〝参戦〟したのも、その一例だろう（ただし、この時は米軍の試射が始まった後に辻が現場を立ち去り、住民たちにとっては肩すかしのような形で終わっている)。

辻が何かやってくれるかもしれないという期待感を国民に抱かせていたその頃、初当選から2、3年が辻の後半生で最も充実していた時期だったのかもしれない。

1954年(昭和29年)4月5日付読売新聞夕刊には、『潜行三千里』映画化の記事が掲載されている。それによると、タイでの撮影も計画されており、映画制作に関わるマキノ光雄製作本部長は「渡航許可の申請は現在のところタイ国のみだができればビルマと仏印にも行きたい。とにかくこの映画のロケーション地は広大で、そこに登場する人種もまたすこぶる多様、ヒロインにはタイの有名女優を予定している」と構想を披露する。

さらに、もし現地の情勢の変化で、ロケができなかった場合には「東映が新撮影所の建設を予定している川崎市溝ノ口の五万坪の敷地に現地そのままの大オープン・セットをつくり、あくまでロケ効果に近いものを出してこの映画の実現をはかる」とぶち上げている。

出演者には、市川右太衛門、佐野周二、佐分利信、鶴田浩二ら錚々《そうそう》たるキャストが予定されていた。クランクインは7月初旬とまで具体的に計画されていたが、結局、この話は流れてしまう。

『潜行三千里』の映画化に関しては、実は東映より前に東宝が検討しており、元東宝映画プロデューサーの受川策太郎《うけがわさくたろう》が、『史』1987年7月号に「辻政信との出合い―まぼろしの映画始末記」として回想している。

受川は映画化の発案者だった。「内容も概ね実話だけに、社会的にも反響が予想され、抜群のスリルとサスペンスで舞台も広い」と考えた受川は、監督は渡辺邦男、そして主役である辻に扮する役者は、三船敏郎かあるいは佐分利信かと構想を練っていた。

1953年(昭和28年)春のこと、受川は衆議院の議員会館に辻を訪ねた。映画化の目的や構想、山場やラストシーンなどをまるですでに完成しているかのように話すと、辻は室内を歩きながら、その話に聞き入っていた。「ウン、ウン、なるほど、それはいいぞ。よし、話に乗ろう」と快諾した。

そして、「ラストが最も大切だ」というと、「このアジアの土はわれわれアジア人の尊い土だ。アジア人のみが享受できる神から与えられた土だ――というところが最も大切な場面だ。ここをうまく強調しなくてはならんぞ!」と言ったという。

自分がその土を両手ですくう格好をして、拝むように又おし頂くように床に跪《ひざまず》き、あっぱれの主役ぶりを演じて見せた。秘書もいない、二人だけの感動的な数十分だった。

と、受川は感慨を込めて振り返っている。

結局、映画化の話は東宝から東映へと移ってしまい、受川は「一種の冒険サスペンスドラマは不発に終わった。当時、情熱と自信をもって企画をすすめていた筆者だけに、今もって残念に思われてならない」と悔しがる。受川は辻について、「いろいろ考えても、正体がつかみにくい。しかし、先入観もあってか、一種の魅力をおぼえたのも確かである」と綴っている。

訪ソと三品との再会

辻には、まだまだやらねばならないことが山積していた。

1955年（昭和30年）9月、北村徳太郎《とくたろう》を団長にした訪中・訪ソ国会議員団38人の一人として、辻はソ連を訪問する。その時の模様を、同年11月に刊行されたばかりの同期会誌である『三六會誌　創刊号』の中で書いている。まず辻は旅の目的をこう説明する。

こんどの中、ソ訪問で大きな目的の一つは、十年間異境に監禁された戦友を、一日も早く引揚げさせることであった。

辻は5人のまだ収容されたままの同期生に会おうとしていたが、結局会えたのは、イワノフ収容所にいた三品隆以だけだった。

これまでも何度も触れてきた三品だが、支那派遣軍報道部長を務めた後は第三十九師団参謀長となった。第三十九師団は終戦直前、中支から吉林省四平に移動し、そこで終戦を迎える。ソ連に連行された三品は、「国際資本主義援助罪」という罪に問われ、25年の禁錮刑を受け、収容所に入っていた。

辻たちは9月20日の夕方、収容所に着いた。2階建ての建物の窓に日本人の顔を見つけると、辻は思わず大声を出し、手を振って訪れたことを知らせた。間もなく40人ほどの日本人が出てきた。終戦後、関東軍総参謀長としてソ連と停戦交渉を行った秦彦三郎《はたひこさぶろう》元中将、関東軍総参謀副長の松村知勝《ともかつ》元少将、関東軍参謀だった草地貞吾《くさちていご》元大佐ら将官、佐官の元軍人たちの中に、懐かしい三品の姿もあった。1944年（昭和19年）7月、支那派遣軍からビルマの第三十三軍に転任する際に会って以来、11年ぶりの再会だった。

思わず抱きついた。

「よく頑張って生きてくれたなあ……［娘の］玲子ちゃんはよいムコさんと仲よく、奥さんは少々白髪が、お母さんはお達者だ……」

と、ただそれだけを、とぎれとぎれに言った。豊頬もゲッソリこけて、歯が二、三本抜けているのも痛々しい。

三品との邂逅《かいこう》を果たし、三品の家族の近況を矢継ぎ早に伝えると、辻はさらにリュックの中から手紙の束を出して、抑留者たちにこう声を張った。

「皆さん、ご家族からのお便りを持って来ました。邪魔されぬうちに早く読んで、一字でも多く、御返事を書いてください」

辻はこの日に備え、知っている限りの留守家族にはがきを出して、出発までに間に合うように返書を依頼していた（辻政信『中ソひとり歩き』）。そうして集まった100通以上の手紙を、トランクに詰めて辻は訪れたのだった。収容者たちに勝手に手紙を見せることは収容所の規則を破るものだったが、さすがにソ連側もそれを止めることはなかった。

素早く封を開き、食い入るように手紙を見る人、涙を浮かべながら読む人……。限られた時間の中で、急いで返事を書こうにも、紙がなかった。ある人はもらった封筒の裏に、ある人は塵紙に、そしてそれもない人のために、辻は自分の手帳のページを破いて配った。書き上がった手紙を急いで集め、ポケットにねじ込んだ。辻は、収容された人たちを並ばせて写真も撮った。返信と写真とを日本の留守宅に届けるためだった。

この時の写真は三品の家族にも届けられたようで、三品が収容所時代を回顧した『どん底からみたクレムリン』の扉に、ここで辻と一緒に撮った写真が掲載されている。肩を組んだ2人の表情に堅苦しさはない。三品の回想によれば、「辻は痩せて、めっきり白髪が殖え、髪が数えるほどに薄くなっていたが、思ったよりは元気そうだった。庭の接待所で、思わず肩を抱き合った」とある。

辻は一人一人に挨拶し、留守宅の状況を知らせた。ほかにも、それぞれの郷土出身の議員は何人かいたはずだが、「辻の心遣いと深切は、到れり、尽せり——文字通り抜群であった」と三品は感心しきっている。そう感じたのは、辻をよく知っている将官たちだけではない。三品によれば、そこにいる人たちは、「心底から彼の実意と真情にうたれた」という。辻とそこで初めて会った人も、「あの飾り気のない親身な心づかいにはうたれますね。それがあの人の身上でしょうな」と述べていた（三品『どん底から見たクレムリン』）。

三品は、辻の訪問を受けた翌年の11月、ついに日本に帰国を果たす。その後は、仙台のゴルフ場で支配人を務めるなどした。

「反・岸信介」闘争

辻は初当選から4回連続、衆院選で当選を果たす。選挙にはめっぽう強かったが、国会では孤立していた。1954年(昭和29年)に当時の日本民主党に入り、鳩山一郎政権誕生に尽力したものの、重用されることはなかった。

1955年3月号の『国会』には「国会を動かす人々」として、「意気と熱血に燃ゆる六人衆」の一人として、辻が紹介されている。

彼こそは時代の生んだ風雲児であり、一大異彩である。複雑怪奇でモヤモヤした低調な政界にとって、一服の清涼剤でもあり、そのものズバリの直裁簡明な動きが大きな国民の期待をつないでいるのである。[中略]彼が一片の私心なく縦横に闘う姿は水際立っている。国会は頭数だと云うが、しかし国会心理、国会の雰囲気と云うものがある。彼が断乎として起ち上がるときは少数の真理も多数を圧倒し得る可能性がある。天に代って真理追求の肉弾戦、それは彼が得意の壇場としてはなばなしく天下の耳目を衝動するだろう。

辻が国会で期待されるのは、政策を決めることでも、政変を起こすことでもなく、複雑怪奇な政界における「一服の清涼剤」であり、「少数の真理も多数を圧倒し得る可能性がある」ことを示すことだった。結局辻は、政治の世界の処世術についに馴染むことはできなかった。それどころか、多数になびくことなく、ますますその行動を先鋭化させていく。

1958年（昭和33年）12月10日、警察官職務執行法改正法案を巡る抜き打ちの国会会期延長で政府、自民党は世論から痛撃をくらっていた。この日行われた自民党の両院議員総会で川崎秀二《ひでじ》、小坂善太郎ら反主流派が、岸信介首相（総裁）ら党執行部の責任を激しく追及する中、辻は岸が東條英機内閣の商工大臣だった経歴を持ち出し、口を極めて岸を攻撃した（『週刊サンデー日本』1959年5月30日号）。

> 東條元総理は一切の責任を一身に受けて、絞首台上に登られましたが、その心中をだれよりも深刻に感じておられるのは岸総裁のはずであります。

続けて辻が「昨年の総裁公選では党員の多数が買収されているのではないか」と激しい口調で岸総裁を追及すると場内は騒然となり、一時討論が中止される事態となった。「買収とは何だ」「発言を取り消せ」と主流派の議員に詰め寄られると、辻は「私の発言にまちがっているところがあったら、あなたの手でバッサリやってくれ」と岸総裁を指さしながら降壇した（『読売新聞』1958年12月10日付夕刊、11日付朝刊）。

国会での自衛隊法案審議でも党の方針に反し、公然と反対したことを受け、ついに12月12日、自民党党紀委員会で辻を除名処分にすることが決定した。翌日の新聞によると、辻は「正式に（除名が）きまったら遠慮会釈なく行動する。いままでは党にしばられて思っていることの一割もいえなかったがこんごは衣をぬぐのだから自由だ。かえって政治を粛正する機会を与えてくれたものでありもちろん不服はない」と好戦的な姿勢を見せている（『読売新聞』1958年12月13日付朝刊）。

辻の舌鋒はとどまるところを知らず、除名が正式に決まる前の近藤日出造《ひでぞう》（政治風刺漫画家）との対談でも痛烈に岸を批判した。近藤が「先だっての議員総会のあれ、相当なもんでしたね」と話を向けると、辻は「いやいや、あれでまだ一割ぐらいのものです」と言ってのける。そして、岸について「あの人の頭の中は、結局、法律と金力ですね。これ以外にはないんです」とこき下ろす。さらにまだ自民党所属の議員でありながら、「わたしが社会党や共産党ならば、岸政権などいっぺんにひっくり返してやりますよ（笑声）」と放言する（『週刊読売』1959年2月1日号）。辻の言動は、マスコミや庶民には大いに受けた。

年が明けて1959年（昭和34年）4月27日、自民党の党紀委員会で正式に除名処分となると、辻は4月30日に、衆議院議員の辞職願を提出する。翌日の読売新聞朝刊によると、その理由は「自民党公認候補者として代議士に当選し議席を得てきたが、このほど自民党より除名されたので、このまま現職にとどまることは選挙民をあざむくことになる」というものだった。そして辻は、参議院選挙全国区への出馬を表明する。

選挙を前にするとさらに辻の岸への批判は痛烈を極めた。『週刊スリラー』1959年5月22日号に掲載された徳川夢声との対談では、岸を嫌う理由をこう述べている。

> 三十六才の阿部信《ママ》太郎という新聞記者上がりの小僧が選挙区にスクーターをやるね、万年筆をやる、牛肉はくばる。あれは少なくとも岸一家では億の金をもうはるかに越してるといいますよ。

「阿部信太郎」となっているのは、安倍晋三前首相の父、安倍晋太郎のことだ。岸の娘婿である安倍晋太郎は、毎日新聞の記者を経て、岸内閣時代は総理秘書官を務めていたが、1958年（昭和33年）の衆議院議員総選挙で山口1区から出馬し、2位で当選している。

辻はさらに続ける。

ひどいことをやるもんですなあの岸一家は。私が岸に反対してる最大の理由は大蔵大臣を弟［佐藤栄作。のちの総理大臣］にやらしたということですよ。［中略］これくらいの悪はありませんね。いわゆる権力と金力をにぎったということなんですね。

そして、こうぶち上げた。

こんどの選挙を見て下さいよ。私はね、第一声をね岸さんの生まれた山口県でやります街頭演説を、［中略］八日の夜発《た》って、九日の朝から岸さんの生れた選挙区へ乗込んで行って、岸がいいか、俺がいいか。選挙民に直接、私がききに行きます。山口県民、一辺《いっぺん》胸に手をあてて考えてみろってね。

参議院選挙を前に辻が用意したのは、知人らから借りたトラック3台と、明治大学や早稲田大学の学生8人だった。3台のトラックのうち1台は東京に残し、もう1台は北陸から東北方面で、街宣活動をした。最後の1台には辻が乗った。学生たちを乗せたトラックが7日早朝、東京を出発し、辻自身は8日の夜行列車で山口に向かった。翌9日朝に到着した辻は、岸首相の地元である山口県田布施《たぶせ》で、雨が降る中、集まった聴衆にこう話しかけた。

私は山口県から一票も欲しいとは思わぬ。その代わり、岸さんの悪口を思い切り言わせてもらうつもりだ。(『週刊文春』1959年6月22日号)。

道路工事をしているところも見かけるとすかさず、「岸は熱海に別荘を作り専用道路を敷いた。しかるに郷里の道路は悪路ばかり。これだけでも私利私欲の政治家であることがわかる」とこき下ろす（『週刊読売』１９５９年6月21日号）。この調子で、光市、山口市、徳山市（現・周南市）、宇部市など山口県内25か所で街頭演説を行った。地元の記者も「ヤジる人もなく、暴力もなく、他の候補にくらべ一番拍手が多かった」と驚く現象だった（同前）。

辻自身の回顧ながら、作業着姿の男性から、「煙草でものんで頑張れよ」とポケットの中にしわだらけの百円札を入れられたり、仕事が終わった職工が、新聞紙で包んだリンゴを渡してくれたりしたという。〝愚直〟に「反・岸信介」を訴える辻に、共感の輪が広がっていた。

中国の首相だった周恩来や、ユーゴスラビアのチトー大統領と会談した際の写真を引き伸ばしたものを辻政信が指さしながら、「演台」代わりの小型トラックに乗り、声を張り上げるのも、この選挙で辻が選んだスタイルだった。みな、自分の国家のことを考え、民族のことを考えているのに、一人日本の岸は何だ、という調子である。

選挙の直前に辻の秘書となった藤力は、実際の演説を聴いた時の印象をこう振り返る。

「抜群だった。聴いている人がどんどん引きつけられていくのが分かった」

23日間の選挙期間中、トラックの移動距離は約5000キロ、演説回数は500回に及んだという。東京・新橋駅前のステージ以外、すべて街頭で行われたものだった。1959年（昭和34年）6月、辻政信は全国第3位の68万3256票を集めて当選、参議院議員となった。岸首相への不満に訴えた辻の戦略的なうまさと、政府・自民党に目の敵にされても怯まない辻への期待の大きさが相まった結果だった。辻にはまだ活躍の場が残されているように見えた。

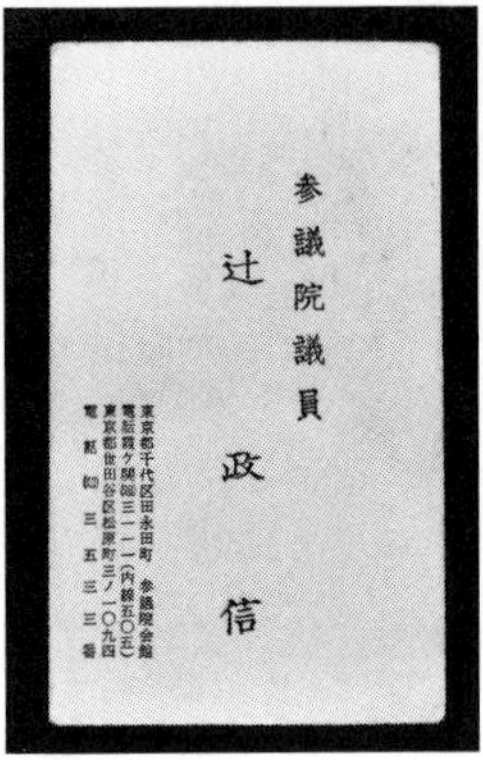

参議院議員となった辻の名刺。選挙は負けなしだった

川口との対決

当選の興奮も冷めやらない1959年6月22日、参議院議員会館の辻の部屋に、左耳に補聴器を付けた恰幅の良い老人が現れた。対応した秘書の藤にこの老人は、「辻氏に5分

ほどでいいから会わせてほしい」と頼んだ（『週刊実話特報』1959年7月17日号）。この老人とはガダルカナルで戦った川口支隊の支隊長、川口清健元少将その人だった。川口の手には議員辞職を求める勧告書が握られていた。

川口と辻の対立関係はすでに世間に知られており、2人の「対決」に報道陣は色めき立ったが、川口の面会依頼を辻は多忙を理由に拒否する。

勧告書は、辻の代わりに藤が受け取った。藤は「(辻)先生から、『おまえが持っておけ。どうでもせえ』と言われた」と話す。その現物は、それから60年たった今も藤の手元に保管されている。毛筆で綴られ、長さは1メートル以上もある膨大なものだった。

その中で川口は、「シンガポール華僑の大虐殺」などを挙げ、「多数の残虐事件は貴下がその計画者又は教唆者であり且つ実行者」と指摘。「戦後多くの先輩、同僚、下級者をして戦犯とならしめ、甚しきは刑死」させたとして、「我が日本軍は、残虐なりという世界的汚名を蒙った」と憤る。

また、政治家としての辻についても「ハッタリに非ざれば売名であって［中略］唾棄すべきものである」などと批判し、「即刻参議院議員を拝辞し、天下に其罪を謝すべきことを勧告する」と議員辞職を求めた。今、目の前の文字を追うと、70年近く前のものとは思えないほど墨痕は鮮やかで、川口の辻に対する底知れぬ怨念の強さを物語っているようだ。

川口が戦後、辻の批判を始めたのは、辻が衆議院議員に初めて当選した翌年のことだ。1953年3月4日の読売新聞夕刊に「私は辻元参謀のために無実の罪　近く出所して対決　サントス事件のモンテンルパ戦犯川口元中将《ママ》」の見出しで記事が出た。川口は終戦後、フィリピンの最高裁判所長官だったホセ・サントス銃殺の責任を問われ、モンテンルパ収容所で6年の刑に服したが、真相は当時の林義秀《よしひで》軍政部長が辻の使嗾《しそう》によって殺害を命じたものだとしている（記事には、「みにくい軍のなすりあい」との辻の言い分も掲載されている）。

ホセ・サントスの件だけではない。既述したように、川口はガダルカナルの戦いで隊長を解任されたのは辻のせいであると主張した。その恨みを晴らそうと、雑誌に自身の主張を掲載するなどして、執念深く辻を追及し続けた。

そのほかにも、金沢市で約1万5000人もの聴衆を集めた公開討論会や、週刊誌での誌上対決なども行われたが、どれだけ意見を戦わせても、堂々巡りが繰り返されるだけだ

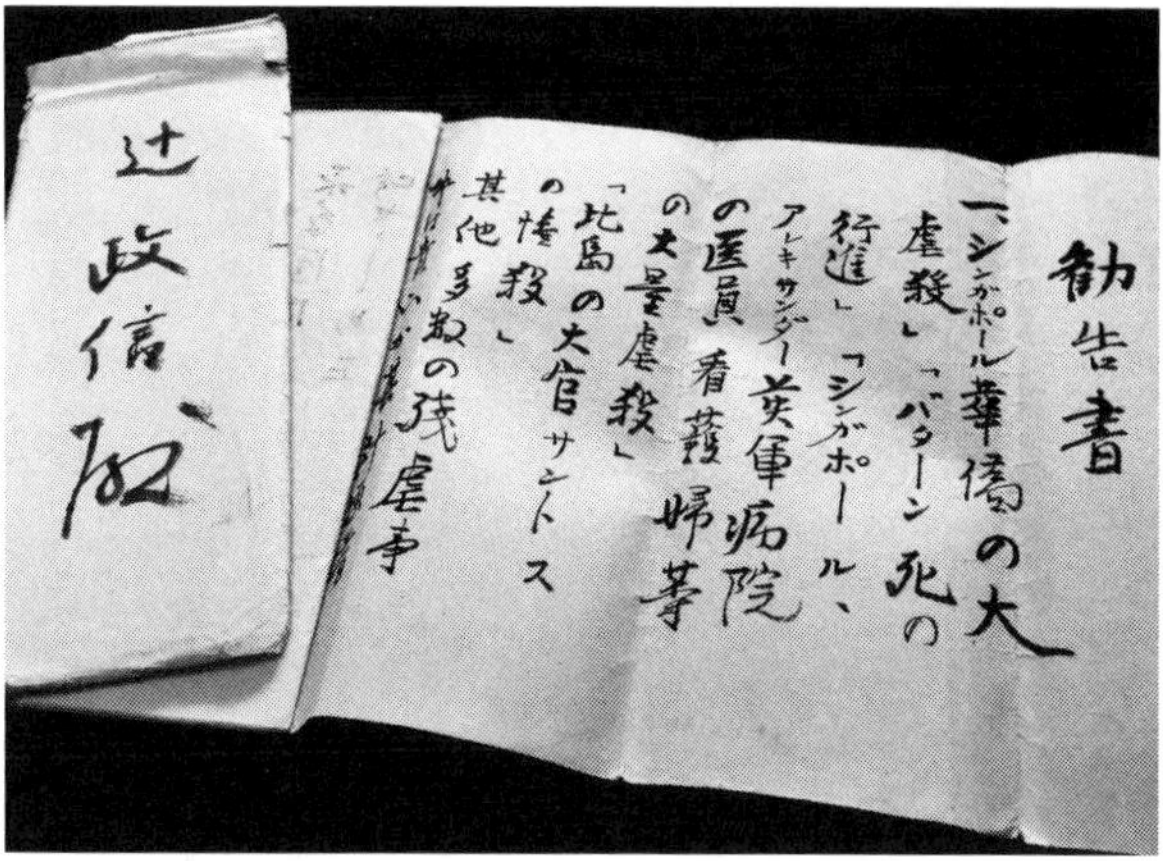
辻政信殿

勧告書

一、「シンガポール華僑の大虐殺」「バターン死の行進」「シンガポール、アレキサンダー英軍病院の医員看護婦等の大量虐殺」「比島の大官サントスの惨殺」其他多数の残虐事

川口元少将が辻に宛てた勧告書。「天下に其罪を謝すべき」として議員辞職を求めた

った。

結局、仲間の旧軍人が川口に公然とした辻批判を止めるよう説得し、川口も受け入れた。ただ、公的な場所以外では辻を罵倒することは止めなかった。最晩年になり、病の床に就いた頃、もう辻のことは忘れた方が良いという親族の説諭で、ようやく辻のことを口にしなくなったという（杉森『参謀・辻政信』）。ここまでの恨みを買うことはそうないだろうと思わされる。

川口は、辻が最後に東南アジアに向けて飛び立った直後の１９６１年（昭和36年）5月に肝臓がんのため死去している。

服部卓四郎の死

軍人時代の辻にとって「兄」ともいうべき存在だった服部卓四郎が亡くなったのは、1960年（昭和35年）4月のことだった。まだ59歳だった。服部の死後に編纂された『故服部卓四郎君追想記』には、辻も原稿を寄せている。その原本は、服部の遺族のもとにあったため、これまで辻の評伝では用いられることがなかったが、遺族の許可を得て見ることができた手書きのそれには、辻の服部への思慕の情がほとばしっている。

25年の軍服時代を通じて多くの上官や同僚とケンカして随分迷惑をかけた私は、ふしぎにも服部さんとはただの一度もケンカしたことはなかった。というよりもケンカすることができない先輩であった。意見はすべての場合に完全に一致したとは言へないが、「服部さんが言われるならば」とあっさり引退っても腹が立たなかった。

服部にとってノモンハン事件は初陣であった。一緒に敵弾の下を潜った時の経験を披露し、自身の初陣と比較し、「服部さんがノモンハンの初陣に臨《のぞま》れた沈着と剛健に、今さらのような敬意を表するものである」とし、「『戦場なら私が兄貴だ』と自惚《うぬぼ》れていたのが、『戦場でも兄貴は服部さんだ』という認識を持ったのがノモンハンであった」と綴る。

辻の筆は止まらず、ガダルカナルでは、現地を視察に訪れた服部との交流をこう情緒たっぷりに書き記す。


「どうしてこんな危ないところへ」

「君が苦しんでいるの知って!!」

汗と土とに塗《まみ》れた私の手を握られた服部さんの手は白く、美しく、温かった。

地獄に仏というよりも、さらに深い感銘を言葉に現はすことができなかった。［中略］

制空権も、制海権もともに失ったこの孤島に、死線を越えて訪ねられた服部さんの胸中には、全般作戦の必要上からだけではなく、一人の弟が、死に瀕して苦闘しているのを慰める兄としての心境ではなかっただろうか。

辻にとって、服部の存在がいかに大きかったか。400字詰め原稿用紙で約30枚分という文字数は、40名近い寄稿者の中でも最も長いが、それだけでなく服部との思い出を書き漏らすまいとする辻の熱量を感じ取ることができる。辻は、潜行中のことも綴っている。

当時の服部さんは、復員業務の元締であり国の公務員であった。親類も友人もアメリカに睨まれている私に近づくもののないとき、心から庇って下ったのは服部さんである。予告もなしに、夜遅くそのお宅を訪ねたが、既に就寝中なのに、奥さまが起きて門を開かれ、心からのおもてなしを受けてその二階に泊めてもらったのが、潜行2年における唯一回の安眠であった。

さらに、「飢え迫る家族に、蔭ながら温い救いの手を差しのべられたことは、私自身に対する直接の庇護にもまさる感激である」と感謝の言葉を尽くしている。

この追想記には書かれていないが、政治家になってからも、辻は服部家をたびたび訪ねていた。服部の娘は、今もその姿を覚えているという。

「堅苦しい感じがしなくて、うちに来るのを喜んでいらっしゃるようでした。父に会うのはもちろんですが、何となくうちに来るのがお嫌ではなかったような……子供心にそんな気がしました。とても親近感を持って接してくださったので、よく印象に残っています」

ある日、医師が往診で使うようなカバンを持って、服部家を訪れた辻は、「物騒ですから、服部さんも犬を飼った方が良いですよ」と話し出した。服部が「それもそうだな」と応じると、おもむろに持ってきたカバンを差し出して、その中からスピッツを取りだしたのだという。

「驚きました。かわいいスピッツのワンちゃんをカバンの中に入れてきて……。ワンちゃんも苦しかったんでしょうね、カバンの中でもどしていたので、外へ出してあげると、最初は部屋の隅にずっといたんですが、どんどんはしゃぎだしました」

服部家の室内を走り回る犬を見て満足げな表情をしている辻の姿が眼に浮かぶ。辻の好意は、いつも贈られる側の想像を超えてきた。辻は自宅でシェパードを飼うほどの犬好きだった。服部家に贈られたスピッツは、ベアと名付けられ、家族の一員となったという。

追想記に戻る。家族から重篤との連絡で駆けつけた辻は、冷たくなった服部と対面する。その悲痛な胸の内をこう告白するのであった。

泣くにも涙が出ないほどの悲しみであった。生命の半分がなくなったようだった。

服部の娘たちから辻と服部とのつながりについて話を聞く中で、服部の墓の銘を辻が揮毫したことを教えてもらった。実際に訪ねてみると、墓に刻まれた「服部卓四郎」の文字は、これまで辻が書き記してきた文字が「動」だとすれば「静」だった。辻が己を収め、服部の人柄をひたすら思って書いたその文字からは、封じ込められた服部に対する強烈な思慕の情を感じた。

左翼学生たちを世界旅行へ

「辻政信というのは典型的な右翼だと思っていました」

1960年(昭和35年)、22歳の学生服姿の早稲田大学生・三輪《みわ》和馬《かずま》は、面前の辻政信にそう言い放った。辻は「言うね」と返し、笑っていたという。

「周りの人はハラハラしていたけどね。磊落《らいらく》な人でしたよ」と振り返るのはこの発言をした三輪本人だ。東京郊外の喫茶店、店の奥の席に座る80歳の三輪は、苦笑交じりの少し困ったような表情を浮かべながら語った。三輪が新聞の取材を受けるのは初めてだった。

1960年8月から約40日間、辻は早大の三輪をはじめ、東京大、明治大の学生3人と世界旅行をした。訪問先は、米ソ両陣営が対立していた東西ドイツなど16か国が選ばれた。前述した三輪と辻のやり取りは、その旅行から帰った後に、「中央公論」に掲載するために辻と三輪、そして明治大の岩田治彦の3人で行われた鼎談の様子だ。

1959年（昭和34年）11月27日、国会に学生が突入し赤旗を立てた事件は、辻に衝撃を与えた。学生とも話をするうちに、考えることがあった。

なんとかして、あの学生達を間違いのないように導く方法はないか。頭を割られた学生に手錠をはめて、警察に引張っていくだけが政治ではない。そして、赤旗を振る学生をわれわれの子供と考えて、間違いのない方向を与えなければならないと思った。

それには、学生に世界を見せてやりたい。見聞が狭いから、国の中でどうにもならず鬱憤を晴らそうとしているのがデモなのだ、こう考えた。［中略］大人がいまの学生はダメだとか学生に説教するような思い上がった態度でなしに、学生と同じような気持ちで世界の厳しい現実を見せてゆくと、その中に正しいものが出てくるこういう学生達を、警棒で殴ったりするバカな政治がどこにあるか。（『先見経済』1961年1月号）

また、辻は自著『中立の条件』の中で、「青年、学生の中に飛びこんで、同じ気持ちで話し合い、古い経験を新しい生命の肥料にして、私どものなき後の祖国を誤らさないことが一番大きな使命」だとも述べている。そうした考えで辻は、一緒に旅行をする学生の人選を3大学に依頼していたのだった。

三輪も、安保反対のデモに早大商学部の学生たちを引き連れ、参加していた。

「商学部は文学部とか社会学部と違って伝統的に保守的な学部で大人しかった。それが3000人を国会に、旗を持って連れて行った。それを指導したということで、学部、早

訪問先のストックホルムで三輪さん（左から2人目）と一緒にホットドッグのようなものを食べる辻（左端／右写真は現在の三輪さん）

稲田の中では注目されたのかもしれない」

辻については、ある程度の予備知識はあったものの、「別の世界の人だと思っていた」という。そんな三輪が辻との旅行を決めた理由は、一言で言えば「好奇心」ということになる。もちろん、思想的な理由というより、何かトラブルに巻き込まれるのではという不安もあった。だが結局、三輪は誰にも相談せず、旅行に参加することを決める。

旅行費用は全て辻が出し、小遣いも1人あたり「100ドル」出すという約束だった（当時は1ドル＝360円の固定相場だったので、100ドルは邦貨で3万

6000円。これを物価の比較から今の価値に換算すると、ざっと20万円ほどになる)。

辻とは同じ宿に泊まった。豪華ではなかったが、辻は不満を述べることはなかったという。三輪にとって印象深いのは、辻が軍人時代のことを一切話さなかったことだ。「あったら覚えているが、特徴的になかったね」と話す。

何より、辻から意見を押しつけられた記憶がないという。「『上から目線』は一切なかった」。それどころか、辻は学生たちの意見を否定することさえなかった。

「学生運動について、どうのこうのと議論しましたけど、批判的なことはなかった。若い人が日本を導いていくべきという話はしたけど、自分の意見を押しつけてこうしろとか、思っている方向へ導こうとかは全然なかった。我々の動きや考え方が間違っているとかいうことも一切なかった。辻さんは思想的には自分と違うと思っていたのかもしれないね。でも、それよりも、とにかく若い者に現地を見せて自覚させて、おまえたちのやり方で良いように変えろと思っていたのかもしれない」

陸軍参謀としての辻については、決して好意的には見ていなかったものの、三輪は辻と一緒にいて接するうちに、自身の考えが変わっていくことに気付く。

「話をしているうちに、辻さんは『右』ではないのかもしれないと思った。あのときに、座談会では『典型的右翼だ』と月並みなことを言ったけど、中身は違うねという思いはあった。この人も、時代がそうしたけど、思想的に『左』になることもあるだろうねと……いうくらいのことは思った」

その理由を三輪はこう語る。

「この国をどうするかとなった時に、時代の状況があるから。正しい道に導いて行くためには、あれ（世界旅行）しかなかったけど、あれは思想ではないと思う。そういう意味で、右翼と言ったけど、僕自身がそんなに左翼だとは思っていないから。だから、いずれにしても、有能な人物だと。さすがと。あの時は時代がそうだったから、客観的にミスリードをしたとは思っている。別の状況だったら、正しく導いたかもしれないと思いました」

杉森久英は『参謀・辻政信』の中で、「辻はしばしばお互《たがい》同士の関係を親と子のそれにたとえたが、三人にはそれは笑うべきことのように思えた」と書いている。だが、これを三輪はきっぱり否定する。

「辻さんとはそういう思想的なことはあるにしても、それを越えた、もっと親しい関係はできていた。あの座談会で、僕は辻さんに反発するようなことを言ったけど、笑い話で。でもそれを越えた、もっともっと深いものはありましたね」

なぜ、三輪はそう思うのか。しばし考えてこう言った。

「僕は、結論的には好きだったんだな。辻政信という人がね」

全学連リーダーとの対話

思想に関係なく、辻は青年という存在を強烈に愛した。

安保闘争をリードした全学連指導者・北小路敏《きたこうじさとし》とも対談を行っている（『中央公論』1961年3月号）。

北小路が「六・一八には、すわり込み闘争に終わっちゃったのは、樺《かんば》［美智子《みちこ》。安保闘争で国会突入の際に犠牲になった東大生］さんに対しても申しわけないし、僕らの方針が、あの時点で確かに弱かったわけですね」と発言すると、辻は「それは僕にはよくわかる」と応じる。

そして、自身が少尉の時、「かわいい初年兵を、七十人ぐらいあずかっていた。その初年兵の身上調査をやってみた。そうすると、みんな貧乏なんだな。姉さんが芸者になったとか、妹が売られて行ったとかいう話が実に多い。それをみたときに、若い少尉の純情さで、いちずに現在の政治が間違っていると考えたね」と語る。

そのために桜会が起こした十月事件にも参加しようと覚悟していたと打ち明けている。「家内を離縁し、悪い政治をぶっ倒すために拳銃を持って飛び出す決意をした」。だが、中心人物たちの堕落ぶりにすっかり醒めてしまい、その反動で「十一月事件の時は、むしろ押さえる方にまわった」と話している。「十一月事件」とは例の士官学校事件のことだ。

一方、北小路は、青年将校のクーデターといっても、政治家が腐敗堕落するという現象の基礎となっている階級関係を、「労働者の力をどのように発揮しながら打倒していくかというふうには問題をたてなかった」ことが問題であり、「労働者階級が勝利し、階級関係の変革されなければ、本当の民族の発展というのもあり得ない」と反論する。辻は「なるほどね。だからぼくはあなた方は純粋性があり、理論的だというんだ」と持ち上げる。

一方で辻は、「階級闘争とか社会闘争とか社会革命とかいう相手を打倒しようという気持ちを取り除いて、相手の立場を少し認めていこうじゃないか、資本家は労働者の立場を、労働者は経営者の立場を認めていこうじゃないかと考えること、それが大切なんだ」と諭すように語る。

しかし、北小路は「率直に言ってしまえば、辻さんのお考えはどうもやっぱり空想的理想主義のような気がするんですよね」と返し、議論はかみ合わない。

辻はなおも「現実はみんな腐敗している。われわれはその中に住んでおるんだ。世界には夜もあるんだ、黒もあるんだ。だからこそ、白のみをかかげて黒を排撃する態度では物事は片づかない。腐敗があるから清潔が目立ってくる。[中略]この清潔と腐敗、白と黒、これがたえず摩擦しながら進歩していくのが現実なんですね」と食い下がる。

ほかにも、「妥協をいやしんじゃいけません。妥協はむしろ人間として美徳だ」とも語っているのだが、辻が自著や他の対談を含め、いわゆる世故を説くのは極めて珍しい。時には「僕が全学連のリーダーだったら、国会を占領していますよ。構内抗議集会なんてヘナチョコなことをやらないで、国会議事堂のてっぺんに赤旗立てているよ」と言い切ったのはいかにも辻らしくはあるが、自身の主張というよりは、はっぱをかけて若者への期待を表そうとしたのではないだろうか。対談の最後に辻はこう言う。

敗戦後、打算ばかりで世渡りする人間が多いなかで、純粋な情熱が君らの中に残っているのをみて、本当にうれしい気がするよ。ぼくは君みたいな青年をむすこにしたいとさえ思っているよ。それは辻ばかりの気持ちではない。日本のおとなの気持ちだ。

行動の動機が純粋でも駄目だ。理想は妥協してはいけないが、手段は妥協しろ。それは決して恥じることではない――。辻は世故を説きながら、やはり一方で、行動の純粋性に完全に背を向けることができないでいる。そしてつい言葉が熱を帯びると、若者の純粋な情熱を称賛せずにはいられなかった。

あだ名は「サンショウウオ」

国民からは高い人気を集め、国会議員として当選を重ねても、辻が政治の中心に立つことはなかった。そこが軍人時代とは大きく違っていた。軍人時代の辻には、服部を始めとする庇護者が多くいた。前述のようにかつてノモンハン事件の際、稲田正純が辻を外そうとして外せなかったことがある。その時は、板垣征四郎陸相ら決定の裁量を持つ人たちが軒並み反対したからだ。それを思うと隔世の感があるが、政治の世界では、辻を個人的に応援してくれる人々はいても派閥のような政治勢力になることはなく、辻はほとんどいつも孤軍奮闘であった。

辻は政治家ならば当然と見なされていた、地元からの陳情団の世話をほとんど行わなかった。むしろ、それを嫌悪していたようにさえ見える。札束入りのお菓子を持ってきた陳情団には、その札束を突き返した上、一喝した。それだけならまだしも、石川県の農業団体が上京し、米価値上げの陳情に訪れた時には、「米価を上げれば、物価が上がるから、インフレを招く恐れがある。このような値上げに絶対賛成することはできない」と門前払いした。

陳情団をあしらう辻のエピソードは、枚挙にいとまがない。辻について「『オレは国家のための代議士』という『素朴な正義感』」を持っていると評したのが、辻と近しかった国会議員の宇都宮徳馬だ。宇都宮は感心するとともに、あきれて、次のように語っている。

「あまりに潔へきすぎる。ゴルフも招待の酒も一切否定する。尊敬はするが、どうしてもついていけないところがある。明治根性の最後の人だね」（『週刊読売』1959年6月21日号）。

軍人時代の辻も、軍人が酒色におぼれることを戒め、不正を糾弾するなどしたため、「清廉潔白の士」として知られていた。「素朴な正義感」という意味では、軍人時代も政治家になってからも大きくは変わらない。では、何が違ったのか。

それを知るためには、辻の長女、英子の夫である堀内光雄の回想（『文藝春秋』1999年7月号）が役に立つ。

1960年（昭和35年）6月、およそ2万人のデモ隊が安保改定絶対阻止を旗印に、国会、首相官邸を包囲した。首相官邸には岸派の代議士が集結していた。その中には、辻の長女、英子の義父にあたる堀内一雄もいた。岸派の議員が「自衛隊を出すか」とまで意見を出し合っていた時、デモ隊の囲みをかき分け、単身辻が「岸に会わせろ」と、乗り込んできたのだ。

この時のことを光雄は、一雄から伝え聞いている。辻は「このままでは激化する恐れあり。岸総理は一命を賭しても群衆の前に立って自分の信念を披瀝すべし」と進言したという。「お前がやれと言うなら俺が出て行く」とまで言って岸に詰め寄ったが、結局、「今日のところはお引き取り下さい」とあしらわれてしまう。

辻は頭脳明晰、時に独断専行と言われようと、己の信念に従い、行動する人であったが、老練とはほど遠かった。辻がいくら強く訴えても、岸のような人物を押しきることはできなかった。

辻の清廉潔白や有言実行は、同じ環境、同じ価値観を持った軍隊の中で最も効果的だった。まして辻はその軍という組織においてさえ、個人としては孤立しがちで、仲間作りや組織内での世渡りは苦手だった。そんな辻が、政治の世界でそれを覆せるはずもなかった。

辻は軍人時代でも考課の乱高下が示すように頻繁に異動を繰り返している。軍人時代の辻を支えたのは、陸軍という限られた人間関係の中の個人的な繋がり、生死を共にするという特別な条件下における親愛の情であった。言わば、戦場があったからこそ辻は軍人として評価され、人との繋がりを保つことができた。しかも、平時の軍人ではなく、有事の軍人として……。

戦場を失ってからも、選挙や政界という〝疑似戦場〟を舞台として戦ったのだと考えれば理解しやすいかもしれない。しかし、それにも限界はあった。

堀内光雄は辻を評して「人情味に厚く、労をいとわない。純粋に度胸のある人でした。身に寸鉄も帯びず、裸足で紛争地帯へ飛び込んでいく」と称賛している。故に、今でも何かあった時は、「辻ならどうするだろうか」と考えると告白する。しかし、堀内も優れた政治家であり、経営者だったのだろう。「もちろん『私の親父』の頭ではなく、私の温厚なる頭で考えるわけですが」と付け加えることは忘れなかった。

軍人時代に通せた理屈や道理が、政治の世界では通らなかった。それは、軍組織が極めて純粋な理論と計画によって成り立っている世界だからであり、政治はそうではないことを示している。

西浦進が、軍人の気質についてこのように語っている。


われわれあまり若い時から戦略とか戦術とかというようなことで、ものごとを計画的にやれと言われていることが、かえって人生を誤ったのではないかという気もするのですがね。少々落第点を取ったって、あわてないでじっとしておったらそのうちにまたいいことがあるかもわからん、とかね。そのうちどうかなる、なんというそういう気には、あんまりならなかったのですね。（西浦『昭和陸軍秘録』）

積極的な理想論を面と向かって否定できない軍組織に対し、政治は本音と建前を巧妙に使い分ける。

「父親のあだ名は、サンショウウオなんです」

辻の次男、毅がそう教えてくれた。そして、「清流にしか住めませんから」と言葉を補い、笑みを浮かべる。

奇しくも、今立の手前にある荒谷には石川県内水面水産センターがあり、ここでは日本最大級のオオサンショウウオが飼育されている。国の指定特別天然記念物であり、絶滅危惧種にもなっている。保護されたのは隣の山中温泉郷を流れる大聖寺川だが、荒谷や今立を流れる動橋川とともに石川県を代表するこれらの清流は、サンショウウオの貴重な生息地となっている。辻が生まれ育ったのは、そういう土地だった。

第3章で述べたように、1922年（大正11年）、第七連隊の見習士官時代の辻は、軍人としての心構えとして「五箴」を書き、机の前の壁に貼り付けていた。その中に「清濁併セ呑ムヘシ」の一条がある。「だけど……」と毅は語る。

「父はやはり、『濁』はのめなかったということですね」

岸の後継内閣を襲った池田勇人《はやと》首相がその政策の基本に掲げたのが、「国民所得倍増計画」だった。10年間で日本の経済規模（国民総生産）を2倍にすることを目標にしたこの計画は、給与が2倍になるとの錯覚も「夢のある話」として、国民に受け入れられた。それからの1960年代は、政治的対立が表面に出ていた日本の経済・社会の雰囲気を大きく変えた。その結果、「池田内閣は、その施策によって、政治の季節から経済の季節への転換をみごとに実現した」（武田晴人『高度成長』）。

政治の季節は急速に終わりを迎えつつあった。皆が平等に貧しくて、不満の対象が政治に向かっていた時代には、辻の役割は大きかった。政治の中心には立てなくとも、たとえドン・キホーテと言われても、その果敢な「突撃精神」は喝采を浴びた。しかし、時代は変わりゆき、経済的恩恵を受けた少なくない層の人たちが、政治よりも生活に力点を置くようになった。国民が求めたのは、国家のために尽くす清廉潔白な政治家でも、アメリカやソ連の言いなりにならずに自らの手で国を守る自衛中立の理想でもなかった。個人個人に豊かさを与えてくれる政治家こそ、国民にとって必要なものだった。

辻が生きることのできる場所は、サンショウウオのごとく、どんどん狭められていった。1952年（昭和27年）の初選挙の時。選挙戦たけなわの頃、辻はこう言って選挙民に訴えた（『時事通信』1952年10月11日時事解説版）。

「わたくしはトルーマンにも、チャーチルにもスターリンにも愛されない。私は日本人である諸君に愛されればそれでいい」

そして、こうも言ったという。

「私の人気は、玉手箱みたいなものかも知れない。あけてみれば、ただひとすじの白煙がたちのぼるだけに終るかもしれぬ」

第8章

「失踪」の真実

―再び1961年の辻政信―

残されていた外交文書

1961年（昭和36年）4月4日午前9時半、現職の参議院議員だった辻政信は羽田空港から東南アジアへ向けて出発する。第1章で述べたように、その後の辻の足取りについては、虚実ないまぜで様々な情報が飛び交った。

これまでの評伝では、辻の足取りについて実際に交流のあった関係者の証言をもとに検証してきた。しかし、もはや関係者の多くは鬼籍に入り、その足取りを再現することはできない。逆に、評伝が相次いで刊行された1980年代にはできなかったことがある。それが、後年に公開された外務省の公文書を使って辻の足取りを追うことだ。

外務省の外交史料館には、辻の失踪に関する公文書が保管されている。辻が訪れた各国の大使館が、本省とやり取りをした公電などを集めた「本邦人失踪及び変死関係　在アジア、大洋州地域　辻政信参議院議員関係」がそれである（以下「辻関係文書」と略）。

この3巻綴りの文書群によって、公文書を通して、辻の東南アジアでの行動を復元することができた。以下、第1章と重複する部分もあるが、「極秘」とされてきたこの新史料をもとに、辻が羽田を出発した日から少しさかのぼり、辻の足取りを追っていく。

3月29日、辻は議長宛てに公用旅券発給請求書を提出するが、その際、在京連合王国（イギリス）大使館に対して香港入国査証（ビザ）を申請している。しかし、同大使館から、時間的に検討の余裕なしとして申請を却下された。香港入国のための査証に関しては4月16日、小坂善太郎大臣からタイの大江晃《あきら》大使に宛て、「在貴任国連合王国領事に連絡あるよう依頼し出発した趣につき、同領事に御連絡の上辻議員の往路又は帰路（ビエンチャン［ラオスの首都］にて決定の由《よし》）のいずれか貴地滞在中に右査証取得あっせん方取計らわれたい」との公電を送っている。このことから、辻が当初から、香港を経由して帰国する心づもりをしていたことが推察される。

また、3月30日には小坂大臣から辻が立ち寄る先のベトナム、カンボジア、ラオス、タイのそれぞれ大使に宛てて公電が出されている。それにはこうあった。

辻政信参議院議員は、ラオスを中心とした東南アジア情勢調査のため、下記日程により、単身微行《びこう》［一人で密かに出歩くこと］にて貴地を訪問するところ、同議員は本件が報道関係者等に知られることは今回の調査活動の妨げになるとの理由でこれを是非避けたい意向なので、この点充分御留意の上、便宜供与ありたく、またなるべく邦人の立寄らない宿舎留保の上、結果回電ありたい。

辻の視察については小坂大臣が承知するレベルのもので、任務遂行上妨げになる恐れがあるため報道機関には秘匿とすることを、ほかならぬ辻自身が求めていたということが分かる。

羽田空港を出発した辻は、同じ4日の午後4時半、南ベトナムのサイゴン空港に到着。大使館関係者の出迎えを受け、首都サイゴン市内のホテルに宿泊した。8日は、アメリカの援助を受ける南ベトナムのゴ・ジン・ジェム大統領と会見し、同日午後にはサイゴンを出発し、カンボジアのプノンペンに着いている。

プノンペンには10日まで滞在しているが、その最終日の出来事を、12日に大橋忠一《ちゅういち》大使が小坂大臣に公電で報告している。それによると、辻から大使館に対し、カンボジアに駐在している北ベトナム（北越）通商代表部への対便宜供与を依頼したいと要望があり、大使館職員が通訳としてその会見に立ち会っている。この公電では、会見の概要も細かく記されている（地名の表記は本書での表記に統一。以下同）。

先ず辻議員より陸軍参謀として終戦後の戦犯追及を避けるため逃避行を行いビエンチャンからハノイに潜行した経緯を述べ、今回の旅行の目的はラオスの中立化及び南北ベトナム統一の可能性につき検討することにあり、そのためビエンチャンより徒歩または牛車の利用等によりシエンクワン［ラオス中部］、ビン［ベトナム東岸］を経てハノイ［北ベトナムの首都］に赴《おもむ》きホー・チ・ミン大統領に是非会いたい。ついては貴代表からホー・チ・ミン又は他の高官に対する紹介の手紙を書いて頂きたい、これは旅行中の安導券［安全通行証］ともなり得ると思う、と述べたのに対し北越代表は、自分はベトナム民主共和国政府の通商代表であり、公私の行いは政府の制約をうける。従ってそのような性質の手紙を書くことは私事とは見なされず、公事のいわば領事の権限に属する行為であり、通商代表が領事類似の行為を行うことはベトナム政府からもカンボジア政府からも許されていない。従ってラングーン［ビルマの首都」あるいはジャカルタ［インドネシアの首都］で正式ヴィザをとり飛行機でハノイに行かれたらどうかとの趣旨で応酬した。

ここで辻は明確に旅行の目的を、「ラオスの中立化及び南北ベトナム統一の可能性につき検討すること」であると明言し、そのために、ホー・チ・ミン大統領に会うことを求めている。だが、ホー・チ・ミンや政府高官への紹介状の依頼は通商代表部の権限を越えているとして、断られている。通商代表部を通じて、北ベトナム入りの便宜を図ってもらうことに失敗した辻は、この日の夜、タイの首都・バンコクに向かう。出迎えたのは、防衛庁の一等陸佐で、大使館の駐在官だった伊藤知可士だった。伊藤は陸士50期で、堀江正夫、黍野弘と同じく辻が陸軍大学で戦術教官をしていた時の教え子にあたる。

辻は11～13日、バンコクでタイ軍の幹部や元首相らと面会する。14日午前、伊藤と一緒にバンコクからラオスの首都・ビエンチャン行きのタイ航空に乗り、午前のうちにビエンチャン空港に到着している。

激動のラオスに潜入

4月21日にラオスの別府節弥大使から小坂大臣に宛てた公電によると、14日に伊藤を伴ってラオスに到着した辻に、「当地東京銀行支店長は〔中略〕同議員滞在中アカサカをつきそわしめた」という（「アカサカ」については後述）。

当初はホテルからの外出も控えていた辻だったが、やがて「当館〔大使館〕に秘してアカサカをして隠密にパテト・ラオ軍地域および北越潜入を画策し、これが可能なることが判明するや本使〔別府大使〕にも潜入計画を打明けた」という。

当時のラオス情勢については少し説明が必要だ。フランスの植民地だったラオスは1953年（昭和28年）に独立したものの、国内は安定せず、中国、北ベトナムを後ろ盾としたスファヌボン殿下率いる共産勢力のパテト・ラオ（ラオス国＝ラオス愛国戦線）、軍部と王族を中心としてフランス、アメリカ、イギリスが支援する右派勢力、そしてプーマ殿下（スファヌボン殿下の異母兄）率いる中立派の間で衝突が繰り返されていた。その後も国内は三派の争いによって、政権が入れ替わり成立する不安定な状態が続く。

1960年、中立派のプーマ殿下による内閣が成立する。

しかし、プーマ殿下は政府の中に左派のパテト・ラオ勢力を取り込もうとしたため、右派勢力の反乱を招き、ラオスは再び混乱に陥った。1961年5月、ラオス内戦の拡大を懸念したアメリカ、ソ連、イギリスの呼びかけで、左派、中立派、右派の三派間で停戦が実現し、プーマ殿下を首班とする連合政府が成立した。だが、それも長続きせず、政府軍とそれに反発するパテト・ラオとの戦闘が繰り広げられる。結果、パテト・ラオの勢力が1975年に権力を掌握、王制の廃止とスファヌボン殿下を初代大統領とするラオス人民民主共和国の成立が宣言される（総務省大臣官房企画課「ラオスの行政」）。

辻がラオスを訪れたのは、まさにプーマ政権とパテト・ラオの連合軍に対し、右派勢力が挑む、激動の渦中だった。21日の別府大使の公電には辻の潜入計画の詳細が記録されている（欧文の表記はカタカナに変換）。

潜入は当地のクンタ寺院の住職の手引きによりパテト・ラオ側とも事前に寺院をして連絡せしめた上、僧衣を着て行う由であって、その経路は当市北方約20キロ付近の

1961年失踪前後の足跡

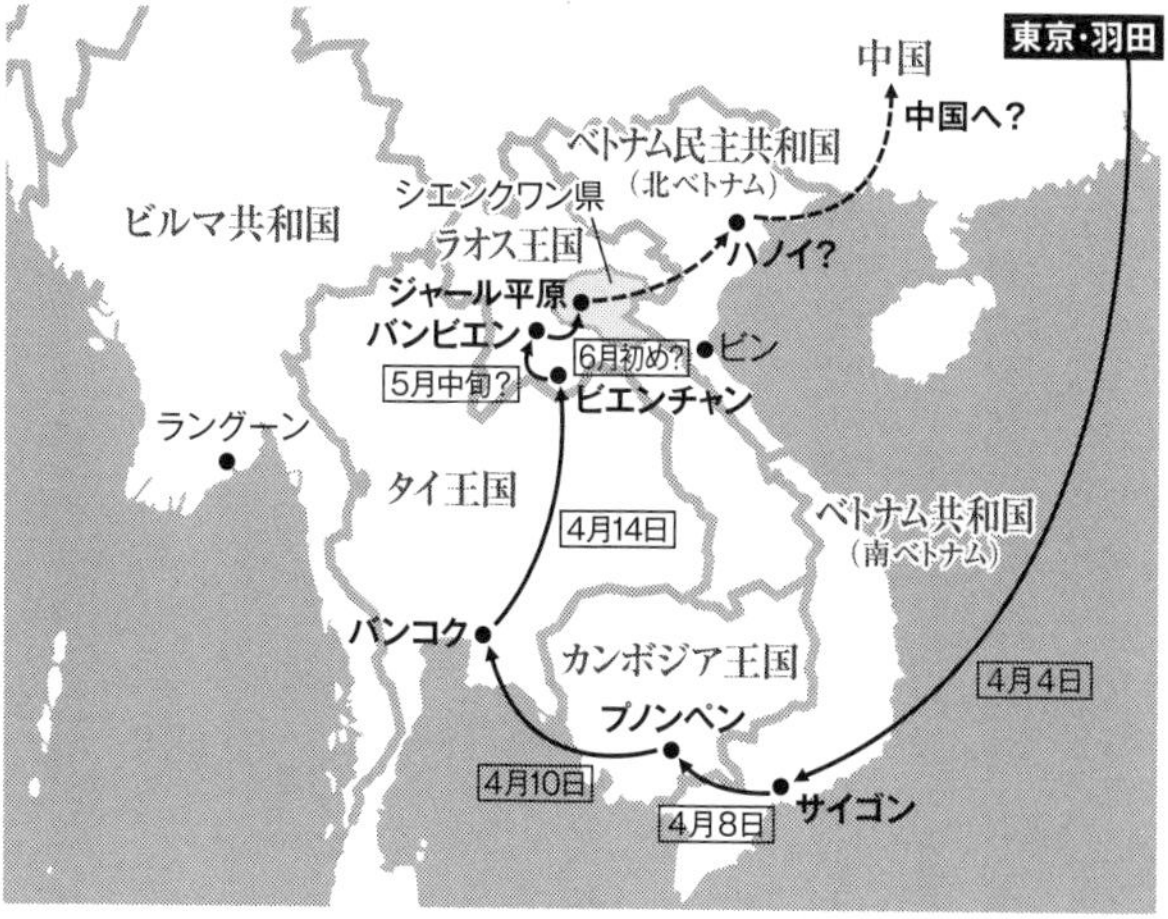

パテト・ラオ前線基地におもむき同地付近からヘリコプター等を利用してジャール平原［ラオス中部シエンクワン＝パテト・ラオの拠点］に赴き、同地では状況視察および指導者面会を行い、その後はハノイに赴きホー・チ・ミン等とも会見し、帰途は場合によっては広東経由香港に出て帰国する趣である。

辻は終戦直後にタイで僧侶に化けて潜行したように、僧侶の格好をしてパテト・ラオの支配地域を視察し、さらにジャール平原に行き、そこからハノイでホー・チ・ミン大統領と会談し、香港から日本に帰国するというものだった。

驚いた大使館側では、以下の点について辻に警告している。

イ）パテト・ラオ地域においては生命の安全に関しなんらの保障もないこと。

ロ）パテト・ラオまたは越同盟側の意向次第ではいかようにも悪意に宣伝される恐れがあること。

ハ）潜入成功前にラオス側若《も》しくは米国側にて察知または逮捕されることがあれば無用の紛争をかもす恐れがあること。

ニ）共産圏に渡航するには正規の方法があるので、かくの如き危険な方法をとる要なきこと。

ホ）僧侶に変装して潜入するが如きは国会議員として体面上ふさわしくないこと。

ニ）の「正規の方法」とは北ベトナム通商代表部との会談でも提案されたが、ビルマのラングーンなどを経由して、北ベトナム入りするというルートのことを指している。大使館側の警告もまったく適切なものだったが、辻は納得しなかった。その辻が頼ったのが赤坂勝美、通称「赤坂ロップ」と呼ばれた隻腕の元日本軍兵士だった。

水先案内人「赤坂ロップ」

4月21日の別府大使の公電にあった「アカサカ」というのが、当時、東京銀行ビエンチャン支店に勤務していた赤坂勝美《かつみ》のことだ。この特異な人物との出会いは、辻の運命を大きく変えることになる。

長野県に生まれた赤坂は、日本陸軍伍長として終戦をハノイから南へ250キロも離れた北ベトナムのビン市で迎えた。戦後赤坂は、中国国民党政府に武装解除されることを忌避し、この地で骨を埋めようとパテト・ラオ軍に身を投じた。やがて進駐してきたフランス軍と戦闘を繰り返し、右腕を失うも、大尉にまで昇進した。その武勇からラオス名で「タオ・ロップ」と呼ばれた。「タオ」は敬称であり、「ロップ」は戦士や勇者を意味するという（『週刊読売』1980年3月特大号）。そこから「赤坂ロップ」の愛称が付いた。「よろしくお願いします」と気さくに握手を求めてきた辻の態度に、赤坂は好感を持った。

赤坂に対し辻は、北ベトナムと協力関係にあるパテト・ラオの支配地区を通って、ハノイに入りたいと希望を伝えた。赤坂はその計画に驚き、大使館員と同様、危険だと反対した。それでも、辻は赤坂がかつてパテト・ラオの戦士であったことを知っており、僧侶に化けて入りこむから、案内のため現地の僧侶を探して欲しいとしつこく依頼する。赤坂は再度その無謀さを説き、断念させようとしたが、辻は「君は、わしの気持ちがわからんのか。危ない、危ないというが、わしは命がけできておる。家族のことなど、あとの心配はまったくないようにしてきた。わしの寿命も長くない。最後を日本につくしたいわしの気持ちを、君は拒絶するかッ」と叱咤したという（野田衛『辻政信は生きている』）。

赤坂は親しいラオス人の伝手を頼って、同行してくれそうな僧侶を探すが見つからなかった。謝礼をはずむと甘言しても、乗ってこない。やむを得ず、赤坂がそのことを辻に伝えると、辻は意外なほどあっさりと引き下がり、帰国に必要なタイのビザを取り、4月20日のバンコク行きの便を予約したという（同前）。

ところが、もはや帰国かと思われたその時、赤坂の顔見知りの若い僧侶が同行者として名乗りを上げた。ここでこの僧侶が申し出なかったら、辻の失踪事件は起こらなかった。

ビエンチャン市内で赤坂元大尉とともに写真に写った僧衣姿の辻。この後、消息を絶った

再び、運命の歯車は回り始めた。

4月19日、赤坂は一日中、市内を駆け回り、ラオスの僧侶に変装する品物を買い集めた。僧衣はラオスの僧侶が常に着ている黄褐色のものを用意し、辻に着せた。しかし、その姿を見て赤坂の不安は募った。大柄な辻の体型に合う僧衣を見つけることができず、手足の丈が短かった。それは仕方ないと割り切ったが、辻はラオス僧ならば必ず剃っている眉毛を剃ることを拒否し、ラオスの僧侶ならまずかけることがない眼鏡もかけたままだった。その姿はおよそラオスの僧侶としては異形《いぎょう》だった（赤坂勝美『隻腕の斬込み隊長』）。

案内を引き受けてくれた僧侶は2人となった。そのうちの1人は兄がパテト・ラオの軍人で、その伝手を頼れば、安全にパテト・ラオの支配地域に辿り着けるだろうと思われた。

4月21日朝、ビエンチャンから4、5キロ行ったところで、辻と若い僧は車を降りた。辻は、黄褐色の僧衣、ゴム草履に黒い日よけの傘、肩からはタイで伊藤と一緒に買った黄銅製の仏像、パスポート、トラベラーズチェック、辻がエジプトのナセル大統領、ユーゴのチトー大統領、中国の周恩来首相らとそれぞれ一緒に写った写真、議員バッジなどを入れた布袋をかけていた。また、同行する若い僧侶が持つ風呂敷の中には、ホー・チ・ミンに会う時の背広上下一着、ワイシャツ、ネクタイ、カフスボタンなどが入っていた。さらに、赤坂はパテト・ラオの指導者らへ宛てたラオス語で書かれた紹介状と、日常会話に出てくるラオス語を記した紙を辻に渡した。

3人は人目の多い13号公路は避け、公路に沿った道を160キロ先のバンビエンに向けて歩き出した。別れ際、辻は赤坂の手を握りしめて、「体を丈夫にして気をつけておってくれ。必ず帰ってお礼をする。私はトラ年だから大丈夫だ」と語った。後年、赤坂は「その時の手のぬくもりをいまもおぼえている」と声を詰まらせながら回想している（『北国新聞』1978年9月8日付)。

赤坂は、後ろ姿が道の彼方に見えなくなるまで見送った。一度も振り向かない辻の姿に赤坂は「これは成功する」と思った。2日後、案内につけた2人の僧侶が戻り、パテト・ラオ支配地区の隊長に辻を引き渡したと報告した(赤坂『隻腕の斬込み隊長』)。

外交文書から辿る足跡

外務省の辻関係文書によれば、辻は寺から寺を渡り歩くリレー方式で、4月21日午前9時頃、パテト・ラオ地域に入ったと見られている。この際、辻は「『青木』という日本人高僧で仏跡を尋ねてラオスに来たとの振れ込み」で向かったことが記されている。

その後の辻の足取りは杳《よう》としてつかめていなかったが、約4か月後の8月23日、極めて重要な情報がラオスの別府大使から本省に寄せられる。少し長くなるが、公電を引用する。

(1)バンビエンで6月日本人に会ったと称する中国人がポンフォン(当地〔ビエンチャン〕北方約70キロメートル)におるとの聞込みがあったので、22日吉川〔大使館職員〕を同地に派し同中国人から直接事情を聴取せしめたところその概要次の通り。

なお同中国人はポンフォンに約5年居住（ラオス人と結婚）同地にて中国料理店を経営（バンビエンには米袋買取のため4月11日に赴き戦乱のため一時帰還不能となったが、ようやく6月7日バンビエンを出発、3日後にポンフォンに到着したものである由）

（イ）その日本人の人相を詳細に質した結果辻氏と認められたので、週刊公論8月14日号誌上に掲載の同氏写真切抜きを示したところ全く同一人物に相違なきことを確認した。なお同中国人に対し自分は自由党議員である旨を語り、かつ旅券をも示したことがある由。

（ロ）同人の談によれば、辻氏は5月中旬頃、バンビエンに到着（ビエンチャンから徒歩で来た由）同地にてパテト・ラオの兵隊とともに民家に寄居していたが同人が寄宿していた中国料理店に両替および飲食のため来た際に知合となり（僧衣ではなく黒っぽい背広を着ていた由）、6月7日同人がバンビエンを去るまでの間に約20回位会った由。辻氏はプーマ〔殿下、連合政府首相〕と会うことを熱望していた趣で、シエンクワン行き許可書入手のため同人を通訳として伴い数回にわたりパテト・ラオの前線司令部を訪れた結果、6月初めにようやく許可書を入手した由であるが、同人が出発した7日までには辻氏は出発できなかった。パテト・ラオ側は辻氏を飛行機に便乗させる旨語っていたので多分その後直ちにシエンクワンに赴いたものと思われる。

（2）辻氏がその行程中最も危険と思われる政府軍およびパテト・ラオ軍の境界線を無事突破し、少なくとも6月7日まではバンビエンに滞在していたことは以上で判明した。しかしプーマ［殿下］はチューリヒ会談出席のため6月2日頃シエンクワンを出発したので辻氏が6月7日直後同地に赴いたとしてもプーマに会えなかったわけであり、従ってプーマの帰還まで（8月5日頃プノンペン［カンボジア首都］から空路帰還）同地で待っていたと思われる。いずれにせよ6月7日以降の消息はいまだに判明するに至らないがシエンクワンに入ったことはほぼ確実と見て差支えなかるべく、その後の消息はフランス側を通じて内査する予定。

辻とおぼしき日本人に会ったという人物が、ビエンチャンから北方約70キロのポンフォンにいるという情報を得て、大使館職員はこの街に向かった。そこで、中華料理店を営む中国人男性から話を聞く。この男性は4月上旬、米袋買取のためバンビエンに赴いていたが、戦乱のため帰れなくなり、そこから6月7日まで同地にとどまらざるを得なくなった。その時、同地に滞在していた辻と出会ったというのだ。大使館職員は辻と思われる日本人の特徴や話した内容などが辻と付合すること、さらに辻の写真を見せたところ、男性が本人に相違ないと明言するので、この男性が会ったのは辻本人であると確信することになった。

男性によると、辻はパテト・ラオと中立派（プーマ派）の拠点であるシエンクワンでプーマ殿下と会うことを希望しており、ラオス人の妻を持ち、ラオス語が堪能な男性を通訳として依頼した。辻はこの男性を伴い、パテト・ラオの前線司令部を訪れ、6月初めに許可書を得ることができたという。

これらによって、4月21日以降の辻の足取りが、公文書によって初めて確認された。外務省では、この中国人男性の証言を極めて確度の高い情報として理解していた。第1章で触れたが、この年の9月12日の参議院外務委員会で外務省の総務参事官が答弁した、辻が6月まで健在だったとの発言の根拠は、この別府大使の報告を基にしていたのだった。

この後の辻の足取りを辿ることはおぼつかなくなっていくのだが、10月3日、別府大使は小坂大臣に宛て、9月29日付でプーマ殿下から受け取った文書のことを報告している。

自分は辻議員に面会したことはない。同議員は6月にバンビエンにいたがその後どこへ行ったか判らぬ。自分に到達している情報によれば同議員はシエンクワンに来たりハノイ経由で中共に赴いたようである。右以上の情報を持ち合わせていないのを遺憾とする。

6月初めにバンビエンにいた辻は、パテト・ラオから許可書をもらい、シエンクワンに行く。そして、そこからハノイを経て、中共に入った。これも、外務省は確度の高い情報として認めている。第1章で既述しているが、10月10日の参議院外務委員会で「最高権威筋が述べた情報」として答弁しているのは、この情報のことであり、「最高権威筋」とはプーマ殿下を指している。辻関係文書には、プーマ殿下を消して最高権威筋と書き変えた文書まで残っている。

辻のハノイ入りの確証を得るため、外務省は日本ベトナム友好協会を通じて北ベトナム通商代表部に非公式の調査を依頼する。だが、結果は芳しいものではなく、代表部からは、本国に問い合わせたが、「辻議員が北ベトナム領土内に入った形跡はない」との回答を得たという返事を受け取っている。

飛び交う潜行情報

辻の行方について、メディア研究を専門とする有馬哲夫は、著書『大本営参謀は戦後何と戦ったのか』の中で、自身がアメリカ国立第二公文書館でその存在を確認した、CIA文書の「辻政信ファイル」に含まれたある文書を紹介している。1962年（昭和37年）8月8日に「林宣蘺」という人物が作成したという文書（原文は中国語）には、辻がハノイもしくはジャール平原からビエンチャンに戻った後、中国共産党過激派によって拉致され、雲南省内に連れて行かれたことが記されているという。

さらに、同年10月10日の報告書では、この文書を取り上げ、辻を拘束している雲南省の共産主義者は、辻を最大限に利用するつもりだが、身代金と引き換えに、取り戻せる可能性があるとしている。

有馬は、「この文書がCIA辻ファイルの最後の一枚」であり、「その後日本政府がこの件に関してどのような対応をとったのか、その結果がどうなったのか、CIA側の文書からはまったくわからない」と書く（有馬『大本営参謀は戦後何と戦ったのか』）。

一方で、外務省の辻関係文書によれば、外務省は、辻の中国入りについて、「林」という人物の文書と同時期に、以下のように把握していた。

それは、1962年（昭和37年）8月8日の「辻政信氏が中共に監禁されているとの情報について」と題した文書で、「行方不明中の辻政信氏が目下北京において中共に軟禁されている。辻氏は日本側某氏の密命により中共説得のため中国に潜行したがその儘《まま》中共側に軟禁されているとの情報」があると記す。しかし、外務省では「この情報自体の信憑性についても甚だ疑問の点があり、当方としてもあやしいと思う」と判断している。

「林」という人物の文書と重なる情報も、辻関係文書にはあった。1963年（昭和38年）1月5日に、香港の総領事から外務大臣に宛てた「極秘」とされた公電がそれで、「辻議員は中共の支持するパテト・ラオ軍に逮捕され、現在同部隊の勢力範囲内に置かれている雲南、ラオス国境に監禁されているとの説が有力」としている。また、釈放の条件として、「身代金数千万米ドルを要求されている」とも記す。

辻関係文書からは、外務省として飛び交う様々な情報について、その都度、現地大使館や領事館の職員らが情報の信憑性を確かめている様子が分かる。拘束といっても、相手は共産主義者からゲリラ、その場所も様々で、キューバに潜行説というものまであった。さらに、文書では黒塗りになっていて特定することは難しいが、複数の元軍人が辻の救出に動いていることが記されている。

辻の姿は背中が見えたと思って近づいていくと、また遠ざかっていく。やがてその背中さえ見えなくなっていく。外務省でも、その後の辻の動向について、確たる手がかりを見つけられないまま、調査も縮小していく。

旅立つ理由

なぜ辻は東南アジアへ旅立ったのか――。

秘書だった藤力の手元には、今も辻の選挙活動中の写真や名刺、雑誌などの資料が几帳面に保管されている。

「議員会館で寝泊まりしたこともあります。時には、電気釜でごはんを炊いて、先生と一緒に食べたりもしましたよ」と懐かしそうに振り返る。

秘書として辻の傍にいた藤は、出発前の辻の姿をつぶさに観察していた。藤の記憶によれば、辻のところをよく訪れていた軍人は、林秀澄と朝枝繁春だった。

出発の1週間ほど前には、議員会館で辻と林がベトナムの地図を広げて話し合っていた様子を覚えている。この時広げていたベトナムの地図は、林が用意したもので、「史実研究所から持ってきたものだった」と話す。市ヶ谷にあった史実研究所は、辻が「兄」と慕った服部卓四郎が設立した機関だ。

林も服部とは昵懇であり、史実研究所から地図を入手しやすい立場ではあった。

「服部さん、林さん、朝枝さん……そういう人たちからは、地図もそうだけど、当時の世界情報を集めていたんじゃないですかね、絶えず連絡していたので。将来の日本の国のあり方を考えるために。参謀として情報を集めて、分析していたんだろうと思います」

前述のように、外務省の辻関係文書には、辻の東南アジア行きの理由として、ラオスの中立化や南北ベトナム統一の可能性を探るためホー・チ・ミン大統領と会談するという目的が記されていた。藤もまた、辻から同様の説明を聞いていた。

「ラオスの情勢を把握して、ホー・チ・ミンに会って話をする、と。人には言えないけど、信念を貫くためには行かなくてはいけないと言っていた。あの情勢を変えるには、ホー・チ・ミンを説得するのが唯一の道だと。行って話をする場を持たないといけない。説得したからといってそれに応じるというようなものではないが、それをやってこそはじめて路が開けると、それだけ私に言っていた」

辻は当時、ラオスの内戦が米ソの代理戦争であり、世界戦争に拡大することを懸念していた。そのため、ラオスに影響力を持つホー・チ・ミンを説得することの重要性を感じていた（生出寿『「政治家」辻政信の最後』）。

もう一つ、興味深い証言がある。

黍野弘の証言だ。先に紹介した私家版の回想録『わが古事記への道』によれば、黍野が辻と最後に会ったのは、辻が旅立つ3か月前のことだという。1961年1月末の午後、茨城県西茨城郡岩間町（現・笠間市）での辻の講演会の後、東京に戻る車中で2人は話をしている。

辻は黍野に「貴様、北ベトナムへ行ってくれんか」と不意に切り出した。訝しんで理由を尋ねる黍野に、辻はこう答えたという。


アメリカは南ベトナムに肩入れして、援助物資をつぎ込んでいるが、［中略］近い将来、ホー・チ・ミンがベトナムを統一するだろう。いま、盛んに準備を整えているところだ。しかし、ホー・チ・ミンの軍隊にはフランスの植民地軍に対するパルチザン戦法を知っている者はいるが、近代的な組織軍を統率して、南を攻略出来る者がいないんだ。貴様をホー・チ・ミンの所へ連れて行くから、これから北ベトナム軍を指導してやってくれ、という事なんだ。

辻らしく雄弁に説得しているが、黍野はこの依頼を拒絶した。すると、辻は残念そうにしながらも、その真意を明かした。

池田［勇人］総理に〝アメリカがどんなに南ベトナムに肩入れしても、既に手遅れだから、直ぐラオス、カンボジアに手を打つよう、今度アメリカに行ったら是非進言して貰いたい〟と意見具申しているんだ。

旅の目的と、それが池田首相の訪米のための情報収集であることが辻の口から明らかにされていたのだった。後世から見れば、辻が危惧していたとおり、その後アメリカは出口のないベトナム戦争の泥沼に嵌まり込み、甚大な犠牲を出した末に撤退を余儀なくされたのだった。

池田のための視察

実は、辻が現地から藤に宛てたはがきでも、今度の旅行の背後に池田勇人の存在があることを匂わせている。それが4月19日にラオスのビエンチャンから出されたはがきにあった「池、伊藤さんによろしく」という箇所だ。

藤によれば「池」は池田勇人、「伊藤さん」は、池田の秘書、伊藤昌哉《まさや》のことだ。何を「よろしく」なのか。それを説明する言葉ははがきには書かれていないが、分かっている人には伝わるからこれで十分だったのだろう。藤は「伊藤さんはもともと新聞記者だった。辻は伊藤さんと親しくして、いろいろと深い話をしていた」と話す。

長女・英子の夫でその後、衆議院議員となる堀内光雄にも、辻は今回の旅と池田との関わりを明かしている。

そもそも、なぜラオスに向かったかというと、辻は『訪米する池田に土産話を持たせるために。いろいろなところを見てくる』と話していました。池田勇人首相が訪米し、ケネディ米大統領と首脳会談する予定があったのです。当時、インドシナ半島はベトナム戦争が始まるなど大変でしたから、自分の目で見て分析し、それを首脳会談で池田さんがケネディに披露すれば日本は信頼を得られると思ったのでしょう。益谷《ますたに》秀次《しゅうじ》さん（当時、自民党幹事長）にその話をしたら、『ぜひ、やってくれ』と言われ、餞別をポンとくれたそうです。（『読売ウィークリー』２００7年4月15日号）

さらに辻は出発の数日前に開かれた陸士同期の集まりの席でも、気炎を上げていた。

「ともかく、東南アジアは東西両陣営のぶつかり合うところだからな……火薬庫のようなものだよ。おれはラオスの中立だけはどうしても守り抜かねばならんと思って、池田首相にはいろいろと建言しているんだが、池田も辞を低くして、おれの意見を求めるのだ」（杉森久英『参謀・辻政信』）

藤の証言によって旅行直前にたびたび辻に会いに来ていたことが分かっている林も、今回の旅行と池田との関わりを語っている。林は産経新聞記者の野田衛に、辻が「日本では、ラオスのことなど知ってるものはいない。オレは池田首相が渡米する前に、うんと材料をもって帰って、ケネディへのおみやげに役立てたい。首相訪米前にはきっと帰る」と話していたことを証言している（野田『辻政信は生きている』）。

4月19日の藤宛てのはがきの「林さんへ　二〇日、入る。何とかできる。幸いにまだ、誰にも判るまい」の意味がようやくはっきりしてきた。林は、辻の旅の意図を正確に把握していたのだろう。林は辻の娘の結婚式に、服部ら数少ない元軍人の仲間として出席していることからも、その親密さは十分窺うことができる。

さらに、池田首相との関わりを示す上で重要なのは、辻の次男・毅の証言だ。

「B5判の便箋にびっしりと書き込んだ、家族宛ての分厚い手紙があります。そこには、4月4日から20日までの出来事をつぶさに書いている。誰に会っているとか、何をしたかとか、全部分かっています。カンボジア経由でタイに行ってとか、その模様が書かれている。タイからラオスですね。ホー・チ・ミンと会う工作を進めて、そのためにラオスからの旅だった。まさに日記に書いてあります。ベトナム戦争を止めるために行っていると書いている。池田勇人総理と現地から国際電話で1時間話をしたとも書いています。アメリカからいろいろと注文があったんだと思います」

この手紙とも日記とも表現される辻の報告書は、その後、「辻レポート」として一部雑誌でも話題になる。そのすべては、今も辻の家族しか見ることはできない。だが毅によると、「辻レポート」はそれだけで完全なレポートとなっているわけではなく、実際に日記のようにその日あった出来事が書かれているだけだという。辻は帰国後、このレポートをまとめ、その上で報告しようとしていた可能性がある。

池田との関わりについて言えば、1961年4月21日の別府大使の公電に、「同［辻］議員の談によれば同潜入計画は池田総理貴大臣および武内［竜次］次官の了解のもとに行うものであり、同議員当地出張旅費も総理から特に支給された旨を申述べていた」とある。辻自身が、現地では池田首相の依頼であることを公言していた。

池田の秘書の伊藤の橋渡しで、辻が出発まで3回前後、池田首相と会っていたという情報もある。伊藤は後年、週刊誌の取材に答えてこう述べている。

いわゆる『便宜供与』をはかったことはあります。それで、池田さんもそのとき、いくらかの金を出すことにした。辻さんのところに持っていったのはわたしですが、金額についてはわかりません。［中略］辻さんは池田総理のことをたいへん買っていた。派閥は違うが、岸内閣時代の反乱の同士でしたし、そこで、辻さんとしては、ご自分の実情調べの結果を、時の総理に報告して、なんとか国際情勢の役に立てばとしたのじゃないですか。それがいうところの『辻レポート』でしょう。（『週刊サンケイ』1967年3月27日号）

伊藤の発言の通りならば、現地での情報収集は池田の指示ではなく、辻の提案だったということになる。そもそも、外務大臣が各大使館に便宜を図るよう指示を出していることが公電からは分かっており、伊藤もそのことは認めている。また、いくらかの金を渡したことも認めている。

池田との関わりは確認できても、どの程度まで辻の行為にかかわっていたのかは分からない。辻の行動力と知力の高さは広く知られており、この男なら何かやってくれるかもと思われたとしても不思議ではない。何せ「潜行三千里」の辻である。辻にすれば、ハノイでホー・チ・ミンと会談し、ベトナム戦争を止めることはできないにしても、それに関する情報を得て、まもなく渡米する池田の「お土産」とする計画を持っていたことは間違いなさそうだ。

ただ、それだけが目的ではなかったとの見方もある。「辻は自らの死に場所を求めていた」という説だ。辻が潜伏期間中、世話になった東京・湯島にある画廊「羽黒洞」の経営者、木村東介《とうすけ》にフリーライターの橋本哲男がインタビューを行っている。

昭和三十六年三月、辻さんはラオスに行く直前、私に会いたいと言ってきました。私が会うと、こんなことを話したのです。木村さん、いままでだれにも言わなかったが、私は死場所を探しているのです。夜寝ていると、死んだ部下が、夢枕に立って、早く来てください、早く来て下さい、と私を呼ぶのです、と。彼はベトナム戦争をやめさせるためにホー・チ・ミン大統領に会いに行ったことになっていますが、それは形の上で、本当は死場所を探しに行ったのだと思います。辻さんは死者の霊魂に迎えられて、東南アジアに行ったのですよ。(橋本哲男『辻政信と七人の僧侶』)

しかしこの証言は、辻が池田のために東南アジアに行き、ホー・チ・ミンにベトナム戦争阻止の約束を取り付けようとしていたことと必ずしも矛盾しない。千歳に対しても、辻は出発前に旅の理由を「東南アジアで戦没した将兵の回向、公務、視察」と伝えているわけだからだ。たとえ、そこで命を落としたとしても、家族のもとに送られた「辻レポート」があれば、任務を遂行したことになる。

辻は無鉄砲に見えても、決して無計画ではなかった。むしろ慎重に周到に用意を進めた上で事を進めてきた。ノモンハンのタムスク爆撃、マレー作戦と、その行動には賛否があるにせよ、事前に自ら率先し、現地調査を行っていた。辻の生涯を辿り続けてみれば、少なくとも最初から自死を目的に行動するような人物とは思えないのだ。

死を覚悟していたのか

千歳もまた、出発前に不幸の前兆のようなものを感じたり、戻って来ない夫の死を覚悟したりすることはあったとしても、辻が最初から帰国しないつもりで出発したとは考えていなかった。第1章でも検証したように、辻は帰るつもりだった。これはおそらく間違いない。

ただ、本人は意識していなかったが、死への予感めいたものがあり、それは無意識のうちに言動となって現れた可能性はある。

そんな見方に確信を与えたのは、辻の甥・弘信の長女である平岡和子の証言だった。

取材からおよそ1か月後、和子から電話があったのは、読売新聞での連載が始まる直前のことだった。「これは誰にも言ってない話なんですが」と前置きしてこう言った。

「おじさん（辻）は、それまで肌身離さず持っていた小さい仏像を、旅に出る前に家に置いていったんです」

和子によれば、その仏像は辻の初陣となった1932年の第1次上海事変以来、辻がずっと身につけていた守り本尊だった。その中には、亡き父・亀吉の遺骨が入っていた。上海事変、ノモンハン事件、マレー作戦、ガダルカナル、ビルマ、タイ……。数々の死線を辻とともにくぐり抜けてきた。その仏像を、東南アジアへの旅行の際には、故郷今立の家に残していったのだという。和子の話では、その仏像は今、介護施設に入居している弘信のベッドの横に置かれているということだった。

辻は今回の旅で、仏像を持ち歩く必要がないと考えていたわけではない。ラオスまで同行したタイの駐在官・伊藤知可士の自宅にある小さな仏像を見て、辻自身も同じような小さな仏像を購入しているからだ。辻は、それを荷物の中に大事にしまいこんで、「『この仏像を毎朝拝んで読経するつもりだ』と真剣に言った」という（橋本『辻政信と七人の僧』）。

では、なぜこの時に守り本尊を持って行かなかったのか。ここから先は想像するしかないが、もしかしたら——と辻は思ったのではないか。危険地帯に亡き父の遺骨の入った仏像を持って行けば、万が一自分に何かあった時に、遺骨は異境の地に晒されたままになる。ゆえに、守り本尊は今立に残して旅立つことにしたのではないか。しかし、いざ現地で身の危険を感じながら行動していると、これまでの習慣から仏像を手元に置いておきたくなった。それで結局、仏像を買って手元に置くこととした……。

それはやはり「死の予感」だったのではないだろうか。

死生観

この年の直前、辻はかけがえのない人を立て続けに失っていた。一人は、すでに述べた服部卓四郎。そしてもう一人、辻の一歳上の兄、弘が亡くなっている。まだ59歳だった。

父の亀吉は亡くなる時に辻を枕元に呼び、「えらい者になれ」と言ったというが、弘に対しては「政信をなんとか頼む」と言い残した。弘は、その言葉通り、辻家の長男として亀吉と同じく炭焼きで生計を立て、戦中戦後を通じて弟・政信を支え続けた。

1960年頃を境に、燃料としての木炭の使用量は減り、ガスや電気へと変わってゆく。木炭が重要な燃料源だった最後の時代、弘は選挙費用を少しでも捻出するために、来る日も来る日も炭を焼き続けたという。

辻が国会議員となった後も、弘の一家の家計が豊かになることはなかった。辻の性格上、国会議員という立場を使って、家族に便宜を図ることはない。家族もそれを期待しなかった。ただ、辻は家族の希望であり続けた。

辻もまた、そうした家族の期待を一身に背負っていた。だから、どんなにつらくても、目の前の敵に負けるわけにはいかなかったのだ。

辻が国会で質問をする時、弘は熱心にラジオに耳を傾けていたという。しずゑは語る。

「『おじ（弟の意味、辻のこと）が質問をするんや』と、仕事の手を止めてじっと聞き入って、それはもう大変だった。岸総理と対決した時は、特におじいちゃんも必死になって聞いていた。何かと言うと、『おじ、おじ』と言ってね」

弘が亡くなったのは、川の傍の小屋で炭を焼いている最中だった。その小屋は、今では跡形もないが、その場所まで和子に案内してもらった。自宅からほど近く、道と川に挟まれたほんのわずかなスペースに炭焼き小屋はあったという。森閑とした中に、和子の声が響く。ふと気づくと和子の説明は終わり、しぶきを上げて流れる川の音だけがしていた。

弘の訃報の連絡を受けて、辻はすぐに駆けつけた。しずゑは、見ていられないほど沈痛な辻の様子を覚えている。

「おじいちゃんが亡くなったら、政信おじさんはショックでショックで……突然やったから、びっくりなさったんやと思いますわ。今でも、お顔を思い出すと、涙が出ますね」

すぐ下の弟である理を戦争で亡くし、そして兄も亡くなった。まして、早くに亡くなった父に代わり、自分を無私で支えてくれた兄である。そのあっけない死を突きつけられて、辻の心境になんらかの変化がもたらされただろうことは容易に想像がつく。

奇しくも、弘も服部も59歳で亡くなっている。この時、辻は58歳。自身に残された時間の短さを、否が応にも感じざるを得なかったのではないか。
大阪府大東市にある曹洞宗慈眼寺《じげんじ》に、辻の墓がある。慈眼寺は妻千歳の実家・青木家の菩提寺である。橋本はこの寺の住職・尾滝一峰《おたきいっぽう》からも、次のような話を聞き取っている。

昭和三十六年三月末、辻さんが東南アジアへ出発する一週間前でした。青木家で営まれた千歳さんの甥の法事に出席した辻さんは、何を思ったのか私に、〝和尚さん、長い戒名をつけてもらえないかなあ〟と言うのです。〝浄土真宗は戒名が短いが、曹洞宗なら長い戒名がつけられる。しかし、辻家の宗旨は浄土真宗なのでできませんな〟と私が答えると、辻さんは、〝では、いまから改宗するからお願いします〟と言いました。はじめは冗談かと思いましたが、あまりに辻さんが真剣なので、それならと、つぎのような長い戒名をつけたのです。
大澄院殿輝国政信大居士
そのとき辻さんは、これからたいへん危険なところへ行くのだという口ぶりでした。
〝自分が死んだら戒名を刻んで、楠公ゆかりの四條畷《しじょうなわて》にちかいこの慈眼寺に墓を建てくれ〟と奥さんに遺言したといいます。そのあとラオスで行方不明になったのです。［中略］辻さんは、ラオスで坊さんの姿になったと聞きましたが、出発前に戒名をつけて行ったことと思い合わせると、はっきりと死ぬ覚悟をしていたように思えるのです。（橋本『辻政信と七人の僧』）

バンコクに着いてからも、辻は伊藤に対してこんなことを言っていたという。

おれももう長くは生きられん。これが最後の御奉公だな。末っ子の毅はことし、東大、慶大、学習院大の三校を受けて全部合格し、結局、東大に入った。娘たちもいいところへ嫁に行ったし、家のことは何も心配がない。もう思い残すことはないのだ……（同前）

橋本が、「弱音というより、本音なのかもしれない。それは自分で自分に言い聞かしているような調子であった」と書いている通り、この時の辻の態度は、明らかにそれまでの辻とは異なっている。

かつての辻は、潜行三千里を振り返って、こう語っていた。

私がもし拳銃を持ったり、短刀を持ったり、護衛をつけておったとしたら、とても突破できなかっただろうと思う。私には一つの信念がある。裸一貫でどこへ飛込んでも自分は決して死なぬ。神様が殺さぬ。これが体験から出た私の考え方であり、何時でもその信念でどこへでも飛込んでいった。危険が来たら、それを避けずに、危険に向かって直進していく。死神が追いかけてきたら、逃げないで、死神に体当りする。そうすれば向こうがタジタジとなって、道を開けてくれる。これが私の信念である。

(『文藝春秋』1955年臨時増刊号)

ノモンハン事件について書いた辻の著作『ノモンハン秘史』での有名なフレーズ「戦いは敗けたと感じたものが、敗けたのである」を彷彿とさせる言葉だ。辻はまれに見るほど、己の信念に忠実で、そのために深刻な波紋を広げたこともあった。

しかし、『文藝春秋』の記事から4年後に行われた対談では、その考えに変化が見える。対談相手である「憲政の神様」尾崎行雄の秘書だった石田正一《しょういち》から、人生観について問われた辻は、戸惑いながらも言葉を紡いでいく。

私は一種の運命論者だ。生れるときに自分の力で生れたものではないとしたら、死ぬのもまた自分ではどうすることもできない。端的に言えば、生も、死も、大きな運命に支配されているということだ。［中略］私の過去を見て、辻は生命知らずだ、勇敢だとほめる人がたまにはあるが、それは皮相の見方だ。死なぬと思っていても弾丸がくると恐いものだ。恐いから私は戦場では冷静によく勉強する。一つの石にも、一本の木にも、弾丸が来たらそれをどのように利用するかに十二分の気を配りながら行動する。その研究と対策があって始めて、大胆そうに弾丸の中を潜れるものだ。それを知らずに私の真似をして、大胆そうにやるものはすぐに撃たれる。戦場で弾丸を受けると怖いのが当たり前であり、その怖い中を任務に従って行動するには、勉強することだ。そして死ぬまでは、絶対に死なないと思っているに限る。(『ズバリ直言』)

辻は独断専行だったが、無鉄砲ではなかった。事前に緻密に調査をした上で行動していた。ここでは、そのことを語っている。だが、話はそこで終わらない。辻の死生観に変化を認めることができるのは、人生観をテーマにした対談を締めくくる辻の次の言葉だ。

六十に近くなって、始めて感ずることは、時が大切だということである。一時間、一時間がローソクのもえて減るような気がするが、こんな気持は、二十代や三十代のときは少しもなかったのに。とすると、余り長生きしないのかも知れない。時間をムダにすることは生命を浪費するような気がしてならぬ。残り少いから起る本能でもあろうか。門松や冥土の旅の一里塚（同前）

この時の辻には「絶対に死なない」という確信めいた思いは薄れていたように見える。そして、この発言から1年半もたたずに東南アジアで消息を絶つことになったのだった。

「人生の付録」

辻の弟・政良は私家版『喜寿の戯言』の中で、辻が初当選した1952年（昭和27年）10月の総選挙を振り返っている。選挙は県内に住むかつての部下や同期生たちが手伝ったが、中には九州や東京、新潟からも手伝おうと駆けつけてくる者がいた。そういう人たちに対して辻は、「君達の応援は誠に有り難いが家業や勤務を休んでの支援は止めて欲しい」とお願いし、さらに「これからの俺の行動は人生の付録である」と言ったという。

辻が、どういう意図でその後の人生を「付録」と言ったのかは分からない。それでも、この時期に人生の一つの区切りを感じていたように受け取れる発言がある。1952年5月4日付の読売新聞朝刊で漫画家の近藤日出造のインタビューに答えた記事がそれだ。

その前年のサンフランシスコ講和会議で結ばれた対日平和条約は、1952年4月に発効され、ついにGHQの占領統治が終わった。20万人以上が対象となった公職追放処分を、辻も受ける可能性があったが、結果的に追放されることはなかった。そのことを踏まえて、次のように自説を述べている。

追放が自然消滅になって重荷がおりたわけなんだが、その喜びというよりは、非常な寂しさを感じるんです。要するにですな、圧迫と緊張の中にある自分こそが本当の自分だ、ということなんでして、つきつめるともっとも正しい私というものは戦場にあるわけなんですよ。いわば今日の私は沢庵石を取り去った漬物で、こりゃアもうボケたもンです。圧迫と緊張の中にあってこそ、ほんとの人間が出来上るということを痛感しますな

思えば、世の中が安保闘争に沸き上がった1950年代後半から1960年は、辻が息を吹き返すチャンスだったのかもしれない。1958年（昭和33年）10月には、岸首相が警職法の改正案を提出したことで、安保反対の気運は増長した。激しい政治的対立の中で、安保改定の促進や「反共」を叫ぶ右翼団体の活動も活発化し、社会党の河上丈太郎《じょうたろう》や、岸首相に対する襲撃事件が起こるなど、行動右翼のテロ行為を生んだ。そのような時代を背景に、浅沼稲次郎《あさぬまいねじろう》社会党委員長の刺殺事件も起こった。

しかし、政治とテロの季節は急速に収束し、経済優先の社会へと変貌していく。国民の関心は生活に直結する経済へと向かった。

『ズバリ直言』で、石田から「あなたの不得意な経済問題に入ろうか」と言われ、「不得意とはいささか失礼な言葉だが……」と気色ばむ場面もあるが、たとえ辻が国会議員であり続けたとしても、生活の豊かさをもたらす政治家を求める国民と、その実現のために蠢動する政治の世界でどれほど力を持ち得ただろうかといえば、悲観的な想像しかできない。何より、そういう社会の風潮に辻自身、堪えかねていたのではないだろうか。

辻がわずかだが過ごした日本の1960年代は、辻にとって「平凡な時代」だった。名古屋陸軍地方幼年学校の入学を起点にすると、終戦までの28年間は軍人であり続けた。さらに、その後の潜行生活も合わせると、極端に「圧迫と緊張」を強いられた状態が30年以上常態化していたことになる。人生の大半を〝戦時体制〟の中で過ごしたのだ。

しかも、強靱な肉体を持つと言われてはいたが、1951年（昭和26年）の胃の摘出手術の肉体への影響は歳を重ねるとともに大きくなっていたのだろう。初当選の時から辻の選挙を支援し続けた矢部僊吉は「胃の手術をしてから体力がめっきりおとろえていた。精神力が人一倍強じんな人だから、過重な仕事にも堪えていたが、ときどき下痢をしたりして、体調は必ずしもよいとはいえなかった」（『週刊サンケイ』１９６３年2月18日号）と語っている。

術後の辻の健康状態については、妻の千歳も「流動食しかとれないからだ」との証言を残している（『アサヒ芸能』１９６１年6月25日号）。実際、辻はバンコクでもまともな食事ができないと言い訳をして、あめ玉を買い込み、しゃぶっていたという。

迫る肉体としての老残に、兄の弘や、兄と慕った服部が亡くなった59歳という年齢への時間の少なさに焦りが相まって、平凡さを疎み、再び緊張状態へと舞い戻っていったのではないか。ホー・チ・ミン大統領と面会し、ベトナム戦争を止めることは、政治家としてだけではなく、辻政信として最後に賭けた生きる道だったのかもしれない。とすると、事の成否ではない。動乱の火中である東南アジアへの旅路こそが意味を持つ。たとえそれが、「冥土の旅」であったとしても。

常に戦いの渦中に身を置き、激しく燃え尽きたような辻の人生。それを誰よりも冷静に見ていたのは妻の千歳だったのではないだろうか。外務大臣が公電で、報道関係者に辻の視察を秘匿するよう注意する指示を出しているにもかかわらず、辻は旅の目的を各所で話していた。家族には言わなかっただけで、少なくとも秘書、軍人時代の先輩・後輩、同期生にまで打ち明けている。失踪後、千歳は手記にこう綴っている。

辻という男は、わたくしが妻という立場で三十年いっしょに暮らして、一口にいえば、とてもおだてに乗る人間なのです。それは幼いときから人の情に飢えていたからにちがいありません。子供のころから、他人に愛された経験がなかったのです。ですから、「君だけが、ほんとうの友人だ……」といわれれば、つい、その気になってしまう人なのです。

短気で、潔癖で、けっしてよい夫とはいえません。わたくしは、十九歳のときお見合いで結婚してから三十年間、辻がかわいそうだという〝同情〟でいっしょに暮らしてきたような気がします。

夫婦の愛情というよりも、なにか、ほんとうの〝友情〟――いえ、母親が子供を見守るような気持ちでございました。(『週刊読売』1963年2月10日特大号)

千歳の言う通りだとすれば、辻の姿はまるで道化のようにも見える。ドン・キホーテのようでもある。それは、ずっと傍にいた千歳だからこそ言えた言葉なのかもしれない。故郷、家族、その期待を一身に受けた男は歓喜の渦に押し出されるように、敵は誰だ、どこにいるのだと、熱を帯びた眼をして、前に出た。やがて、彼を囃《はや》す声も聞こえなくなった。それでも、彼は前を向いて進み続けた――。

銅像となった辻政信

1979年(昭和54年)1月13日。山あいにある小さな集落、山中町荒谷町(現・加賀市山中温泉荒谷町)の旧東谷奥村役場前は、国会議員や県会議員をはじめ町民ら200人ほどが集まり、いつにないにぎわいを見せていた。

その中心には2メートルを超える高さの台座の上に、モーニング姿で、右手の人さし指を前方に突き出した辻の銅像があった。この日、銅像の除幕式が行われ、辻の弟・政良(2004年死去)と甥の弘信が除幕を行った。翌日の地元紙の記事にはこうある。

昨年九月、東谷奥地区の人たちが銅像建立奉賛会を結成、各方面に働きかけ約一千万円を集めて完成させた。〔中略〕像に手を合わすお年寄りもあって辻氏に寄せる厚い親愛感が満ちあふれた。（『北国新聞』）

荒谷町は辻の故郷今立町に隣接し、同じ旧東谷奥村に属する。銅像が建てられたのは、1961年に辻が東南アジア視察のため日本を出発してから18年後、行方不明のまま法的に死亡宣告が出されてちょうど10年がたった時だった。もっとも、除幕式に集まった人たちは、まだ辻の生存を信じていたため、10年という節目はこの式典ではあまり意味がなかった。

当時、その会場で達成感とともに不安

今も荒谷町に建っている辻の銅像。地元の人々にとって「英雄」だった

な気持ちで銅像を眺めていたのが、これを制作した金沢美術工芸大助教授（当時）の石田康夫だった。もともと銅像制作の経験は豊富な石田だったが、それまで一度も会ったことのない辻の銅像を作ることには最後まで自信を持てきれずにいた。石田はこう回想する。

「私自身はお会いしていないから、辻さん本人の印象がない。それで、会ったことのある人たちからいろいろ印象を聞いたんです。マサカリ頭だったとか、めがねをかけていたとか、手が大きいとかの特徴を参考にした。何より村の人は『非常に優しい人や』と言っていたので、うまくできているかどうかは分からないけど、その優しさが出るように一生懸命作った」

学生にモーニングを着てもらったり、辻の写真を何枚も見たりして、3か月ほどかけて制作したという。指を前に突き出すポーズは、「日本の行く先を指し示すという意味だった」と説明する。

横から見ないと分かりにくいが、この銅像は少し前のめりに立っている。石田は「一般的に銅像は、少し前に出ているのが普通ですが、この銅像は、それらよりも傾きが強めになっています。迫力を出すために、こちらに迫ってくるような感じにしたかった」という。

制作にあたって、特に気を配ったのは手の拳だった。辻の固く握りしめられた左手の拳は、当初の予定より、大きく作った。石田は「手の大きさは意志の強さを表している。手は顔よりよくしゃべるかもしれん」と話す。

そうしてできあがった銅像を、地元の人たちはとても喜んでくれたという。

除幕式の後しばらくして、石田はある雑誌で、この銅像が「戦争犯罪人に近い辻政信の肖像代わり」と皮肉られる記事を読む。一方、別の雑誌では褒められていた。石田は言う。

「辻政信という人は、銅像にしても評価が分かれるんですね」

その銅像も、今や訪れる人はほとんどいない。銅像周辺には雑草も目立つ。辻の生存を信じる人たちによって行われた賑やかな除幕式の光景が、白昼夢のように蘇《よみがえ》る。いや、辻はまだ生きている。この評伝でも辻に実際に接した人の中には、出会った時の強烈な印象そのままに、心の中にそれぞれの辻政信像を持っていた。

そして今、当の辻はどこにいるのだろうか――。

おわりに　負け戦と分かっていても

辻政信について書くのに、墓参が遅くなってしまったことは、忸怩たる思いであった。辻の墓は、本書の中でも述べた通り、大阪府大東市「野崎観音」として知られる慈眼寺にある。

コロナ禍の影響で憚っていたが、いてもたってもいられなくなり、ようやく墓参に訪れたのは、2021年3月下旬のことだった。JR学研都市線・野崎駅を降り、100段を超える石段を登りきると、息も切れ切れとなった。境内のプレハブ作りの案内所を見つけ、中にいた女性に声をかけた。「辻政信さんのお墓の場所を知りたいのですが」と尋ねると、女性は「ああ、はいはい」と慣れた様子で、外に出てきてくれた。どうやら、案内してくれるようだった。私はプレハブ小屋の前で売られていた供養花を求め、女性の案内で、境内奥の坂道を登って行った。途中、辻の墓を目当てにくる人はいるのか聞こうと思っていたが、女性が先に「どちらから来られたんですか」と聞いてくれたので、それをきっかけにぽつぽつと会話をした。女性によれば、辻の墓を目当てに訪ねてくる人は年に何人かはあるようで、この墓苑に祀られた人の中では最も多いと教えてくれた。

坂を登りきり、高台に出たところで、女性が「ここです」と指し示した先には、2基の墓石が並んで建っていた。1970年（昭和45年）に建立された辻の墓と、1995年（平成7年）に亡くなった妻・千歳さんの墓に花を供え、水をやり、手をあわせた。

目線を左にやると、眼下には、毅さんが「四條畷の戦場が一望できる場所なんです」と教えてくれた風景が広がっていた。高台の際に立つ桜の木に画角を彩られたような見事な眺望がそこにあった。

四條畷の戦場とは南北朝時代、室町幕府の高師直《こうのもろなお》らの軍と、南朝方の楠木正成の息子、正行《まさつら》が戦い、正行が討ち死にした合戦のことだ。辻は正成より正行を好んだが、その理由を毅さんは「はじめから負け戦と分かっていてもやる。やらざるをえないからやるんだと。その正行が一番父は好きだったんですね」と語っていた。辻が負けると分かっていてもなお戦わねばならぬと決意した戦いとは、どの戦いのことだったのか。

それは戦わねばならぬ戦いだったのか。桜が散るように、潔く死ぬことさえできなかった凄惨な戦いもあった。

この日からおよそ1週間後の4月4日、私は羽田空港第3ターミナルに向かった。1961年（昭和36年）当時の羽田空港国際線の乗り場は、現在の第3ターミナルあたりだと、空港に勤める友人から聞いていた。

辻が東南アジアに向けて出発してから、ちょうど60年後の4月4日は日曜日だった。午前9時半、サイゴン行きの航空機に乗り込んだのと同時刻、搭乗口前のロビーはコロナ禍の影響で客もまばら、海外への便は激減していた。飛行機の出発時刻の表示を見ると、同じ東南アジア方面では午前10時50分にバンコク行きの便があった。仮にこの時刻だったら、辻は慌てることなく、搭乗できていたかもしれない。はじめのちょっとした手違いが、どんどん運命を書き換えていったように思えた。

使用停止となったエスカレーターの脇の階段を上り、展望デッキに出た。数は極端に少なくなったとはいえ、ひっきりなしに離着陸する航空機目当てに、望遠カメラを構える人や、家族連れ、キャリーケースを引いた旅行客が散見された。

飛び立った飛行機は、轟音を響かせながら、瞬く間に小さくなっていく。やがて、余韻として残ったその音も耳の中から消えていく。すべてがあっという間の出来事だ。その感覚は、あの日の辻と重なる。機上の人となった辻は、見送りに来た人のまぶたにその姿を残したまま、消えていった。そして、二度と戻らなかった。

本書を書き進める中で、不思議なこともあった。

辻には、『中ソひとり歩き』という著書がある。1955年（昭和30年）9月から40日間、中国やソ連を訪問した時のことを綴ったもので、同年11月、河出書房から出版された。辻の著書は、改訂版などを除けば17冊あり、今回の取材でそのすべてを集めたが、最後に入手したのが『中ソひとり歩き』だった。ネットで購入し、届いた本を開いてみて驚いた。扉のところに辻の署名が記された献本だったのだ。宛名を見てまた驚いた。そこには「贈出月《いでづき》三郎先生」とあった。軍医の出月三郎は陸軍省衛生課長として、終戦直前に自決した最後の陸相阿南惟幾《あなみこれちか》の検視を行ったことで知られる。たまたまネットで購入した一冊が、辻の直筆署名入りであったことに、奇縁を感じずにはいられなかった。

こうして駆け込みのように3つのささやかなエピソードを加え、何とか本書を書き上げてはみたものの、結局、辻政信という人間が何者であったのか、最後までつかみきることができなかった、というのが正直な思いだ。もちろん、どこか一面を切り取って辻の人物像を断ずることはまったく難しいことではない。ただ、どうしてもそれはできなかった。あえて褒めもせず、けなしもしない。辻に会った人の証言になるべく忠実に、そして、資料をもとに淡々と辻を書ききったことこそ、本書を刊行した意義だと自負している。それこそが、実はこれまでの辻の評伝にはなかった特徴だからだ。

入社以来、こだわって戦争に関する取材を重ね、様々な声を聞いてきた。戦争とは何かを語ることはとても難しい。戦場における立場だけではなく、戦後の環境もまた、戦争の語りに影響を与えている。その割り切れなさを念頭に置きつつ、戦争について考え続けるべきだと思う。辻という人物についても同じことが言えるのではないだろうか。

結びに、書き記しておきたいことがある。地方版の連載に過ぎなかった記事を最初に興味を持ってくれたのは、岩手大の麻田雅文准教授だった。このことは私にとって何よりも励みになった。改めて深く感謝したい。そして、何より記事もこの本も、辻家の方々の協力なくしては生まれなかった。毅さんをはじめ、平岡和子さん、政晴さんには特にお世話になった。労を厭わず、何度も会うための時間を取っていただいたこと、細かな質問に答えていただいたことは何度御礼を言っても言い尽くせない。貴重な証言をしてくれた秘書の藤力さん、ノモンハン事件の数少ない生き残りである柳楽林市さん、タイで辻の潜伏に同行した矢神邦雄さん、国内潜伏時代の辻を知る谷岡善一さん、辻とともに世界旅行に行った三輪和馬さん、そのほかの関係者のご遺族や証言者の皆様にも改めて感謝申し上げたい。また、柳楽さんを紹介してくれたのは、戦場体験放映保存の会の田所智子さんだ。これまでも兵士だった方を何度も紹介してもらっているが、今回もお世話になった。

最後に、初めての著書となる本書の原稿を精査し、構成してくれた担当の関哲雄さんにもお礼を申し上げます。ありがとうございました。

前田啓介

辻政信　略年譜

1902年（明治35年）10月11日　石川県江沼郡東谷奥村今立に生まれる
1917年（大正6年）9月　名古屋陸軍地方幼年学校入学
1920年（大正9年）3月　名古屋陸軍地方幼年学校を首席で卒業、陸軍中央幼年学校（後の陸軍士官学校予科）に進む
1922年（大正11年）3月　陸軍士官学校予科を卒業、金沢歩兵第七連隊に入隊、10月に士官学校本科に進む（陸士36期）
1924年（大正13年）7月　陸軍士官学校本科を首席で卒業、見習士官として歩兵第七連隊へ
1924年（大正13年）10月　陸軍少尉
1927年（昭和2年）10月　陸軍中尉
1928年（昭和3年）12月　陸軍大学校入学
1929年（昭和4年）9月　青木千歳と結婚
1931年（昭和6年）11月　陸軍大学校を優等で卒業。天皇より軍刀を賜る
1932年（昭和7年）2月　第一次上海事変に歩兵第七連隊第二中隊長として出征
1932年（昭和7年）9月　参謀本部附
1933年（昭和8年）8月　陸軍大尉
1933年（昭和8年）12月　参謀本部第一部第三課

1934年（昭和9年）8月　陸軍士官学校本科生徒隊中隊長
1934年（昭和9年）11月　士官学校事件
1935年（昭和10年）4月　水戸歩兵第二連隊附
1936年（昭和11年）2月　二・二六事件
1936年（昭和11年）4月　関東軍参謀本部第三課（新京）
1937年（昭和12年）7月　盧溝橋事件勃発（日中戦争開戦）。8月に北支那方面軍参謀（北京）
1937年（昭和12年）11月　関東軍作戦参謀（新京）
1938年（昭和13年）3月　陸軍少佐
1939年（昭和14年）5月　ノモンハン事件を作戦参謀として主導。9月に第11軍司令部附
1940年（昭和15年）2月　支那派遣軍総司令部附（南京）。8月に陸軍中佐
1940年（昭和15年）12月　台湾軍研究部員
1941年（昭和16年）7月　参謀本部作戦課兵站班長、9月に第25軍作戦主任参謀（サイゴン）
1941年（昭和16年）12月　マレー作戦を参謀として主導（太平洋戦争開戦）
1942年（昭和17年）3月　参謀本部作戦課作戦班長、フィリピン戦線に参加
1942年（昭和17年）9月　大本営派遣参謀として第17軍に着任、ガダルカナル奪還に失敗
1943年（昭和18年）2月　陸軍大学校兵学教官
1943年（昭和18年）8月　陸軍大佐、支那派遣軍総司令部第三課長（南京）

1944年（昭和19年）7月　第33軍参謀（ビルマ・メイミョウ）
1945年（昭和20年）5月　第39軍作戦主任参謀（タイ・バンコク）
1945年（昭和20年）7月　第18方面軍高級参謀
1945年（昭和20年）8月　終戦を受け、バンコクのリヤップ寺で潜伏
1945年（昭和20年）11月　バンコクを脱出
1946年（昭和21年）3月　国民政府の重慶へ
1948年（昭和23年）5月　帰国。佐世保に上陸し、以後国内で潜伏
1950年（昭和25年）1月　戦犯指定解除後、家族の元に帰宅。4月に『十五対一』を出版。以後2年間に『潜行三千里』『ノモンハン』『ガダルカナル』『亜細亜の共感』『シンガポール』などの著作を次々に発表
1952年（昭和27年）10月　石川1区から出馬し、衆議院議員に初当選
1953年（昭和28年）4月　衆議院総選挙で当選（2期目）。6月にいわゆる内灘闘争に一時参加
1955年（昭和30年）2月　衆議院総選挙で当選（3期目）。9月にソ連を訪問し抑留者と面会
1958年（昭和33年）5月　衆議院総選挙で当選（4期目）
1959年（昭和34年）6月　参議院議員選挙全国区3位で当選。安保闘争が激化
1960年（昭和35年）6月　安保闘争のデモ隊が国会を包囲。8月に学生たちと世界旅行
1961年（昭和36年）4月　東南アジアへ視察旅行。ラオス入り後に消息を絶つ
1969年（昭和44年）6月　死亡宣告（1968年〈昭和43年〉7月20日付）

主要参考文献

◆辻の自著および親族の著作
辻政信『潜行三千里』（毎日新聞社、1950年）
辻政信『亜細亜の共感』（亜東書房、1950年）
辻政信『シンガポール』（東西南北社、1952年）
辻政信『中ソひとり歩き』（河出書房、1955年）
辻政信『決定版　潜行三千里』（東都書房、1957年）
辻政信『ズバリ直言』（東都書房、1959年）
辻政信『これでよいのか』（有紀書房、1959年）
辻政信『中立の条件』（錦正社、1961年）
辻政信『私の選挙戦』（毎日ワンズ、2010年）
辻政信『ノモンハン秘史　完全版』（毎日ワンズ、2020年）
辻政良『喜寿の戯言』（私家版、1991年）

◆軍人・研究者・報道関係者らによる著作（著者五十音順）
赤坂勝美『隻腕の斬込み隊長』（毎日新聞社、1968年）
阿羅健一『秘録・日本国防軍　クーデター計画』（講談社、2013年）
有馬哲夫『大本営参謀は戦後何と戦ったのか』（新潮新書、2010年）
今井清一ら編『現代史資料4』（みすず書房、1963年）
今井武夫『支那事変の回想』（みすず書房、1964年）
池谷半二郎『ある作戦参謀の回想手記』（私家版、1978年）
池田純久『日本の曲り角』（千城出版、1968年）
伊藤正徳『帝国陸軍の最後　1進攻篇』（光人社NF文庫、1998年）
伊藤正徳『帝国陸軍の最後　2決戦篇』（光人社NF文庫、1998年）
岩畔豪雄『シンガポール総攻撃』（光人社NF文庫、2000年）
岩淵辰雄『軍閥の系譜』（中央公論社、1948年）
生出寿『「政治家」辻政信の最後』（光人社、1990年）
大谷敬二郎『憲兵』（新人物往来社、1973年）
大谷敬二郎『戦争犯罪』（新人物往来社、1975年）
大谷敬二郎『陸軍80年』（図書出版社、1978年）

大西覚『秘録昭南華僑粛清事件』（金剛出版、１９７７年）
小沼治夫「霜を履んで堅氷至る」（非売品、１９７０年）
角田順『現代史資料10』（みすず書房、１９６４年）
河村参郎『十三階段を上る』（亜東書房、１９５２年）
閑院純仁『日本史上の秘録』（日本民主協会、１９６７年）
神田正雄他『日本の縮図　内灘―軍事基地反対闘争の実態―』（社会書房、１９５３年）
北川四郎『ノモンハン』（現代史出版会、１９７９年）
桑野弘『わが古事記への道』（私家版、１９９５年）
児島襄『史説　山下奉文』（文春文庫、１９７９年）
小林友一『同期の雪』（日本工業新聞社、１９８１年）
杉森久英『参謀・辻政信』（河出文庫、１９８２年）
鈴木伸元『反骨の知将』（平凡社、２０１５年）
瀬島龍三『幾山河』（産経新聞ニュースサービス、１９９６年）
高松宮宣仁『高松宮日記　第３巻』（中央公論社、１９９５年）
高山信武『服部卓四郎と辻政信』（芙蓉書房、１９８５年）
田々宮英太郎『参謀辻政信・伝奇』（芙蓉書房、１９８６年）
立野信之『叛乱』（六興出版社、１９５２年）
田中博厚『ビルマ作戦回想録』（文游社、２００２年）
田中雄一『ノモンハン　責任なき戦い』（講談社現代新書、２０１９年）
塚本誠『ある情報将校の記録』（中公文庫、１９９８年）
土橋勇逸『軍服生活四十年の想出』（勁草出版サービスセンター、１９８５年）
筒井清忠『陸軍士官学校事件』（中公選書、２０１６年）
土居明夫伝刊行会編『一軍人の憂国の生涯』（原書房、１９８０年）
長岡弥一郎『軍人　辻政信』（不二印刷、１９７６年）
中島節也編『青春の墓標』（私家版、１９９１年）
中村明人『ほとけの司令官』（日本週報社、１９５８年）
西浦進ほか『故服部卓四郎君追想記』（非売品、１９６１年）
西浦進『昭和陸軍秘録』（日本経済新聞出版社、２０１４年）
野村乙二朗編『東亜聯盟期の石原莞爾資料』（同成社、２００７年）
野田衛『辻政信は生きている』（宮川書房、１９６７年）

橋本哲男『辻政信と七人の僧』（光人社NF文庫、2009年）
秦郁彦『昭和史の軍人たち』（文藝春秋、1982年）
秦郁彦編『日本陸海軍総合事典』（東京大学出版会、1991年）
林博史『シンガポール華僑粛清』（高文研、2007年）
半藤一利『日本参謀論』（図書出版社、1989年）
半藤一利『ノモンハンの夏』（文春文庫、2001年）
藤井非三四『陸軍派閥』（光人社NF文庫、2018年）
防衛庁防衛研修所戦史室編『戦史叢書　マレー進攻作戦』（朝雲新聞社、1966年）
防衛庁防衛研修所戦史室編『戦史叢書　関東軍1』（朝雲新聞社、1969年）
防衛庁防衛研修所戦史室編『戦史叢書　南太平洋陸軍作戦2（ガダルカナル・ブナ作戦）』（朝雲新聞社、1969年）
防衛庁防衛研修所戦史室編『戦史叢書　大本営陸軍部5』（朝雲新聞社、1973年）
防衛庁防衛研修所戦史部著『戦史叢書　潜水艦史』（朝雲新聞社、1979年）
堀江芳孝『辻政信』（恒文社、1980年）
松本清張『昭和史発掘4』（文春文庫、2005年）
宮沢恵理子『建国大学と民族協和』（風間書房、1997年）
三品隆以『我観　石原莞爾』（私家版、1984年）
三品隆以『どん底からみたクレムリン』（私家版、1984年）
名幼会編『名幼校史』（非売品、1974年）
吉村公三郎『あの人この人』（協同企画出版部、1967年）
読売新聞社編『昭和史の天皇25』（読売新聞社、1974年）
読売新聞社編『昭和史の天皇26』（読売新聞社、1975年）

写真提供（カッコ内は掲載ページ）

辻政晴（29上、125、313、319）

柳楽林市（165）　矢神邦雄（261）　三輪和馬（367）

近現代PL／アフロ（195）　毎日新聞社（393）

は

ま

や

主要人名索引

前田啓介［まえだ・けいすけ］
1981年生まれ。滋賀県出身。上智大学大学院修了。2008年、読売新聞東京本社入社。長野支局、松本支局、社会部、文化部、金沢支局を経て、現在、文化部で歴史・論壇を担当。満蒙開拓や、ペリリュー・アンガウルの戦い、硫黄島の戦い、沖縄戦、特攻、シベリア抑留など戦争に関する取材に関わってきた。単著としては本書が初めての著書となる。

編集：関 哲雄

辻政信の真実

失踪60年――伝説の作戦参謀の謎を追う

二〇二一年 六月八日 初版第一刷発行

著者 前田啓介
発行人 鈴木崇司
発行所 株式会社小学館
〒一〇一-八〇〇一 東京都千代田区一ツ橋二ノ三ノ一
電話 編集：〇三-三二三〇-五九五一
販売：〇三-五二八一-三五五五

印刷・製本 中央精版印刷株式会社
本文DTP ためのり企画
校閲 西村亮一

Printed in Japan ISBN978-4-09-825401-9